高等职业教育“十三五”规划教材

CRH 动车组系列教材

动车组网络技术

（第 2 版）

主　编　黄秀川　何成才

主　审　杨　宏

西南交通大学出版社

·成　都·

图书在版编目（CIP）数据

动车组网络技术 / 黄秀川，何成才主编. —2 版. —成都：西南交通大学出版社，2018.8（2023.7 重印）

高等职业教育“十三五”规划教材 CRH 动车组系列教材

ISBN 978-7-5643-6334-5

Ⅰ. ①动… Ⅱ. ①黄… ②何… Ⅲ. ①高速动车－网络系统－高等职业教育－教材 Ⅳ. ①U266

中国版本图书馆 CIP 数据核字（2018）第 189453 号

高等职业教育“十三五”规划教材
CRH 动车组系列教材

动车组网络技术

（第 2 版）

主编 黄秀川 何成才

责任编辑 穆 丰
助理编辑 李华宇
封面设计 严春艳

出版发行 西南交通大学出版社
（四川省成都市二环路北一段 111 号
西南交通大学创新大厦 21 楼）
邮政编码 610031
发行部电话 028-87600564 028-87600533
官网 http://www.xnjdcbs.com
印刷 成都中永印务有限责任公司

成品尺寸 185 mm × 260 mm
印张 12.75
字数 317 千
版次 2018 年 8 月第 2 版
印次 2023 年 7 月第 7 次
定价 38.00 元
书号 ISBN 978-7-5643-6334-5

课件咨询电话：028-87600533

高等职业教育“十三五”规划教材

CRH 动车组系列教材

动车组网络技术

（第 2 版）

主　编　黄秀川　何成才

主　审　杨　宏

西南交通大学出版社

·成　都·

图书在版编目（CIP）数据

动车组网络技术 / 黄秀川，何成才主编. —2 版. —成都：西南交通大学出版社，2018.8（2023.7 重印）
高等职业教育“十三五”规划教材 CRH 动车组系列教材
ISBN 978-7-5643-6334-5

Ⅰ. ①动… Ⅱ. ①黄… ②何… Ⅲ. ①高速动车－网络系统－高等职业教育－教材 Ⅳ. ①U266

中国版本图书馆 CIP 数据核字（2018）第 189453 号

高等职业教育“十三五”规划教材
CRH 动车组系列教材

动车组网络技术
（第 2 版）

主编 黄秀川 何成才

责任编辑 穆 丰
助理编辑 李华宇
封面设计 严春艳

出版发行 西南交通大学出版社
（四川省成都市二环路北一段 111 号
西南交通大学创新大厦 21 楼）
邮政编码 610031
发行部电话 028-87600564 028-87600533
官网 http://www.xnjdcbs.com
印刷 成都中永印务有限责任公司

成品尺寸 185 mm×260 mm
印张 12.75
字数 317 千
版次 2018 年 8 月第 2 版
印次 2023 年 7 月第 7 次
定价 38.00 元
书号 ISBN 978-7-5643-6334-5

课件咨询电话：028-87600533

CRH动车组系列教材

CRH动车组系列教材

编 委 会

第2版前言

现代列车正朝着高速化、自动化和舒适化的方向发展。与传统的列车相比，越来越多的信息（诸如状态、控制、故障诊断、旅客服务等信息）需要在机车车辆及车载设备各计算机之间互相传输与交换。如何将这些大量的信息安全、快速、可靠、准确地在整个列车上传输，是一个关键性问题。列车通信网络（TCN）技术是解决这一问题的有效途径。国外已开行的高速列车（如德国的ICE、法国的TGV、日本的新干线等）都装有完备的列车通信网络系统。近年来，随着国内交流传动高速列车、电动车组、城市轨道交通车辆的高速发展，列车控制技术已从单台机车控制逐步向列车信息网络控制方向发展，列车信息网络控制技术已成为高速列车、动车组的必备技术之一。

动车组采用动力分散的编组方式，牵引、制动等电器设备布置在多节车辆，其控制方式与机车的控制方式有很大差别。动车组电器设备分散布置，其动作又要与控制指令协调一致，因此，动车组采用了分布式的列车控制系统，其内部信息交换由动车组信息网络系统完成。

与传统的机车控制系统相比，动车组的控制自动化程度高，要求司乘人员和检修人员掌握更多计算机、网络方面的知识。本教材主要介绍了动车组信息网络系统的技术基础、基本概念、基本原理、功能特点、拓扑结构、设备组成、布线，以及 CRH_2 及其系列动车组信息网络系统的构成、功能、操作及故障应急处理等相关内容。

2009年10月《动车组网络技术》（第1版）出版后，受到了广大读者的欢迎。本教材（第2版）是在第1版的基础上总结提高，将书中的错误进行了订正，对欠缺或更新的内容进行了补充，对条理不准确的地方进行了调整。

本教材在编写过程中，得到了武汉铁路局职教处、武汉动车段、武南机务段、武汉高铁技能训练段的大力支持和帮助，在此表示衷心的感谢。本教材由武汉铁路职业技术学院黄秀川、何成才主编，武汉铁路职业技术学院杨宏主审。参加编写本教材的有：武汉铁路职业技术学院邓命（第一章）、武汉铁路职业技术学院李鹏（第二章）、武汉铁路职业技术学院聂荐（第三章）、黄秀川（第四、六章）、何成才（第五章）、中国铁路武汉局集团有限公司职教培训基地白红杰（第六章的第三、四节）。

由于时间紧迫和编者水平有限，书中难免存在不足之处，恳请各位读者和专家提出宝贵意见。

编　者

2018 年 5 月 6 日于武汉

第1版序

我国铁路自2007年4月18日进行第六次大提速，并在国内首次开行时速200 km动车组以来，统称为“和谐号”的CRH系列动车组即成为我国铁路迈入高速铁路俱乐部的象征。在“十一五”期间，我国将建设铁路新线17 000 km，总投资达2万亿元。根据新调整的国家中长期铁路网规划，到2020年，全国铁路营运里程将达到120 000 km，将建成“四纵四横”铁路快速客运通道以及经济发达和人口稠密地区城际客运系统。这将为CRH系列动车组提供进一步施展的舞台。

但目前CRH系列动车组的运用、检修专业人员的培养尚不能适应我国铁路发展的现状与趋势；铁路职业教育也迫切需要一套与CRH动车组专业联系紧密的教材，以实现有针对性的教学，为国家早日培养出铁路行业专门人才。由此，全国铁路高职、中专机车专业教学指导委员会以及其后的中国职业技术教育学会轨道交通专业委员会，会同相关院校，在西南交通大学出版社的大力支持与配合下，于2007年5月在武汉会议上组建了以李晓村为主任、何成才等为委员的“CRH动车组系列教材”编委会。会议经分析、讨论，确定了动车组核心专业课程的设置和课时分配。之后又于2007年11月在成都会议上审定了各核心专业课程的编写大纲，最终确定了《动车组构造》《动车组牵引与控制系统》《动车组辅助设备》《动车组电机与电器》《动车组网络技术》《动车组制动系统》《动车组操纵与安全》《动车组行车与规章》《动车组维护与检修》等九种书为第一批CRH动车组系列教材。

本系列教材由全国铁路高职、中专机车专业教学指导委员会副主任李晓村担任总主编，特邀西南交通大学李芾教授担任总主审；由一批资深的行业专家担任各教材主编暨教材编委会委员，由路内外有关专家担任各教材主审。在实行第一主编负责制的前提下，编写人员本着对铁路发展负责任的态度，认真进行专业调查，收集相关资料，团结协作，确保了编写内容的准确性、适用性和及时性。

本系列教材可作为高职和中专铁道机车车辆专业动车组方向或相关专业的教学用书，也可作为动车组运用、检修人员的学习培训用书，还可作为相关专业技术管理人员的参考用书。

由于 CRH 系列动车组在我国运用的时间还不长，各型号动车组之间的结构原理存有显著差别（本系列教材中暂定以 CRH_2 型动车组为主讲车型），部分技术资料欠缺，加上编写时间又十分仓促，本系列教材难免存在一些不足。但随着 CRH 系列动车组技术的日臻成熟，运用经验的积累与丰富，编写者理解水平的不断提高，我们会适时对其进行修订、补充，使之完善、提高。我们真诚希望各位专家、专业技术人员和教材使用者能积极提出宝贵意见，让本系列教材在积极发挥作用的同时，得到进一步的提炼。

本系列教材在筹划编写过程中，得到了铁道部劳动和卫生司的大力支持和帮助；西南交通大学的李芾教授、付茂海教授等也对其给予了极大的关注，提出了不少指导性意见；同样，许多一线的铁路专业技术人员也为我们提出了具体的意见和建议。此外，西南交通大学出版社的领导和工作人员为本书的出版付出了辛劳，并提供了极大的帮助。在此，我们一并表示衷心感谢。

CRH 动车组系列教材编委会

2009 年 6 月

第1版前言

现代列车正朝着高速化、自动化和舒适化的方向发展。与传统的列车相比，越来越多的信息（诸如状态、控制、故障诊断、旅客服务信息等）需要在机车车辆以及车载设备各计算机之间互相传输与交换。如何将这些信息安全、快速、可靠、准确地在列车上传输，是一个关键性的课题。列车通信网络（TCN）是解决这一课题的有效途径。国外已开行的高速列车（如德国的ICE、法国TGV、日本的新干线等）都装有完备的列车通信网络系统。近年来，随着国内交流传动高速列车、电动车组、城市轨道交通车辆的高速发展，列车控制技术已从单台机车控制逐步向列车信息网络控制方向发展，列车信息网络控制技术已成为高速列车、动车组的必备技术之一。

动车组采用动力分散的编组方式，牵引、制动等电器设备布置在多节车辆，其控制方式与机车的控制方式有很大差别。动车组电器设备分散布置，其动作又要与控制指令协调一致，因此，动车组采用了分布式的列车控制系统，其内部信息交换由动车组信息网络系统完成。

与传统的机车控制系统比较，动车组的控制自动化程度高，要求司乘和检修人员掌握更多计算机和网络系统方面的知识。本课程主要介绍动车组信息网络系统的技术基础、基本概念、基本原理、功能特点、拓扑结构、设备组成及布线等知识内容，还讲解动车组信息网络系统的构成、功能、信息显示装置的操作及故障应急处理等相关内容。

本书由武汉铁路职业技术学院何成才、黄秀川主编。郑州铁路职业技术学院张中央教授主审。参加本书编写的有：何成才（第一、第二章），黄秀川（第三、第四、第五章和第六章的第二、第三节），武汉铁路职业技术学院何洲红（第六章的第一节），武汉铁路局教育处单林（第六章的第四节）。

在本书编写过程中，编者得到西南交通大学、武汉铁路局、郑州铁路职业技术学院、湖南铁道职业技术学院、广州铁路职业技术学院等单位的领导与专家的大力支持和帮助，在此表示衷心的感谢。

由于编者水平有限，本书不可避免地存在不足和疏漏之处，恳请各位读者和专家提出宝贵意见。

编　者

2009 年 6 月

目　录

第一章 列车网络基础知识

第一节 国内外列车信息网络的发展

一、国外列车信息控制网络的发展

1. 初期阶段

计算机在轨道交通工具上的应用随着20世纪70年代后期微处理器技术的普及而迅速发展。开始阶段，微处理器主要应用于机车车辆单个设备的控制，如西门子、BBC于20世纪80年代初把8086微处理器应用于机车或动车的传动控制等。

2. 发展阶段

随着微处理器控制、服务对象的增多，人们逐渐引入了铁路控制系统层次划分的思想，产生了基于串行通信的、用于较为独立的控制设备或层次间信息交换的总线与企业标准。例如，BBC的连接机车控制层与传动控制层的串行控制器总线，该总线后来发展成为用于连接机车内的所有智能设备的MICAS车辆总线，简称MVB。

3. 成熟阶段

20世纪90年代初，产生了以满足机车和动车组重联控制需要的列车总线，如西门子的DIN43322列车总线。至此，一些大的铁路公司以牵引控制系统为基础、列车通信系统为纽带、新器件和新工艺为载体，相继推出广泛覆盖牵引、制动、辅助系统、旅客舒适设备控制和显示、诊断等的列车通信与控制系统，它们在欧洲一般被简称为TCC。而在北美，类似的系统被称为基于通信的列车控制系统，简称CBTC。

二、列车通信网络（TCN）标准

1999年6月，经过长达11年的摸索与实践，IEC/TC9/WG22在ABB的MVB、西门子的DIN43322和意大利的CD450等运行经验的基础上，制定了列车通信网络（TCN）标准IEC61375，并正式成为国际标准。

在北美，由一家美国公司（Echelon）于20世纪90年代初开发的主要用于建筑自动化和工业控制的现场总线LonWorks被部件供应商和铁路公司所接受。它紧跟在IEC61375之后也正式成为国际标准，美国电气和电子工程师协会（IEEE）于1999年制定了IEEE1473列车通信协议。该协议包含IEC61375规定的TCN（14732T）和78 kb/s数据速率的LonWorks（14732L）。

TCN 的核心技术由西门子、Firema、AEG 和 ABB 组成的联合开发组开发，使之能用于各自的 TCC 系统。TCN 的芯片可以在市场上自由购买。还有一些中、小公司提供 MVB 电路板、WTB 节点、组态和监控工具、实时协议栈或文件等。

TCN 得到了在制动、车门、黏着、厕所、仪表、显示、自动控制等方面的许多部件供应商（如 Knorr Electronics、Westinghouse Brakes、IFE、Deuta、Faiveley、Secheron、Selectron Lyss、Holec 等）的支持。在 IEC/TC9/WG22 的工作完成之后，2001 年成立了主要来处理一致性测试的工作组——WG38（最近又改名为项目组 PT6137522）。

TCN 技术在各种铁道机车车辆上得到了广泛应用，表 1-1-1 和表 1-1-2 仅列出 Adtranz 与西门子公司装备有 TCN 产品的部分车型。

表 1-1-1　Adtranz 的 TCN 项目

车　型	国　家	数　量	总线类型	交付日期
SBB Lok460-1/2/3	瑞士	119	MVB	1991—1995
NSB IC 70 EMU	挪威	12	MVB	1992
ESL（海峡隧道）	法国/英国	37	MVB	1992
BR Class 92	英国	46	MVB	1993
VR Sr2	芬兰	20	MVB	1994
QR-SMU	澳大利亚	12	MVB	1994
ERR I-TCN 试验	欧洲	1	WTB + MVB	1994
LRV Mannheim	德国	69	WTB + MVB	1994
IR WAG 和 WAP	印度	33	MVB	1995
BR101	德国	145	WTB + MVB	1996
ET423	德国	100	WTB + MVB	1997
Gardemoen	挪威	6 + 33 + 9	WTB + MVB	1996—1998
IC2000	瑞士	250	WTB + MVB	1997—1998
斯德哥尔摩地铁列车	瑞典	75×3	WTB + MVB	1997
NSB EMU	挪威	16×3	WTB + MVB	1997
丹麦 DMU	丹麦	13×2	MVB	1997
马尼拉地铁列车	菲律宾	7×4	WTB + MVB	1998

表 1-1-2　西门子的 TCN 项目

项　目	种　类	数　目	铁　路	国　家
Prag	地铁列车	22	布拉格地铁	捷克
Tren Urbano	地铁列车		San Juan，Puerto Rico	美国
BR152	机车	119	德国铁路 DB	德国
ICT（7 辆编组）	摆式动车组	32	DB	德国

续表

项　目	种　类	数　目	铁　路	国　家
ICT（5 辆编组）	摆式动车组	11	DB	德国
DJI	机车	20	中国	中国
ICE3	高速 EMU	50	DB	德国
ICE3	高速 EMU	6	NS	荷兰
ICE-ET	摆式 DMU	20	DB	德国
VT605	摆式 EMU		DB	德国
CP Pendoluso	摆式 EMU	10	保加利亚铁路	保加利亚
EM G312	摆式 EMU		斯洛文利亚铁路	斯洛文利亚
San Paulo CPTM	摆式 EMU		巴西 CPTM	巴西
马来西亚机场	摆式 EMU		马来西亚 Kuala Lumpur	马来西亚
双层车	控制车	10	OeBB	奥地利
双层车	拖车	50	OeBB	奥地利
ET424、425、426	摆式 EMU		DB	德国

三、国内列车信息控制网络的发展

我国列车通信网络的发展可以追溯到 1991 年，株洲电力机车研究所在其购买的 ABB 公司牵引控制系统开发工具（特别是软件开发工具）的基础上，联合路内高校开发出了我国第一套电力机车微机控制装置，并安装于 $SS_4$0038 电力机车上。在该装置中，系统被明确划分为人机界面显示级、机车控制级和传动控制级三级。级与级之间通过串行总线连接，形成了二级总线的雏形。其中，连接司机台显示器与机车控制级之间的显示总线，在“春城”号动力分散电动车组上扩展为贯穿全列车连接各动力车的机车控制级与司机台显示器的列车显示总线。连接机车控制级与传动控制级的近程控制器总线，在“先锋”号动力分散交流传动电动车组上扩展为连接动力车节点与传动控制单元和 ATP 的中程控制器总线。

20 世纪 90 年代中期，随着动车组技术在我国越来越受重视，对列车通信网络特别是机车的重联控制通信的需求十分迫切。一方面，原铁道部开展了列车通信网络课题研究；另一方面，路内外许多单位也先后自发地开展了自我开发、联合开发或技术引进工作。这些工作主要在局域网、现场总线、TCN、通信介质、基于 RS485 的通信协议等领域展开。例如，当时的上海铁道大学与株洲电力机车研究所合作开发的基于 ARCnet 的列车总线和基于 HDLC 的车辆总线的列车通信网络的研究；当时的上海铁道大学用 CAN 作为连接司机台和列车控制单元的局部总线的研究；国防科技大学用 CAN 作为磁悬浮列车的列车总线的研究；西南交通大学用 RS485 协议作为摆式列车倾摆控制总线的研究；北京交通大学对通信介质及其转换的研究；大同机车厂对列车通信网结构及其协议的研究和对 BITBUS 的研究；株洲电力机车研究所的基于 FSK 的列车通信的研究，基于 RS485 协议的局部总线的研究，基于 LonWorks 的列车总线和局部总线的研究，CAN 总线用于列车监控装置和摆式列车局部控制总线的研究，基于 ModBus 的 ISO 局部总线的研究，MVB、WTB 的研究以及国产化的 MVB 产品与其他公司的 MVB 产品的兼容性试验；四方机车车辆研究所、铁道科学研究院、西南交通大学、武进市剑湖铁路客车配件厂、武汉正远公司等对 LonWorks、MVB、WTB 进行的研究及购买了或准备购买 LonWorks、MVB、WTB 的开发工具。

以上这些研究，有一些成果得到了应用，如表 1-1-3 所示。

表 1-1-3　采用了列车通信技术的国产机车/动车组

车　型	编　组	列车总线	车辆总线	子系统总线	总线供应商	出场日期
TM 1 出口伊朗 EMU	2 动 10 拖	FSK 动车重联	MVB 连接显示器和牵引控制	RS485 连接机车级和传动级	Adtranz 株洲所	1997
“庐山”号双层 DMU	2 动 2 拖	RS485			西门子	1998
“春城”号 EMU	3 动 3 拖	远程 RS485 连接 MMI 和 3 个动车		RS485 连接机车级和传动级	株洲所	1998
液力传动 DMU	2 动 4 拖	高速 RS485			日本新泻铁工所	1999
“新曙光”号 DMU	2 动 9 拖	LonWorks 动车重联			株洲所	1999
“大白鲨”号 EMU	1 动 + 5 拖 + 1 控制车	FSK 连接动车和控制车	MVB 连接显示器和牵引控制	RS485 连接机车级和传动级	Adtranz 株洲所	1999
“蓝箭”号交流传动 EMU	1 动 + 5 拖 + 1 控制车	WTB 连接全列车每一节车辆	MVB 连接本动车或拖车内所有智能设备		Adtranz	2000
“神州”号 DMU	2 动 10 拖	LonWorks 动车重联			株洲所	2000
“神州”号 DMU	2 动 10 拖	CAN 动车重联			武汉正远	2000
“先锋”号动力分散交流传动 EMU	4 动 2 拖	FSK 连接全列车每一节车辆	MVB 连接制动控制、辅助系统控制、车辆设备控制、显示器	远程 RS485 连接牵引控制、ATP	株洲所	2001
哈尔滨铁路局 DMU	2 动 5 拖	RS485 动车重联			长春客车厂	2001
“中原之星”号动力分散交流传动 EMU	4 动 2 拖	FSK 连接 2 个各由 2 动 1 拖三节车组成的车组单元	MVB 连接一个车组单元内所有智能设备		株洲所	2001
“奥星”号交流传动	机车		MVB 连接机车内所有智能设备		株洲所	2001
集速 DMU	2 动 2 拖	LonWorks 动车重联			株洲所	2001

“新曙光”号是首列采用 LonWorks 列车总线技术的内燃动车组。在该项目中，LonWorks 列车总线网卡插在成熟的内燃机车微机控制装置——EXP 机箱中。首尾动力车的重联通信通

过 LonWorks 列车总线以显式报文的方式实现，而 EXP 机箱内的主 CPU 通过机箱背部的并行 FE 总线访问网卡上的双口 RAM 实现信息交换。“神州”号的 LonWorks 列车重联通信与此类似，但采用了二路方式，即设置了一路 LonWorks 冗余通道。

“先锋”号是首列采用株洲电力机车研究所的 TEC 列车通信与控制系统的动力分散交流传动电动车组。在该项目中，每节动车或拖车上都有一个列车总线节点，列车总线贯穿全列车连接的各个节点。在每节动车或拖车内，各智能控制设备通过 MVB 或控制器总线与节点交换信息。在司机台显示器上可以选择查看全列车各个设备的状态。

“中原之星”号是第二列采用 TEC 技术的动力分散交流传动电动车组。该项目与“先锋”号项目的主要区别是采用了 MVB 光缆连接一个车组单元内三节车的所有智能控制设备（大部分布置在车辆的地板底下），而整列车仅设置了两个列车总线节点，即每个车组单元只设置 1 个列车总线节点。从而从列车总线往下看，好像整个列车是由两个基本运转单元构成，简化了控制信号在列车总线上的传递。另外，“中原之星”号的车辆总线、列车总线、列车控制单元、某些重要设备控制用的数字输入/输出通道（如继电器）等采取了冗余措施。

“新曙光”号、“神州”号列车重联通信的成功，特别是“先锋”号、“中原之星”号的较为完备的列车通信与控制系统的成功，标志着我国列车通信与控制系统的发展已经进入实用化的新阶段。

第二节　网络基础知识及概念

一、计算机网络的组成要素

计算机网络的组成必须具备以下 3 个要素：

（1）至少要有两台以上具有独立操作系统的计算机，相互间有共享某种资源的需求；

（2）节点之间需要有某种通信手段或方法将其互联；

（3）两个或多个节点之间进行通信，必须遵循某种被公认的规则（即协议）。

二、局域网

1. 局域网的概念

根据网络连接范围的大小，可以将计算机网络分为局域网和广域网两种。

局域网（Local Area Network，LAN）也称为局部网络，是将分散在有限地理范围内（如一栋大楼，一个部门）的多台计算机通过传输媒体连接起来的通信网络，通过功能完善的网络软件，实现计算机之间的相互通信和共享资源（现在的传输速度一般在 10 Mb/s 以上）。

美国电气和电子工程师协会（IEEE）于 1980 年 2 月成立了局域网标准化委员会（简称 802 委员会），专门对局域网的标准进行研究，其制定的 IEEE802 标准已逐步成为国际标准。该委员会给出的 LAN 的定义是：允许中等地域内的众多独立设备通过中等速率的物理信道直接互联通信的数据通信系统。

2. 局域网的特性和特点

（1）网络覆盖范围小（25 km 以内）。

（2）选用较高特性的传输媒体：高的传输速率和低的传输误码率。

（3）硬软件设施及协议方面有所简化。

（4）媒体访问控制方法相对简单。

（5）采用广播方式传输数据信号，一个节点发出的信号可被网上所有的节点接收，不考虑路由选择的问题，甚至可以忽略 OSI 网络层的存在。

三、站地址

1. 站地址的概念

为了能够进行数据传输，入网的每个设备都具有可被唯一识别的地址，称之为站地址。

2. 站地址的类型

局域网中可用的地址格式一般有两种（见表 1-2-1）：

（1）静态分配地址格式（也称通用格式或全局地址）：由网络硬件制造商在生产硬件（如网络适配卡——网卡）时给定。静态地址通常占 48 个二进制位，为了保证地址的通用性（全球唯一），该 48 位的一部分（一般为 24 位）由 IEEE 委员会分配给不同的制造厂商，另一部分（一般为 16 位）由厂商为其产品编号，而其他位则保留它用。

（2）动态分配地址格式（也称本地地址或局部地址）：该地址在安装网络时，由系统管理员分配给上网的设备，或者在站点运行时，通过询问网络、检测地址冲突后动态获得。这种地址结构仅适用于单个网络，地址长度一般为 16 位。

表 1-2-1　站地址的分类

地址格式	优　点	缺　点
静态地址	地址的永久性，无须为获得地址而消耗网络资源	地址占用较大的空间，因此会影响通信的效率（地址字段在分组中的比例较大）
动态地址	地址空间小，无须硬件制造商为地址分配权进行协商	地址的临时性，以及为获得地址而消耗网络资源

四、局域网的拓扑结构

1. 网络拓扑的概念

在网络中，将不同设备根据不同的工作方式进行连接称之为拓扑（topology）。各种不同计算机网络系统的拓扑结构是不同的，同时不同拓扑结构的网络的功能、可靠性、组网成本等方面是不同的。

局域网的拓扑结构是指连接网络设备的传输媒体的铺设形式。

2. 局域网拓扑结构的类型

构成局域网的网络拓扑结构主要有星形结构、总线结构、环形结构和混合形结构，如图 1-2-1 所示。

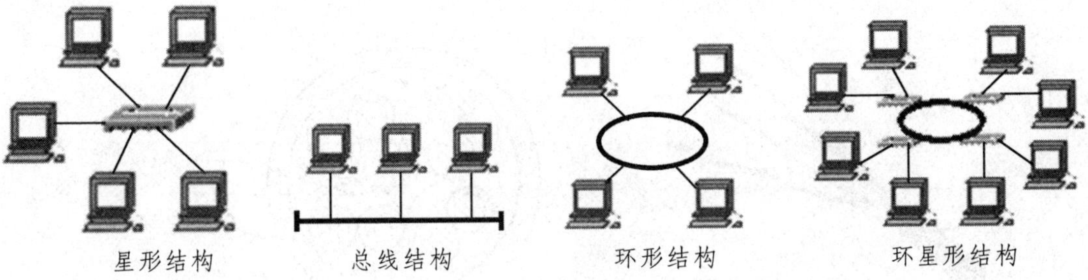

图 1-2-1　局域网拓扑结构示意图

（1）星形结构。

星形结构由中央节点和分支节点构成，各个分支节点均与中央节点具有点到点的物理连接，分支节点之间没有直接的物理通路。如果分支节点间需要传输信息，必须通过中央节点进行转发；或者由中央节点周期性地询问各分支节点，协助分支节点进行信息的转发。

（2）总线结构。

总线结构采用无源传输媒体作为广播总线，利用电缆抽头将各种设备接入总线。如果某个节点有信息需要发送，则直接发往总线，总线上的所有节点都将感知该信息的到来。为了防止传输信号的反射，总线两端需使用终结器（也称终端适配器）。

（3）环形结构。

环接口设备通过传输媒体串接形成闭合环路，每个环接口设备仅与其相邻的两个环接口设备（分别对应上行和下行环接口设备）之间具有点到点连接，入网设备通过环接口设备接入环路。当某个节点有信息希望发送时，信息首先发到对应的环接口设备，并沿环路发往其下行的环接口设备，该设备进行转发或者递交给其附接的节点。

（4）混合形结构。

混合形结构是将上述各种拓扑混合起来的结构，常见的有树形（总线结构的演变或者总线和星形的混合）、环星形（星形和环形拓扑的混合）等。

五、传输媒体

用于局域网的传输技术主要分为有线传输和无线传输两类，有线传输使用的媒体包括双绞线、同轴电缆和光缆等；无线传输使用的媒体为大气层，使用的技术主要包括微波、红外线和激光等。

1. 双绞线（见图 1–2–2）

双绞线是一种价格低廉、易于连接的有线传输媒体。

（1）非屏蔽双绞线（Unshielded Twisted Pair，UTP），用塑料套管套装了多对双绞线，目前在局域网中使用最广泛。常用的 5 类 UTP 双绞线，在单段线缆长度为 100 m 时，传输速率可达 100 Mb/s。

（2）屏蔽双绞线（Shielded Twisted Pair，STP），用铝箔套管套装多对双绞线，具有抗电磁干扰能力。

（3）拓扑结构：星形。

（a）5 类 4 对 UTP

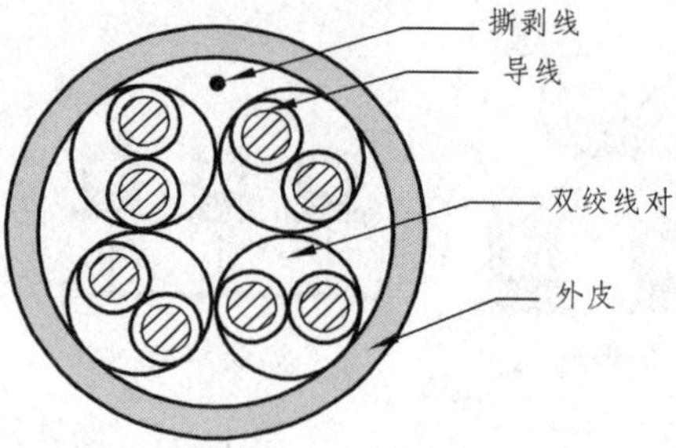

（b）5 类 4 对 UTP 截面示意图

图 1-2-2　双绞线

2. 同轴电缆（见图 1–2–3）

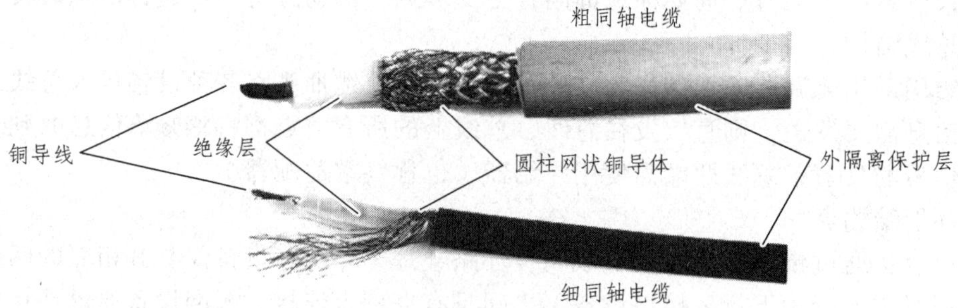

图 1-2-3　同轴电缆

同轴电缆具有辐射小和抗干扰能力强等特点，常用于电视工业，也曾经是 LAN 中应用最多的传输媒体，现已不常使用，被双绞线和光纤所代替。

（1）基带同轴电缆：阻抗为 50 Ω，用于基带数字信号传输

（2）宽带同轴电缆：阻抗为 75 Ω，用于传输宽带模拟信号。

（3）拓扑结构：总线形。

3. 光导纤维

光导纤维（光纤）是一种新型的传输媒体。它具有误码率低、频带宽、绝缘性能高、抗干扰能力强、体积小和质量轻等特点。

（1）单模光纤：采用注入型激光二极管作为光源产生激光，激光的定向性强，在给定的波长上，只能以单一的模式进行传输，其传输距离可达 100 km。

（2）多模光纤：采用发光二极管作为光源产生荧光（可见光），定向性较差，在给定波长上，通过反射，以多种模式进行传输，多模光纤的传输距离一般在 2 km 以内。

（3）拓扑结构：星形或环形，常用于局域网主干网。

4. 无线传输

无线传输是指通过无线电波在自由空间的传播进行通信，常用于电（光）缆铺设不便的特殊地理环境，或者作为地面通信系统的备份和补充。

（1）微波：在空间只能直线传输，长距离通信时需要在地面上架设微波塔，或者在人造

同步地球卫星上安装中继器，作为微波传输中继站，来延伸信号传输的距离。

（2）红外线和激光：通信的收发设备必须处于视线范围之内，均具有很强的方向性，因此，其防窃取能力较强，但对环境因素较为敏感。

六、局域网的传输技术

局域网中，利用传输媒体传输信号的技术可分为基带传输和宽带传输两种，见表 1-2-2。

表 1-2-2　局域网的传输类型

传输技术类型	描　述	特　征	传输方向
基带传输	保持数据波的原样进行传输称为基带传输或者基带数字信号传输	① 数字信号为电脉冲或者光脉冲； ② 信号传输将占用整个信道的带宽； ③ 数据波信号会随着距离的增加而衰减，随着频率的增加而容易发生畸变，因此它不适合高速和远距离的传输	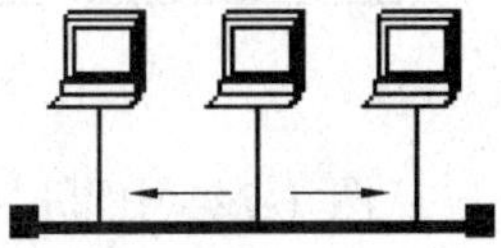
宽带传输	宽带在电话系统中通常指带宽超过一个标准话路（约 4 kHz）的传输系统，在数据通信领域则指数据传输速率超过 1 Mb/s 的传输系统	① 宽带传输系统传输的是模拟信号； ② 需采用适当的调制解调技术； ③ 采用频分多路复用技术，支持多路信号传输； ④ 与基带相比较，宽带传输可提供较高的传输速率和抗干扰能力	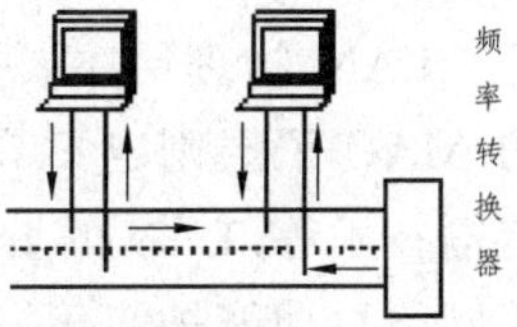

七、局域网的逻辑结构

为了规范 LAN 的设计，IEEE 802 委员会针对各种局域网的特点，并且参照 ISO/OSI 参考模型，制定了有关局域网的标准（称为 IEEE 802 系列标准）。有关 LAN 的标准化主要集中在 OSI 体系结构的底二层，已制定了一系列的标准，具体包括：

（1）IEEE 802.1A——综述和体系结构。

（2）IEEE 802.1B——寻址、网络管理和网络互联。

（3）IEEE 802.2——逻辑链路控制协议（LLC）。

（4）IEEE 802.3——载波侦听多路访问/冲突检测（CSMA/CD）访问控制方法和物理层规范。

（5）IEEE 802.4——令牌总线（Token-Bus）访问控制方法和物理层规范。

（6）IEEE 802.5——令牌环（Token-Ring）访问控制方法和物理层规范。

（7）IEEE 802.7——宽带时间片环（Time-Slot）访问控制方法和物理层规范。

（8）IEEE 802.8——光纤网媒体访问控制方法和物理层规范。

（9）IEEE 802.9——等时网（Isonet）。

（10）IEEE 802.10——LAN 的信息安全技术。

（11）IEEE 802.11——无线 LAN 媒体访问控制方法和物理层规范。

（12）IEEE 802.12——100 Mbps VG-Anylan 访问控制方法和物理层规范。

IEEE 802 系列标准间的关系如图 1-2-4 所示。

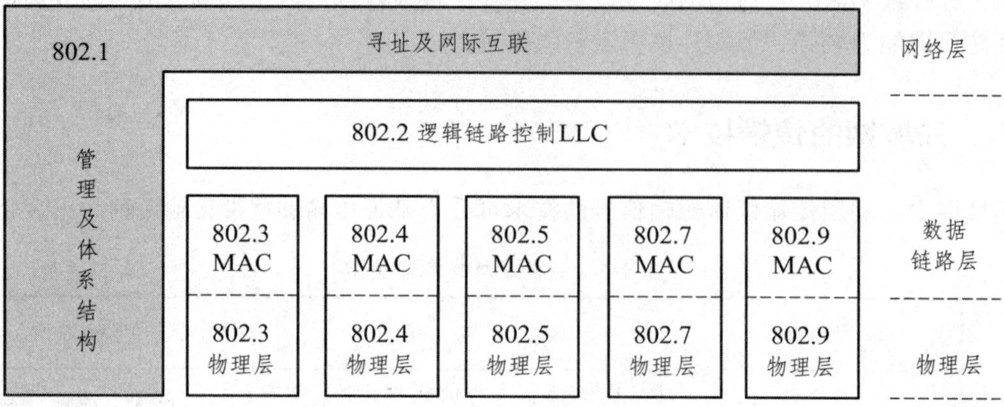

图 1-2-4 IEEE 802 系列标准间的关系图

从图 1-2-4 中可以看出，LAN 的数据链路层实际上被划分为两个子层：逻辑链路控制子层（LLC）和媒体访问控制子层（MAC），并且 LAN 之间的差别主要体现在物理层和 MAC 子层。

LAN 物理层主要定义节点和传输媒体的接口特性，包括机械特性、电气特性等。LAN 的 MAC 子层则定义节点共享传输媒体时采用的访问控制技术，包括借助于物理层的无差错传输技术等。LAN 的 LLC 子层屏蔽不同的 MAC 子层之间的差异，以便提供统一的接口。LAN 的网络层功能被简化，在单个 LAN 设计时可以忽略，或者可以认为 OSI/RM 的更高层通过虚拟的网络层直接引用 LLC 子层的服务。

第三节 数据的传输方式

数据的传输方式根据不同的分类标准可以进行不同的分类。

一、并行传输与串行传输

在数字通信中，按每次传送的数据位数，传输方式可分为并行传输和串行传输两种

1. 并行传输

并行传输是在传输中有多个数据位同时在设备之间进行的传输。一个编了码的字符通常是由若干位二进制数表示，如用 ASCII 编码的符号是由 8 位二进制数表示的，则并行传输 ASCII 编码符号就需要 8 个传输信道，使表示一个符号的所有数据位能同时沿着各自的信道并排地传输。并行传输时，一次可以传一个字符，收发双方不存在同步的问题，而且传输速度快，控制方式简单。但是，并行传输需要多个物理通道。从原理上看似乎适合于红距离、要求传输速度快的场合使用，但是传输时，发送器是同时将 8 位信号电平加在信号线上，电

信号虽然是以光速传输的，但仍有延迟，因此8位信号不是严格同时到达接收端，速率小时，由于每一字节在信号线上的持续时间较长，这种到达时间的不同步并不严重，随着传输速率的增加，与8位信号到达时间的差异相比，每一字节的持续时间显得越来越短，最终导致前一字节的某几位与后一字节的几位同时到达接收端，这就造成了传输失败，而且随着信号线的加长这种现象还会越发严重，直至无法使用，这是并行传输的致命缺点。

2. **串行传输**

串行传输是指数据的二进制代码在一条物理信道上以位为单位按时间顺序逐位传输的方式。串行传输时，发送端逐位发送，接收端逐位接收。同时，还要对所接收的字符进行确认，所以收发双方要采取同步措施。

在早期的计算机中，串行传输相对并行传输而言，传输速度慢，但由于只需要一条物理信道，线路投资小，易于实现，特别适合远距离传输。随着技术的发展，目前串口通信的优势强于并口通信。计算机上的串口也越来越多，USB接口就是典型的串口。

并行传输与串行传输示意图如图1-3-1所示。

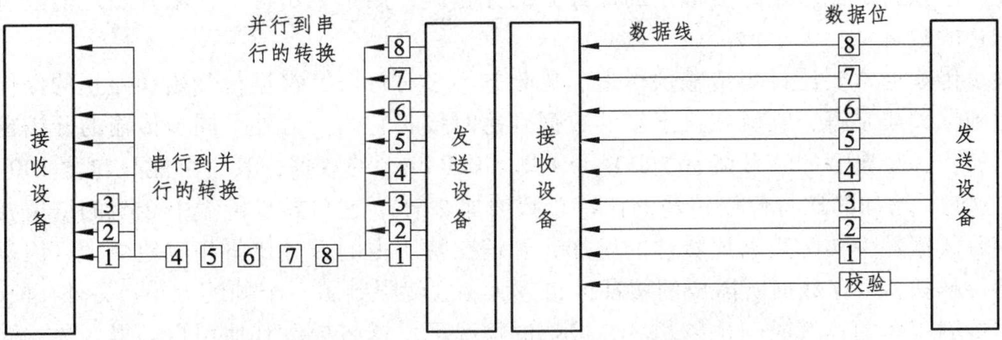

图1-3-1　并行传输与串行传输示意图

二、异步传输与同步传输

1. **异步传输**

异步传输将比特分成小组进行传送，小组可以是8位的1个字符或更长。发送方可以在任何时刻发送这些比特组，而接收方不知道它们会在什么时候到达。一个常见的例子是计算机键盘与主机的通信，按下一个字母键、数字键或特殊字符键，就发送一个8比特位的ASCII代码。键盘可以在任何时刻发送代码，这取决于用户的输入速度，内部的硬件必须能够在任何时刻接收一个键入的字符。

异步传输存在一个潜在问题，即接收方并不知道数据会在什么时候到达。在它检测到数据并做出响应之前，第一个比特已经过去了。这就像有人出乎意料地从后面走上来跟你说话，而你没来得及反应过来，漏掉了最前面的几个词。因此，每次异步传输的信息都有一个起始位开头，它通知接收方数据到达了，这就给了接收方响应、接收和缓存数据比特的时间，在传输结束时，一个停止位表示该次传输信息的终止。按照惯例，空闲（没有传送数据）的线路实际携带着一个代表二进制1的信号，异步传输的开始位使信号变成0，其他的比特位使信号随传输的数据信息而变化。最后，停止位使信号重新变回 1，该信号一直保持到下一个开始位到达。例如，在键盘上的数字“1”，按照 8 比特位的扩展 ASCII 编码，发送“00110001”的同时需要在 8 比特位的前面加一个起始位，后面加一个停止位。

异步传输的实现比较容易，每个信息都加上了“同步”信息，因此，计时的漂移不会产生大的积累，但却产生了较多的开销。在上面的例子，每 8 个比特要多传送两个比特，总的传输负载就增加 25%。对于数据传输量很小的低速设备来说问题不大，但对于那些数据传输量很大的高速设备来说，25%的负载增值就相当严重了。因此，异步传输常用于低速设备。

2. 同步传输

同步传输的比特分组要大得多。它不是独立地发送每个字符，每个字符都有自己的开始位和停止位，而是把它们组合起来一起发送。我们将这些组合称为数据帧，或简称为帧。

数据帧的第一部分包含一组同步字符，它是一个独特的比特组合，类似于前面提到的起始位，用于通知接收方一个帧已经到达，但它同时还能确保接收方的采样速度和比特的到达速度保持一致，使收发双方进入同步。帧的最后一部分是一个帧结束标记。与同步字符一样，它也是一个独特的比特串，类似于前面提到的停止位，用于表示在下一帧开始之前没有其他即将到达的数据。

同步传输通常要比异步传输快得多。接收方不必对每个字符进行开始和停止的操作。一旦检测到帧同步字符，它就在接下来的数据到达时接收它们。另外，同步传输的开销也比较少。例如，一个典型的帧可能有 500 Byte（即 4 000 bit）的数据，其中可能只包含 100 bit 的开销。这时，增加的比特位使传输的比特总数增加 2.5%，这与异步传输中 25%的增值要小得多。随着数据帧中实际数据比特位的增加，开销比特所占的百分比将相应地减少。但是，数据比特位越长，缓存数据所需要的缓冲区也越大，这就限制了一个帧的大小。另外，帧越大，它占据传输媒体的连续时间也越长。在极端的情况下，这将导致其他用户等得太久。同步传输方式中发送方和接收方的时钟是统一的，字符与字符间的传输是同步无间隔的。异步传输方式并不要求发送方和接收方的时钟完全一样，字符与字符间的传输是异步的。

异步传输与同步传输示意图如图 1-3-2 所示。

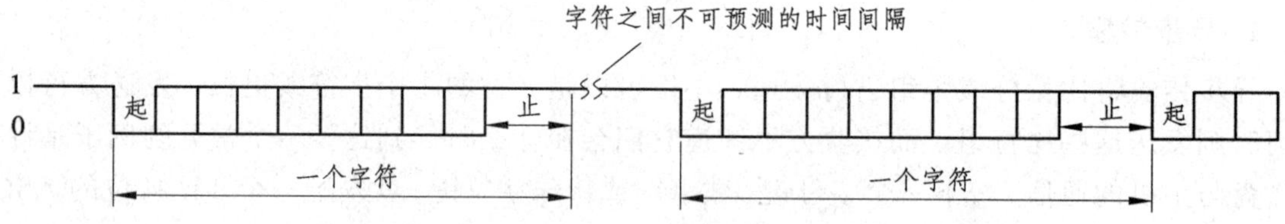

（a）异步传输

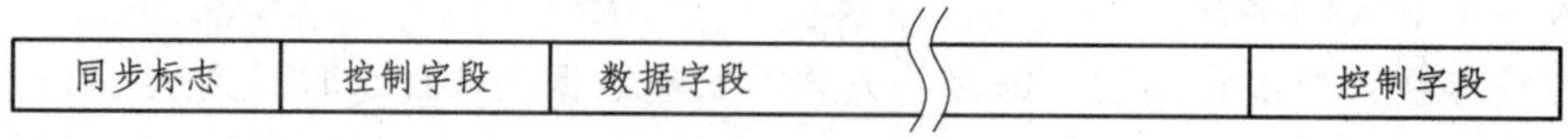

（b）同步传输

图 1-3-2　异步传输与同步传输示意图

同步传输与异步传输的区别：

（1）异步传输是面向字符的传输，而同步传输是面向比特的传输。

（2）异步传输的单位是字，而同步传输的单位是帧。

（3）异步传输通过字符起止的开始和停止码抓住再同步的机会，而同步则是从数据中抽取同步信息。

（4）异步传输对时序的要求较低，同步传输往往通过特定的时钟线路协调时序。

（5）异步传输相对于同步传输效率较低。

三、信道通信的工作方式

按照信号传送方向与时间的关系，数据通信可以分为 3 种类型：单工通信、半双工通信与全双工通信，如图 1-3-3 所示。

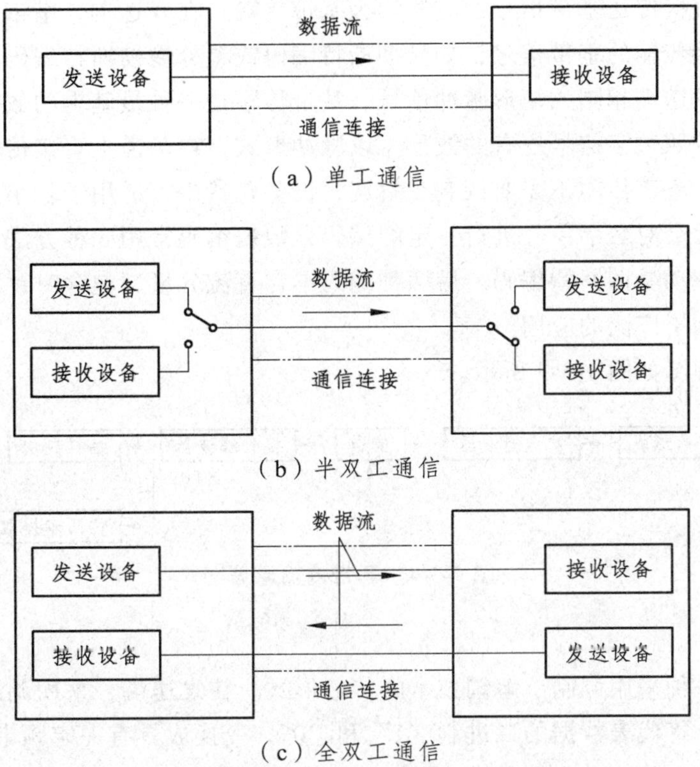

图 1-3-3　单工通信、半双工通信与全双工通信

单工通信是指消息只能单方向传输的工作方式。如遥控、遥测，就是单工通信方式。

单工通信信道是单向信道，发送端和接收端的身份是固定的，发送端只能发送信息，不能接收信息，接收端只能接收信息，不能发送信息，数据信号仅从一端传送到另一端，即信息流是单方向的。

半双工通信可以实现双向的通信，但不能在两个方向上同时进行，必须轮流交替地进行，也就是说，通信信道的每一段都可以是发送端，也可以是接收端。但在同一时刻里，信息只能有一个传输方向。日常生活中的例子有步话机通信、对讲机等。

全双工通信允许数据在两个方向上同时传输，它在能力上相当于两个单工通信方式的结合。全双工是在微处理器与外围设备之间采用发送线和接收线各自独立的方法，可以使数据在两个方向上同时进行传送操作，即在发送数据的同时也能够接收数据，两者同步进行，这好像我们平时打电话一样，说话的同时也能够听到对方的声音。目前的网卡一般都支持全双工通信。

四、基带传输、频带传输与宽带传输

1. 基带传输

在数据通信中，表示计算机二进制的比特序列的数字数据信号是典型的矩形脉冲信号。电形脉冲信号的固有频带称作基本频带，简称为基带，矩形脉冲信号就叫作基带信号。在数字通信信道上，直接传送基带信号的方法称为基带传输。在发送端，基带传输的数据经过编码器变换变为直接传输的基带信号，如曼彻斯特编码或差分曼彻斯特编码信号，在接收端由解码器恢复成与发送端相同的矩形脉冲信号。基带传输是一种最基本的数据传输方式。

基带传输是按照数字信号原有的波形（以脉冲形式）在信道上直接传输，它要求信道具有较宽的通频带。基带传输不需要调制、解调，设备花费少，适用于较小范围的数据传输。基带传输时，通常会对数字信号进行一定的编码，数据编码常用 3 种方法：非归零码 NRZ、曼彻斯特编码和差动曼彻斯特编码。后两种编码不含直流分量，包含时钟脉冲，便于双方自同步，因此，得到了广泛的应用。

基带传输原理图如图 1-3-4 所示。

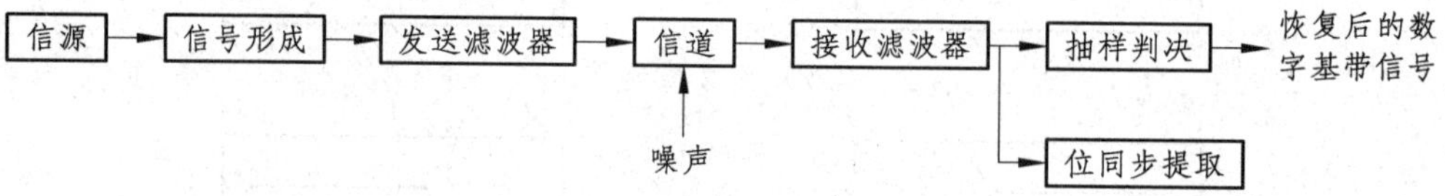

图 1-3-4　基带传输原理图

2. 频带传输

频带传输是一种采用调制、解调技术的传输形式。在发送端，采用调制手段，对数字信号进行某种变换，将代表数据的二进制“1”和“0”，变换成具有一定频带范围的模拟信号，以适应在模拟信道上传输；在接收端，通过解调手段进行相反变换，把模拟的调制信号复原为“1”或“0”。常用的调制方法有频率调制、振幅调制和相位调制。具有调制、解调功能的装置称为调制解调器，即 Modem 电信号也叫信号，信号的每秒钟变化的次数叫频率，单位为赫兹（Hz）。信号的频率有高有低，就像声音有高有低一样，低频到高频的范围叫频带，不同的信号有不同的频带。

3. 宽带传输

宽带传输，将信道分成多个子信道，分别传送音频、视频和数字信号，称为宽带传输。宽带是比音频带宽更宽的频带，它包括大部分电磁波频谱。使用这种宽频带传输的系统，称为宽带传输系统，它通过借助频带传输，可以将链路容量分解成两个或更多的信道，每个信道可以携带不同的信号，这就是宽带传输。宽带是传输模拟信号，数据传输速率范围为 0 ~ 400 Mb/s，而通常使用的传输速率是 5 ~ 10 Mb/s。它可以容纳全部广播，并可进行高速数据传输。宽带传输系统多是模拟信号传输系统。

一般来说，宽带传输与基带传输相比有以下优点：① 能在一个信道中传输声音、图像和数据信息，使系统具有多种用途；② 一条宽带信道能划分为多条逻辑基带信道，实现多路复用，因此信道的容量大大增加；③ 宽带传输的距离比基带远，因为基带传输直接传送数字信号，传输的速率越高，能够传输的距离越短。

4. ATM 异步转移模式

ATM 是一项数据传输技术，是实现 B-ISDN 业务的核心技术之一。ATM 是以信元为基础的一种分组交换和复用技术，它是一种为了多种业务设计的、通用的、面向连接的传输模式。它适用于局域网（LAN）和广域网（WAN），具有高速数据传输率，并支持多种类型如（声音、数据、传真、实时视频、CD 质量音频和图像）的通信。

ATM 是在 LAN 和 WAN 上传送声音、视频图像和数据的宽带技术。它是一项信元中继技术，数据分组大小固定。可将信元想象成一种传输设备，能够把数据块从一个设备经过 ATM 交换设备传送到另一个设备。所有信元具有同样的大小，不像帧中继及局域网系统数据分组大小不定。使用相同大小的信元可以提供一种方法，预计和保证应用所需要的带宽。如同轿车在繁忙的交叉路口必须等待长卡车转弯一样，可变长度的数据分组容易在交换设备处引起通信延迟。

ATM 用作公司主干网时，能够简化网络的管理，消除了许多由于不同的编址方案和路由选择机制的网络互联所引起的复杂问题。ATM 集线器能够提供集线器上任意两端口的连接，而与所连接的设备类型无关。这些设备的地址都被预变换，如很容易从一个节点到另一个节点发送一个报文，而不必考虑节点所连的网络类型。ATM 管理软件使用户和他们的物理工作站移动地方非常方便。通过 ATM 技术可完成企业总部与各办事处及公司分部的局域网互联，从而实现公司内部数据传送、企业邮件服务、话音服务等，并通过上联互联网（Internet）实现电子商务等应用。同时由于 ATM 采用统计复用技术，且接入带宽突破原有的 2 M，达到 2 ~ 55 M，因此它适合高带宽、低延时或高数据突发的应用场合。

ATM 是多媒体信息传输的较佳支撑技术。其特征如下：① 基于信元的分组交换技术；② 快速交换技术；③ 面向连接的信元交换；④ 预约带宽。其优点有：① 吸收电路交换实时性好，分组交换灵活性强；② 采取定长分组（信元）作为传输和交换单位；③ 服务质量高；④ 目前最高的速度为 10 Gb/s，即将达到 40 Gb/s。其缺点有：① 信元首部开销太大；② 技术复杂且价格昂贵。信元组成如图 1-3-5 所示。

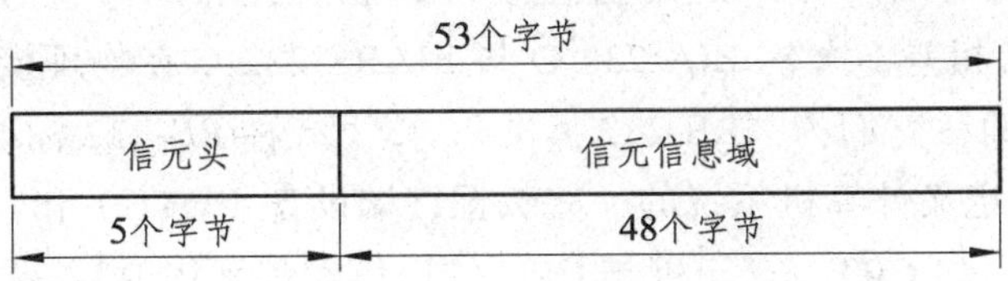

图 1-3-5　信元组成

第四节　串行通信接口技术

一、物理层的功能与特性

物理层协议是网络中最低层协议。它连接两个物理设备，为链路层提供透明位流传输所必须遵循的规则，有时也被称为物理接口。接口两边的设备，在 ISO 术语中被叫作 DTE（数据终端设备）和 DCE（数据通信设备），物理层协议主要提供在 DTE 和 DCE 之间的接口。

物理层要在 DTE 与 DCE 之间完成物理连接和传送通路的建立、维持和释放等操作。它为在物理上连接的两个数据链路实体之间提供透明的位流传送。物理连接可能是永久性的，也可能是动态的连接和释放。物理连接允许进行全双工或半双工的位流传送。在传送过程中，它能对传送通路的工作情况进行监督，一旦出现故障立即通知 DTE 和 DCE。

物理层有 4 个重要特性：

（1）机械特性：规定了物理连接时所使用的可接插连接器的形状尺寸、连接器中引脚的数量与排列情况等。

（2）电气特性：规定了在物理连接器上传输二进制比特流时线路上信号电平的高低、阻抗及阻抗匹配、传输速率与距离限制。早期的标准定义了物理连接边界点上的电气特性，而较新的标准定义了发送器和接收器的电气特性，同时给出互联电缆的有关规定。新的标准更利于发送和接收电路的集成化工作。

（3）功能特性：规定了物理接口上各条信号线的功能分配和确切定义。物理接口信号线一般分为数据线、控制线、定时线和地线等几类。

（4）规程特性：定义了利用信号线进行二进制比特流传输的一组操作过程，包括各信号线的工作规则和时序。

二、RS-232 接口标准

不同物理接口标准在以上 4 个重要特性上都不尽相同。下面将以实际网络中比较广泛使用的物理接口标准 EIA-232-D 为例介绍其特性。EIA-232-1D 是美国电子工业协会（Electronic industries Associate，EIA）制定的物理接口标准，也是目前数据通信与网络中应用最广泛的一种标准，其前身是 EIA 在 1969 年制定的 RS-232-C 标准。RS（Recommended Standard）为推荐标准词头的缩写，232 是标准号。RS-232-C 是 RS-232 标准的第 3 版。

RS-232-C 是一种应用十分广泛的物理接口标准。经 1987 年 1 月修改后，定名为 ETA-232-D。由于两者相差不大， EIA-232-D 与 EIARS-232-C 在物理接口标准中基本成为等同的标准，人们经常简称它们为“RS-232 标准”，以下统称 RS-232 标准。

RS-232 主要用来定义计算机系统的一些数据终端设备（DTE）和数据通信设备（DCE）之间接口的电气特性。如 CRT、打印机与 CPU 的通信大都采用 RS-232 总线。因此，在大多数微型机系统中，都带有 RS-232 接口。

1. RS-232 的机械特性

在机械特性方面，RS-232 规定使用一个 25 针（DB-25）的标准连接器，其结构及信号名称如图 1-4-1 所示。

此外，PC 机常使用一个 9 针（DB-9）的连接器，其结构及信号名称如图 1-4-2 所示。

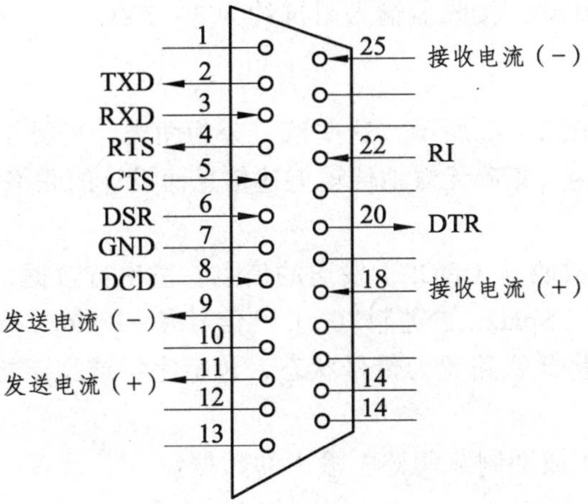

引脚序号	名称	信号方向	功能说明
2	TXD	DTE → DCE	发送数据
3	RXD	DTE ← DCE	接收数据
4	RTS	DTE → DCE	请求发送
5	CTS	DTE ← DCE	清除发送
6	DSR	DTE ← DCE	数据设备就绪
7	GND		信号地
8	DCD	DTE ← DCE	载波检测
9		DTE → DCE	发送电流（−）
11		DTE → DCE	发送电流（+）
18		DTE ← DCE	接收电流（+）
20	DTR	DTE → DCE	数据终端就绪
22	RI	DTE ← DCE	振铃指示
25		DTE ← DCE	接收电流（−）

图 1-4-1　DB-25 型连接器及信号说明

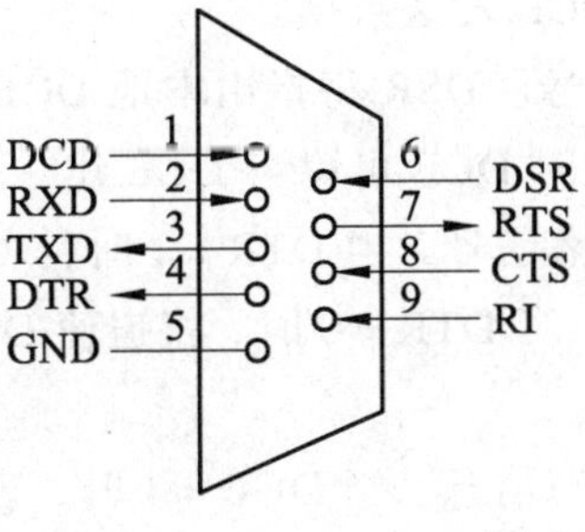

引脚序号	名称	信号方向	功能说明
1	DCD	DTE ← DCE	载波检测
2	RXD	DTE ← DCE	接收数据
3	TXD	DTE → DCE	发送数据
4	DTR	DTE → DCE	数据终端就绪
5	GND		信号地
6	DSR	DTE ← DCE	数据设备就绪
7	RTS	DTE → DCE	请求就绪
8	CTS	DTE ← DCE	清除发送
9	RI	DTE ← DCE	振铃指示

图 1-4-2　DB-9 型连接器及信号说明

2. RS-232 的电气特性

RS-232 的电气线路采用非平衡信号线路，每个非平衡型信号用一根导线，所有信号回路共用一根地线。信号速率限于 20 kb/s 之内，电缆长度限于 15 m 之内。由于是单线，线间干扰较大。其电性能用 ± 12 V 标准脉冲，值得注意的是，RS-232 采用负逻辑。

在数据线上：mark（传号）：− 5 ~ − 15 V，逻辑“1”电平；space（空号）：+ 5 ~ + 15 V，逻辑“0”电平。

在控制线上：On（通）：+5～+15 V，逻辑“0”电平；Off（断）：-5～-15 V，逻辑“1”电平。

由于 R5-232 是在 TTL 电路出现之前研制的，所以它的电平是对称的，它规定高电平为+3～+15 V，低电平为-3～-15 V。特别指出，RS-232 数据线 TXD、RXD 使用负逻辑，其低电平表示逻辑 1，高电平表示逻辑 0，其他控制线均为正逻辑。最高能承受±30 V 的信号电平。因此，RS-232 不能直接与 TTL 电平连接，使用时必须加上适当的电平转换接口电路，否则将使 TTL 电路烧毁。这一点使用时一定要特别注意。现在已经研制出专门的集成电路，用以进行电平转换。现有成品组件 SN75188 驱动器和 SN75189 接收器即是 RS-232 通用的集成电路转换器件。电路电容不大于 2 500 pF，接收器输入阻抗约为 3～7 kΩ。

3. RS-232 的功能特性

RS-232 连接器的信号功能如图 1-4-1 和图 1-4-2 所示。这些信号分为两类，一类是 DTE 与 DCE 交换的信息：TXD 和 RXD；另一类是为了正确无误地传输上述信息而设计的联络信号。

（1）传送信息信号。

发送数据 TXD：由发送终端（DTE）向接收端（DCE）发送的信息，按串行数据格式及先低位后高位的顺序发出。正信号是一个空号（Space，二进制“0”），负信号是一个传号（mark，二进制“1”）。当没有数据发送时，DTE 应将此线路置为传号状态，包括字符或文字之间的间隔也是这样的。

接收数据 RXD：用来接收 DTE 发送端（或调制解调器）输出的数据。

（2）联络信号。

这类信号共有 6 个：

请求传送信号 RTS：这是 DCE 向 DTE 发出的联络信号。当 RTS=1 时，表示 DTE 请求向 DCE 发送数据。

清除发送 CTS：这是 DCE 向 DTE 发出的联络信号。当 CTS=1 时，表示本地 DCE 响应 DTE 向 DCE 发出的 RTS 信号，且本地 DCE 准备向远程 DCE 发送数据。

数据准备就绪 DSR：这是 DCE 向 DTE 发出的联络信号。DSR 将指出本地 DCE 的工作状态。当 DSR=1 时表示 DCE 没有处于测试通话状态，这时 DCE 可以与 DCE 建立通道。

数据终端就绪信号 DTR：这是 DTE 向 DCE 发送的联络信号。当 DTR=1 时，表示 DTE 处于就绪状态，本地 DCE 和远程 DCE 之间建立通信通道；当 DTR=0 时，将迫使 DCE 终止通信工作。

数据载波检测信号 DCD：这是 DCE 向 DTE 发出的状态信息。当 DCD=1 时，表示本地 DCE 接到远程 DCE 发来的载波信号。

振铃指示信号 RI：这是 DCE 向 DTE 发出的状态信息。当 RI=1 时，表示本地 DCE 收到远程 DCE 振铃信号。

4. RS-232 的规程特性

RS-232 的规程特性规定 DTE 与 DCE 之间控制信号与数据信号的发送时序、应答关系与操作过程。图 1-4-3 所示为典型的 DTE 与 DCE（Modem）之间按照 RS-232 规程进行数据交换的流程图、信号时序与操作过程。

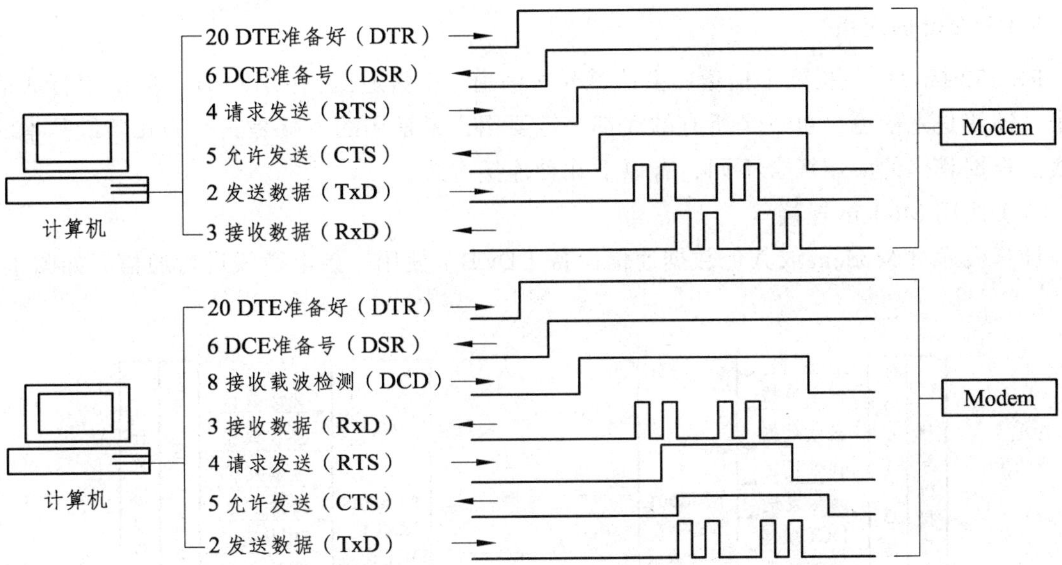

图 1-4-3　RS-232 典型规程

如果两台计算机通过 Modem 由电话线互联，当它们采用 RS-232 协议时，那么根据 RS-232 规程特性的规定，作为 DTE 的计算机与作为 DCE 的 Modem 通过 RS-232 接口，按以下规则与时序进行工作。

（1）物理连接建立。

如果主机 A 发起一次物理连接，它首先通过 R5-232 的第 20 号连接线（以下简称 20 线）向 DCE 发送数据终端准备好 DTR 信号，拨号呼叫对方主机 B，建立物理连接。

主机 A 连接的 Modem 在拨号之后，执行 Modem 内部协议。双方通过 Modem 发送于检测通信线路状态和通信质量的载波检测信号。在确定通信线路接通并可以正常工作后，Modem A 通过 6 号线，向主机 A 发送设备准备好的 DSR 信号。

主机 B 在接到主机 A 拨号请求建立物理连接指示后，若同意建立物理连接，应向与其连接的 Modem 发送 DTR 信号，在接收到主机 B 的 Modem 的 DSR 信号后，进入数据传输准备状态。

至此，双方 DTE 通过 DCE 与通信线路建立起物理连接，完成数据传输准备工作。

（2）数据传输。

如果主机A准备发送比特流，它将通过4号线向其Modem传送请求发送信号RTS；Modem A 在接收到 RTS 信号后，做好发送准备，通过 5 号线向主机 A 发出允许发送信号 CTS。

主机 A 通过 2 号线向 Modem A 传送准备发送数据的信号 TXD；Modem A 将数字数据信号调制后，变成模拟数据信号，经通信线路传送到对方 Modem B，Modem B 经过解调后，还原成数字数据信号，通过 3 号线向主机 B 传送接收数据 RXD。

如果主机 B 也要向主机 A 发送数据，应采用与主机 A 相同的 RTS，CTS 控制信号交互过程。

（3）物理连接释放。

当主机 A 一次通信结束，通过释放 DTR 信号来通知 Modem A，通过 Modem 的内部协议结束一次物理连接。

5. RS-232 的应用

RS-232 接口中包括两个信道：主信道和次信道。次信道比较少用。在一般的串行通信接口中，即使是主信道，也不是所有的线都一定要用，最常用的也就是其中的几条最基本的信号线。根据具体的应用场合不同，有以下几种连接方式。

（1）使用 Modem 连接。

计算机通过 Modem 或其他数据通信设备（DCB）使用一条电话线进行通信，如图 1-4-4 所示。

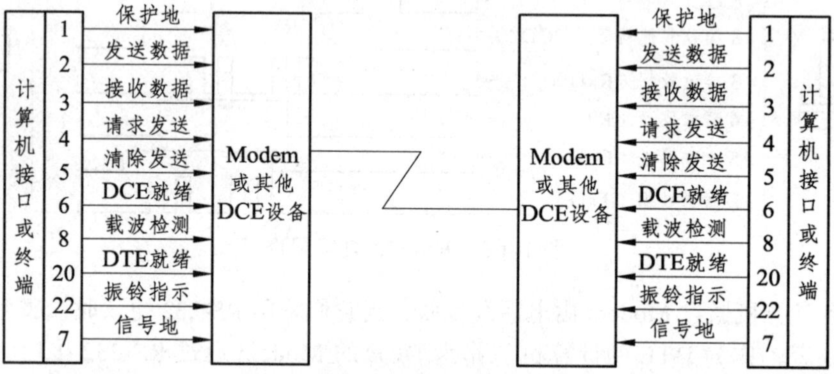

图 1-4-4 使用 MODEM 时 RS-232 引脚的连线

在图 1-4-4 中，计算机终端（DTE）向远程终端（DTE）发送数据的过程如下：首先 DTE 向本地 DCE（Modem）发出 DTR = 1 和 RTS = 1 的信号，表示 DTE 请求发送数据，同时为本地和远程 DCE 之间建立通道开了绿灯，一旦通道建立好了，DCE 发回应答信号 DSR = 1。当 DCE 做好发送数据准备后，又向 DTE 发回信号 CTS = 1。只有当 DTE 收到从本地 DCE 发回肯定的 DSR 和 CTS 信号后，DTE 才能由 TXD 线向 DCE 发送数据。因此，RTS、DTR、DSR 和 CTS4 个信号同时为 1 是 TXD 发送数据的条件。

当接收数据时，DTE 先向本地 DCE 发出 DTR = 1 信号，表示本地和远程 DCE 之间可以建立通道。一旦通道建立好了，DCE 向 DTE 发出 DSR = 1 信号。这时，数据就可以通过 RXD 线传到 DTE。因此，RXD 信号产生的条件是 DTR 和 DSR 两个信号同时为 1。这只是 RXD 信号的产生条件，至于 RXD 线上是否有信号，取决于远程 DCE 是否发送数据。

（2）直接连接。

当计算机和终端之间不使用 Modem 或其他通信设备（DCE）而直接通过 RS-232 接口连接时，一般只需要 5 根线（不包括保护地线以及本地 4，5 之间的连线），但其中多数应采用反馈与交叉相结合的连接法，如图 1-4-5 所示。

在图 1-4-5 中，2，3 线交叉为最基本的连线，以保证直接连接的数据终端间能正常地进行全双工通信。20，6 也是交叉线，用于两端的通信联络，使两端能相互检测出对方“数据已就绪”的状态。4，5 为反馈线，使传送请求总是被允许的。由于是全双工通信，这根反馈线意味着任何时候都可以双向传送数据，用不着再去发“请求发送”（RTS）信号。这种没有 Modem 的串行通信方式，一般只用于近程通信（不超过 15 m）。

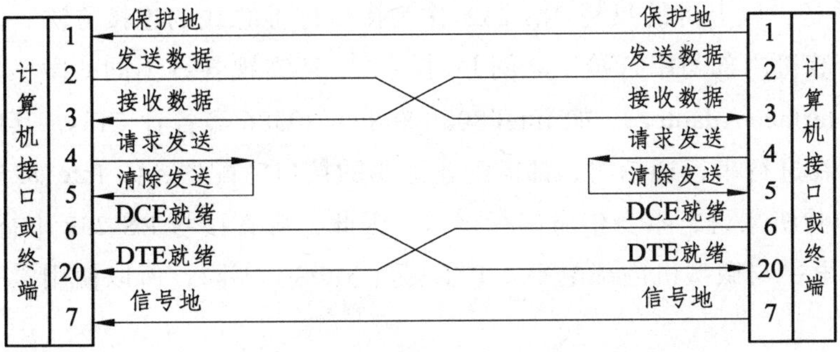

图 1-4-5　使用 RS-232 的直接连接法

（3）三线连接法。

这是一种最简单的 RS-232 连线方式，只需要 2，3 交叉连接线以及信号地线，而将各自的 RTS 和 DTR 分别接到自己的 CTS 和 DSR 端，如图 1-4-6 所示。

在图 1-4-6（a）中，只要一方使自己的 RTS 和 DTR 为 1，那么它的 CTS、DSR 也就为 1，从而进入了发送和接收的就绪状态，这种接法常用于一方为主动设备，而另一方为被动设备的通信中，如计算机与打印机或绘图仪之间的通信。这样，被动一方的 RTS 与 DTR 常置 1，因而 CTS、DSR 也常置 1，因此，使其长期处于接收就绪状态，只要发送方令线路就绪（DTR = 1），并发出发送请求（RST = 1），即可立即向接收方传送信息。

图 1-4-6（b）为更简单的连接方法，图 1-4-6（a）所示的连接方法在软件设计上还需要检测“清除发送”（CTS）和“数据设备就绪”（DSR），而图 1-4-6（b）所示的连接方法则完全不需要检测上述信号，随时都可发送和接收。这种连接方法无论在软件和硬件上，都是最简单的一种方法。

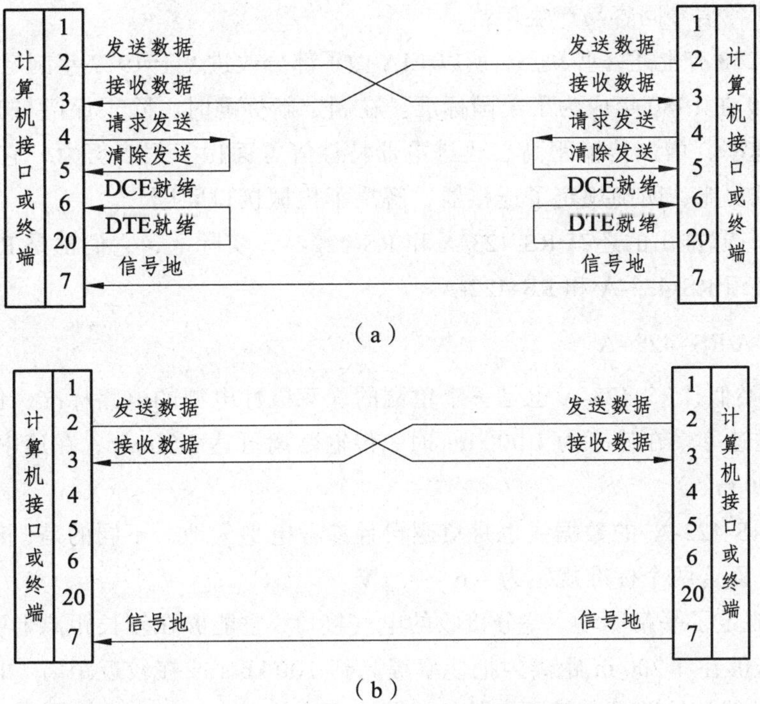

图 1-4-6　最简单的 RS-232 连接方式

值得说明的是，以上讲的只是 RS-232 作为接口标准总线的连接方法，当然不限于这几种方式。至于计算机内部与串行接口之间并/串转换，还需视各种不同的微型机而采用不同的接口适配器（Interface Adapter）。如 Intel 8088/8086 ~ 80586 等各种 CPU，其内均没有串行接口。因此，它们在进行串行通信时，都需配备适当的接口适配器，如 Inte18250 及 Inte18251。但对于大多数单片机来讲，本身带有串行接口，因此，可直接与 RS-232 串行接口总线相连。但由于 RS-232 电平与微型机内部电平（TTL 或 CMOS）不同，所以使用电平转换电路是必不可少的。

三、RS485/RS422 接口标准

RS-232 虽然使用很广，但由于推出时间比较早，所以在现代通信网络中已暴露出明显的缺点，主要表现在：

（1）传送速率不够快。RS-232 规定最高速率为 20 000 b/s，虽然这种传送速率与异步通信可以很好地匹配（通常异步通信限制为 19 200 b/s 或更少），但对某些同步系统，其传送速率却不能得到满足。

（2）传送距离不够远。根据 RS-232 标准，各装置之间电缆长度不超过 15 m，即使在较好的信号通信中，电缆长度也不超过 60 m。因此，不能满足现代工业控制的要求。

（3）RS-232 未明确规定连接器，因而出现了互不兼容的 25 芯连接器。

（4）接口使用非平衡发送器和接收器，两个传输方向只有一个信号地，所以电气性能不佳。

（5）接口处各信号间容易产生串扰。

正因为 RS-232 有上述一些缺点，所以 EIA 做了部分改进，于 1977 年制定了新的标准——RS-449。RS-449 在 1980 年成为了美国标准。在制定新标准时，除了保留与 RS-232 兼容外，还在提高传输速率、增加传输距高、改进电器特性等方面做了很多努力，它增加了 RS-232 没有的环境测试功能，明确规定了连接器，解决了机械接口问题。

与 RS-449 一起推出的还有 RS-423-A 和 RS-422-A，实际上，它们都是 RS-449 标准的子集。下面主要介绍 RS-423-A 和 RS-422-A。

1. RS–423–A/RS–422–A

与 RS-232 类似，RS-423-A 也是一个单端的、双极性电源的电路标准，但它提高了传送设备的数据传送速率。在速率为 1 000 b/s 时，传输距离可达 1 200 m；在速率为 100 kb/s 时，传输距离可达 90 m。

RS-423-A/RS-422-A 的数据线也是负逻辑且参考电平为地，不同的是，RS-232C 规定为 $-15 \sim +15$ V，而这两个标准规定为 $-6 \sim +6$ V。

RS-422-A 规定了平衡驱动、差分接收的电气接口，它能够在较长距离上明显地提高数据传输效率，它能够在 1 200 m 距离内把速率提高到 100 kb/s 或在较近距离（12 m）内提高到 10 Mb/s。这种性能的改善是由于平衡传输的优点而产生的，这种平衡驱动，差分接收结构能

从地线的干扰中分离出有效信号。实际上，差分接收器可以区分 0.2 V 以上的电位差，因此，可不受参考电平波动及共模电磁干扰的影响。

图 1-4-7 所示为 RS-232-C/RS-232-A/RS-422-A 的电气接口电路。

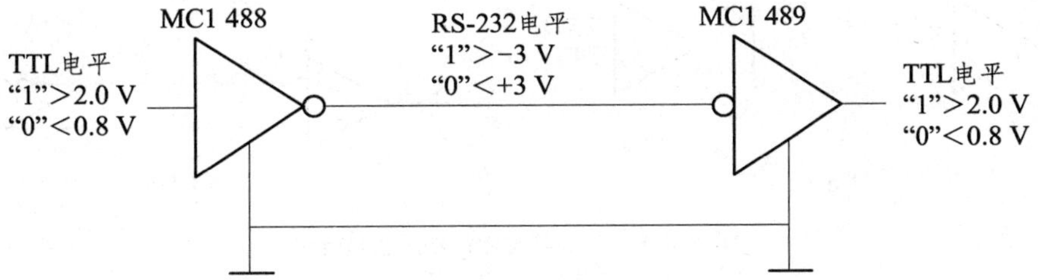

（a）单端驱动非差分接收电路

图 1-4-7　RS-232-C/RS-423-A/RS-422-A 接口电路

图 1-4-7（a）为 RS-232 所采用的非差分驱动单端接收电路。该电路的特点是传送信号只用一根导线，对于多路信导线，其地线是公共的。因此，它是最简单的连接结构，但其缺点是驱动电路无法区分有用信号及干扰信号。而 RS-232-A 由于采用差分电路接收器，接收器的另一端接发送端的信号地[见图 1-4-7（b）]，因而大大地减少了地线的干扰，RS-422-A 则更进一步采用了平衡驱动和差分接收方法[见图 1-4-7（b）]，从根本上消除了地线干扰。这种驱动器相当于两个单端驱动器，它们的输入是同一个信号，而一个驱动器的输出正好与另一个反相。当干扰信号作为共模信号出现时，接收器则接收差分输入电压，只要接收端具有足够的抗共模干扰模电压工作范围，它就能识别这两种信号而正确接收传送信号。

RS-423-A/RS-422-A 的另一个优点是允许传送线上连接多个接收器。虽然在 RS-232-C 系统中可以使用多个接收器循环工作，但它每一时刻只允许一个接收器工作，RS-423-A/RS-422-A 可允许 10 个以上接收器同时工作，关于多站连接方法将在下面进行介绍。

2. RS–485

在许多工业过程控制中，往往要求用最少的信号线来完成通信任务。日前广泛应用的 RS-485 串行接口总线就是为适应这种需要应运而生的。它实际就是 RS-422 总线的变形，二者不同之处在于：

（1）RS-422 为全双工，而 RS-485 为半双工。

（2）RS-422 采用两对平衡传输信号线，RS-485 只需其中的一对。RS-485 更适合于多站互联，一个发送驱动器最多可连接 32 个负载设备。负载设备可以是被动发送器、接收器和收发器。传输电缆两端有终端电阻，在平衡电缆上挂接发送器、接收器或组合收发器。

两种总线的连接方法如图 1-4-8 所示。

图 1-4-8（a）所示为 RS-485 连接电路。在此电路中，某一时刻只能有一个站可以发送数据，而另一个站只能接收。而图 1-4-8（b）由于是全双工连接方式，故任一时刻两站都可以同时发送和接收。

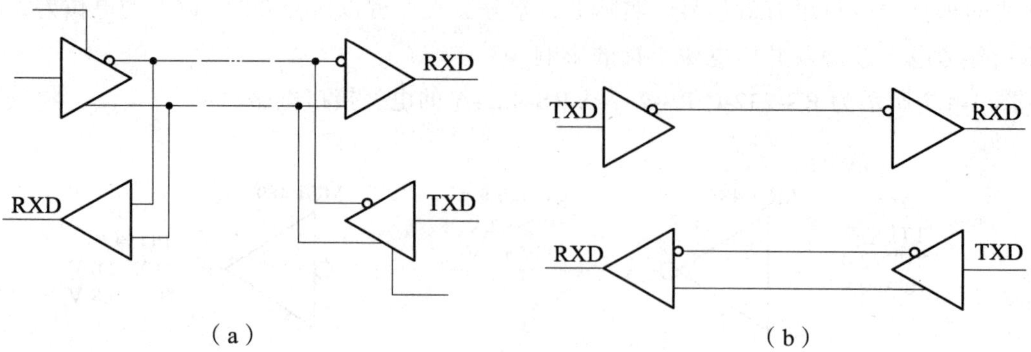

图 1-4-8　RS-485/RS-422 连接电路

RS-485 与 RS-422 和 RS-232-C 标准总线一样，这两种总线也需要专用的接口芯片来完成电平转换。

MAX481E/MAX488E 是低电源（只有 + 5 V）RS-485/RS-422 收发器。每一个芯片内都含有一个驱动器和一个接收器，采用 8 脚 DIP/SO 封装，除了上述两种芯片外，和 MAX481E 相同系列芯片还有 MAX483E、485E、487E、1487E 等，和 MAX488E 相同系列的有 MAX490E。这两种芯片的主要区别是前者为半双工，后者为全双工。

MAX481E/483E/485E/487E/491E 和 MAX1487E 是为多点双向总线数据通信而设计的。也可以把它们作为线路中继站，其传送距离超过 1 200 m。

对于一个通信子站来讲，RS-422 和 RS-485 的驱动接收电路没有多大差别。

四、20 mA 电流环接口标准

这是一种电流控制的串行接口标准，它的推出主要是为了满足早期的直通电报机、电传打字机等机械式外设的控制需要。这些外设的接收部分是一个电流激励线圈或驱动线圈的电流放大器，相当于一个电流检测器，工作电流一般被设计为 20 mA，所以，规定有 20 mA 电流时为逻辑“1”，无电流时为逻辑“0”，当这些“0”“1”序列被接收后，电传机便打印出相应的字符。这就是 20 mA 电流环名称的来由。尽管 20 mA 电流环接口至今未成为正式颁布的标准，但由于它在抗干扰能力和传输距离等许多方面比 RS-232 接口优越，所以在串行通信，特别是远距离通信中，应用却很广泛。许多微机系统（如 PC/XT）中，大多同时提供了 RS-232 和 20 mA 电流环这样两种串行通信标准的接口电路和连接器供用户选用。

20 mA 电流环是一个全双工的 20 mA 电流环接口。实际上 20 mA 电流源并不一定要在发送端，放在接收端也同样可以，只需环路中有一个电流源即可，当然也只能有一个电流源。一般把能提供 20 mA 电流源的一端叫作有源端，而把另一端称为无源端。因此，20 mA 电流环接口的结构形式可以是有源发送器/无源接收器或无源发送器/有源接收器两种。但绝对要避免收发两端都无源或都有源（特别是两端的电源电压极性相反）的无效连接。

在 20 mA 电流环中，发送方的开关 K 是受发送数据控制的，数据为“1”时，K 合上，回路中有 20 mA 电路，数据为“0”时，K 打开，回路中没有电流。

图 1-4-9 所示为 20 mA 电流环接口的基本原理。实际中的 20 mA 电流一般是由一个电压源同一定阻值的电阻串联形成的。显然，为了取得 20 mA 电流，可以使用许多不同的电压和电阻值。加上组成开关的元件和电路也很多，所以 20 mA 电流环接口的实际电路形式是多种多样的。

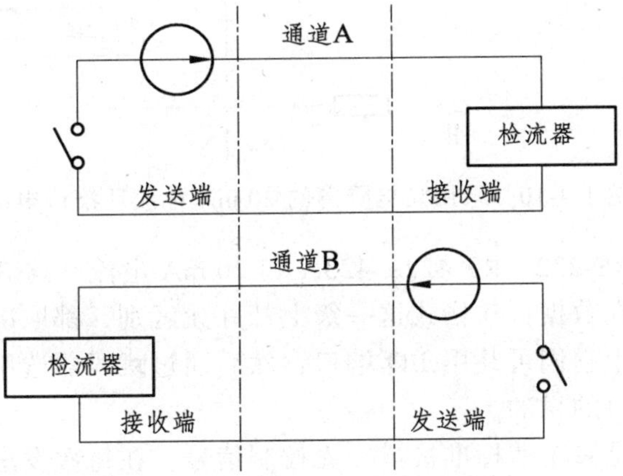

图 1-4-9　全双 T20 mA 电流环

直通式电流环接口电路，尽管其抗干扰能力比 RS-232 接口强，但由于其两端之间是共地的，仍难免产生干扰信号。所以，在通信距离较远时，特别是在干扰源较多、干扰信号较强的工业现场应用情况下，大都在收发两端之间采用光电隔离技术。可用的光电隔离器（也叫光电耦合器）芯片种类很多，如国外的 4N33、ON3111、NJL5122A、PC507 系列、TLPS21 系列、621 系列和国产的 CD 型、MGO1 型系列等。各种光电隔离器基本上都是由发光二极管和光敏器件（光敏三极管、光敏二极管、光敏电阻等）两部分组成，其中以发光二极管和光敏三极管组成的隔离器件应用最多。图 1-4-10 所示为一个实际的带光电隔离的 20 mA 电流环接口电路。它通过收发两端的光电隔离器，将串行传输回路中的 20 mA 电流信号转换为接端的 TTL 电平信号和将发送端的 TTL 信号转换为 20 mA 电流信号。从图中可看出，收发之间和收发两端与 20 mA 电流环之间没有直接的电气连接关系，而是通过光电耦合完成信号的传送，显然，这样就极大地提高了系统的防噪声干扰能力，一方面，光电隔离器中发光二极管（LED）和光敏晶体管之间的间隙，使之能经受数千伏的电压，能有这样高的隔离保护电压，串行传输距离达到几千米将不成问题。另一方面，接收端光电隔离器中的发光二极管接收器具有天然的共模抑制能力，该 LED 响应的是接在它两端的差值电压，共模噪声将使它两端的电位提高或降低相同的值，从而使这种噪声通过二极管自行抵消不起作用。当然，为了确保上述隔离功能和共模抑制能力不失效，必须使接收器的本地信号地与远方发送器的地和 20 mA 电流源地相互独立，之间不能有任何形式的直接电气连接。实际中，也有只在接收端使用光电隔离器，而发送端直接将 TTL 电平转换为 20 mA 电流信号的，如在 PC/XT 异步通信适配器中就是这样。

图 1-4-10 所示为采用光电隔离的 20 mA 电流环接口电路。

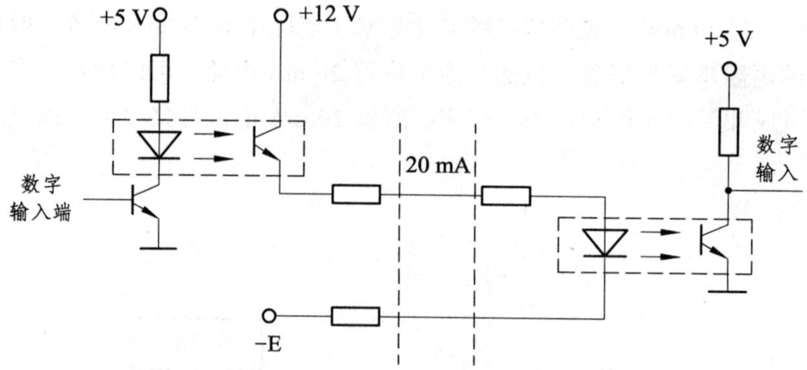

图 1-4-10　采用光电隔离的 20 mA 电流环接口电路

最后要说明的是，RS-232、RS-422A/423A 和 20 mA 电流环这 3 种接口只是在总线连接和逻辑表示上不一样，在数据传输格式这一级上却并无区别，都取决于串行接口内部的通信规程，所以在同一系统中它们可共用 I/O 端口，然后通过跳线器选用不同的总线标准连接器来达到选用不同标准接口的目的。

20 mA 电流环接口是一个非标准接口，无控制信号。在每次发送数据时必须以无电流的起始作为每一个字符的起始位，接收端检测到起始位时便开始接收字符数据。但是由于它的突出优点是传输距离比较远，所以不仅用于具有电流环的接口设备（如电传打字机等），而且在微机的点对点通信和速率低的数据传输中应用很广。

第五节　令牌环网络（IEEE 802.5 标准）

令牌网一般指令牌环网和令牌总线网，其中基于 IEEE802.4 标准的令牌总线网的物理结构为总线型，而站点之间组成一个逻辑上的环形结构，令牌（是指一种物理的帧）在逻辑环上运行。基于 IEEE802.5 标准的令牌环网的物理结构为环形，令牌在物理环上运行。

一、环形局域网络的结构

环形局域网络的结构如图 1-5-1 所示。

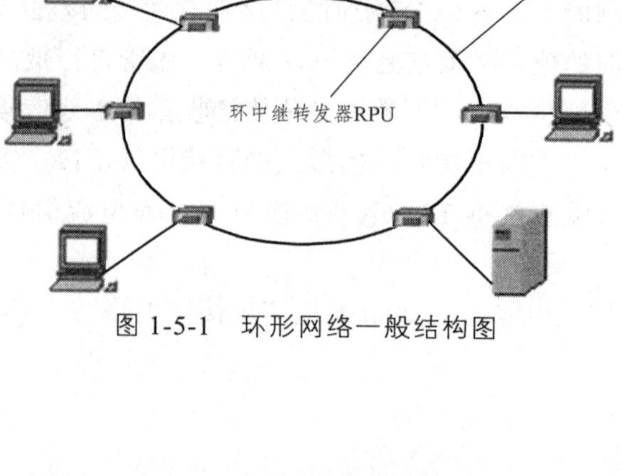

图 1-5-1　环形网络一般结构图

环形网络的所有节点通过环接口设备（又称环中继转发器 RPU，简称转发器）接入环路，一系列的环段（传输媒体，有时也称链路）和 RPU 组成了整个环路。

二、环形网络与总线网络的不同

（1）虽然一个节点发出的帧仍然可以像总线网络那样被网络中的所有节点接收，但这种接收是由环中所有的 RPU 的合作而实现的，每个 RPU 仅从其上行链路上获取帧，再生帧中的每一位，并转发到下行链路。

（2）环形网络要求专门的环监控器，监视和维护环路的工作。有时，环监控的功能也分布在 RPU 中，但可以预见，RPU 如果出现故障可能会导致整个网络瘫痪，因此，实际中 RPU 常用多路访问器（MAU）代替。

三、环形局域网的工作特点

（1）RPU 从其中的一个环段（称为上行链路）上获取帧中的每个位信号，再生（整形和放大）并转发到另一环段（称为下行链路）。如果帧中宿地址与本节点地址一致，复制 MAC 帧，并送给附接本 RPU 的节点。

（2）帧的撤出问题：MAC 帧无止境地在环路中再生和转发，由发送节点完成。

（3）专门的环监控器：监视和维护环路的工作。

（4）RPU 负责网段的连接、信息的复制、再生和转发、环监控等。

（5）RPU 出现故障可导致网络瘫痪。

（6）多路访问器（MAU）。

四、令牌环网工作原理

（1）具有特定格式的令牌帧绕环行使，将访问媒体的权利从一个节点传递到物理连接的另外一个节点（从一个 RPU 传递到物理链路另一端的 RPU）。

（2）希望发送信息的节点将数据组成 MAC 帧，并仅在获得令牌之后，才可进行发送动作。

（3）每个节点均执行环内数据的再生和转发。

（4）只有接收节点（帧中的宿地址为本节点地址）进行数据帧的复制和接收。

（5）发送数据的节点在收到绕环一周的帧后，撤出该帧并释放令牌。

五、令牌环的 MAC 帧格式（见图 1-5-2）

（1）帧开始/结束标志（SD/ED）。

标识帧的开始和结束，取值为 JK0JK000 和 JK1JK11E；

其中 E 位为差错标志，由 RPU 置位，RPU 在转发每个帧的同时，也执行差错校验动作，并利用 RPU 具有的一位延迟来置位差错标志。

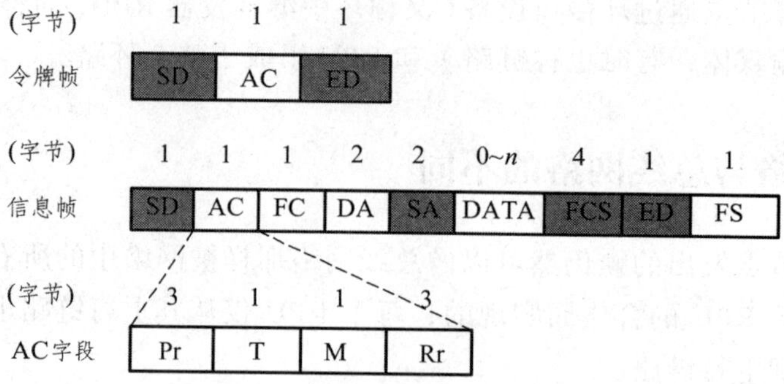

图 1-5-2　令牌环的 MAC 帧格式

（2）访问控制字段（AC）。

Pr/Rr：本帧优先级和预定优先级。

T：令牌标识，T = 0 时，标识对应帧为令牌帧；T = 1 时，标识对应帧为信息帧。

M：监视位，由环路中的监控器（或者具有监控功能的 RPU）填写，发送节点发送该帧（或令牌）时，M 置为 0；当该帧经过监控器时，监控器将该位置为 1。如果监控器发现监视位已经被置为 1，则认为发送节点出了故障，未能按规定撤出该帧，此时监控器负责撤出该帧，并发出令牌帧。

（3）帧控制字段（FC）。

（4）目的地址字段（DA）。

（5）源地址字段（SA）。

（6）数据字段（DATA）。

（7）帧校验序列（FCS）。

（8）结束界符（ED）。

（9）帧状态标志（FS）。

六、令牌环网的特点

（1）同一时刻，环上只有一个数据帧在传输（一个节点在传输数据）。

（2）网上所有节点共享网络带宽。

（3）有最小的传输延迟时间（令牌传输需要时间）。

（4）数据从一个节点传到另一个节点的时间是可计算的，可用于实时控制。

（5）标准：IEEE 802.5。

第六节　ARCnet 总线工作原理（IEEE 802.4 标准）

ARCnet 最初由美国 Datapoint 公司于 1977 年成功开发并用于办公局域网中，后来因为以太网以其更快的传输速率和大量的数据传输量使办公室网络的需求由 ARCnet 转向以太网，而 ARCnet 则因时间的确定性，数据传输的可靠性和组网的灵活性，使其在工业实时控制系统中找到了新的应用途径——在嵌入式控制系统的应用。

ARCnet 使用 RG-62 同轴电缆，而这种电缆刚好与 IBM3270 终端和 IBM 主机相连的电缆相同，所以这种网络在大量 IBM 机的使用基地得到了广泛应用。ARCnet 现在也可使用双绞线和光纤。新型的 ARCnet plus 速率已从原来的 2.5 Mb/s 增加到 100 Mb/s（使用光纤时）。这种网络使用的媒体访问法为令牌总线。

一、ARCnet 局域网的工作特点

ARCnet 局域网采用了优化的令牌总线协议（IEEE802.4），除了具有令牌总线网的一般特点外，还具有以下特点：

（1）网络中每个节点保存有下一个节点的逻辑地址，可以生成一个网络活动节点地址表。

（2）为了避免目的节点没有空闲缓冲区而引起信息的丢失，设置了空闲缓冲区查询帧，通过查询可以减少不必要的数据重传，提高了网络运行效率。

ARCnet 是一个真正开放标准协议，1999 年成为美国国家标准 ANSI/ATA- 878.1。从 OSI 参考模型来看，它提供了网络的物理层和数据链路层服务，说明 ARCnet 能方便地在两个节点之间实现数据包的发送和接收。

二、令牌总线网工作原理

IEEE 802.4 标准是令牌总线介质访问方法和协议标准。它规定了令牌总线介质访问控制（MAC）子层、物理层的服务规范、帧结构形式、控制方式的功能及其形式描述。

令牌总线网的原理是使用一个称为令牌的特殊比特组合，作为控制介质访问权力的唯一标志。当总线上所有的站点都处于空闲时，令牌沿着总线各个节点顺序传递。当某一站点想发送数据时必须等待，直至检测到该站点接收到令牌为止。这时，该站点可以用改变令牌中特定位的值的方式将令牌抓住，并将令牌转变成数据帧的一部分，同时，该站点将自己要发送的数据附带上去发送。由于网上只有一个令牌，一次只能有一个站点发送数据。

令牌总线网的物理拓扑为总线拓扑，如图 1-6-1 所示。

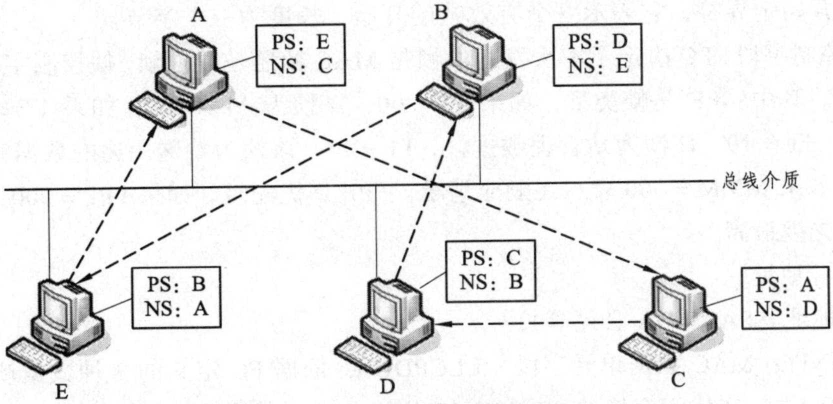

图 1-6-1　令牌总线物理和逻辑结构

令牌总线的基本原理是：用令牌控制对介质的访问，持令牌的站暂时控制了介质，并可以发送数据；令牌按一定的规则在网上的各站之间循环地传递，从而形成了一个逻辑环。图1-6-1 中的逻辑环为 A→C→D→B→E→A。除总线拓扑网络外，树状网、星状网等其他拓扑的网也可组成逻辑环路。实际上，网络中令牌的传送按虚线逻辑环路进行，而数据帧的传送仍在两站点间直接进行，这种结构叫作逻辑环网。一个站点要发送数据，必须持有令牌，持有令牌的站发完数据帧或发送的数据帧到达规定的个数，必须将发送控制权传送给逻辑环的下游站。这样，网上各站都有平等的发送数据帧的机会，网上允许只有一个令牌，没有发送时的竞争现象。

逻辑环网与物理环网（IEEE802.5 标准）相对比，由于物理环网传送数据必须按环路进行，而逻辑环网传送数据有直接通路，所以逻辑环网延迟时间短。逻辑环网与一般争用总线网相比，在网络通信量增加的情况下，争用总线网冲突增加，系统开销随之增大，系统效率迅速下降，而逻辑环网传送令牌的时间为常数。不用解决冲突问题，效率依然很高；另外争用总线网在访问竞争中各站平等，访问和响应具有随机性，属于概率性网，不具备时间确定性，不符合实时要求，而逻辑环网可实现有优先级的数据传送，且访问和响应时间有确定值，符合实时应用要求。因此，在列车通信网络中可以采用 ARCnet 这类令牌总线网络。

三、令牌总线 MAC 帧格式

IEEE 802.4 令牌总线 MAC 帧格式如图 1-6-2 所示。

1	1	1	2或6	2或6	0~任意	4	1
PA	SD	FC	DA	SA	DATA-UNIT	FCS	ED
前导码	帧开始	帧控制	目标地址	源地址	数据	帧校验序列	帧结束定界符

图 1-6-2　令牌总线 MAC 帧格式

PA：前导码，它在每帧前面发送，用来使接收调制解调器根据前导码位模式得到电平信号，目的是使物理收发信号电路在接收时能达到稳态同步。前导码的最小持续时间为 2 μs，同时要求发送的位必须是 8 位组的倍数。

SD：帧开始定界符，它表示一个有效帧的开始，长度为一个字节。

FC：帧控制字段，FC 决定了本次发送的帧是 MAC 帧还是数据帧。帧控制字段的格式为：FFMMMPPP。其中：FF 是帧类型，如果 FF = 00，该帧为 MAC 帧；如果 FF = 01，该帧为 LLC 数据帧，FF = 10，该帧为站管理数据帧；FF = 11，该帧为特殊用途的数据帧。MMM 是 MAC 动作，如果 MMM = 000 表示无响应请求。PPP 是优先级，如果 PPP = 000 优先级最低，PPP = 111 优先级最高。

DA：目标地址。

SA：源地址。SA 和 DA 必须等长。

DATA-UNIT：MAC 数据单元字段（LLCPDU），依据 FC 定义的 3 种数据帧，数据单元可以是：用于 LLC 实体间交换的 LLCPDU、用于 MAC 管理实体间交换 MAC 管理信息的

MAC 管理数据和专门用于 MAC 控制帧的数据。

FCS：帧校验序列，它是基于 PA，SD，ED 和 FCS 以外的所有字段的一个 32 位环冗系校验（CRC）码。

ED：帧结束定界符，ED 出现就结束该帧，并决定了 FCS 的位置。

由 SD，ED 联合组成异常终止序列，一个站发送终止序列可以停止已经开始帧的发送。

四、ARCnet 帧结构

虽然 ARCnet 遵从 IEEE802.4 的协议，但是在具体帧结构上还是存在着差异。ARCnet 有令牌帧、空闲缓冲区询问帧、确认帧、否认帧及数据传输帧等多种信息帧。

（1）ITT 帧（令牌帧）。

ALERT	EOT	DID	DID

（2）FBE 帧（空闲缓冲区询问帧）。

ALERT	ENQ	DID	DID

（3）ACK 帧（确认帧）。

ALERT	ACK

（4）NAK 帧（否认帧）。

ALERT	NAK

（5）PAC 帧（数据传输帧）。

ALERT	SOH	SID	DID	DID	CP	DATA	CRC	CRC

ARCnet 帧不管是哪种帧，都由 ALERT 引导，类似于 Ethernet 中使用的前导码。ALERT 由 6 比特间隔的传号（1）组成，传号（1）由正脉冲后跟负脉冲组成的双脉冲表示。空号（0）由无脉冲表示。

以上几种帧的含义如下：

（1）是邀请发送（ITT）令牌帧。它总是传递给它的后继工作站。EOT 是 ASCII 码中的传输结束控制符（04hex），其后跟的两个字节都是 DID（终点标识符），即后继工作站的地址。重复使用 DID 的目的是增加可靠性。

（2）是空闲缓冲区询问（FBE）帧。ENQ 是 ASCII 字符集中的询问字符（05hex）。其后跟的两个字节 DID 是想通过询问了解空闲缓冲器状态的工作站标识。DID 重复使用也是为提高寻找终点工作站的可靠性。

（3）是 ACK（确认）帧，由 ALERT 和 ACK 组成。ACK 是 ASCII 字符集中的确认字符（06hex）。当响应 FBE 帧而发送 ACK 时，表示接收工作站具有可供使用的缓冲器空间。ACK 帧之所以没有 DID 字段，是因为这种帧是作为广播方式发送的。

（4）是 NAK（否认）帧。NAK 是 ASCII 字符集中的否认字符（15hex）。当响应 FBE 帧而发送 NAK 时，表示接收工作站不具有可供使用的缓冲空间。NAK 帧也没有 DID 字段，其原因与 ACK 帧相同。

（5）PAC 帧，即数据帧。帧中 SOH（标题开始）是 ASCII 字符集中的标题开始字符（01hex）。SID（源点 ID）和（终点 ID）表示源点和终点工作站的地址。CP（连续指针）字段指示工作站在存储器中找到的传输数据的起点。数据字段 DATA 具有可变长度，处于 1 字节和 508 字节之间，用以携带用户数据。2 字节的 CRC 字段由发送站添加，用来保护 Data 字段。

五、ARCNET 工作机制

ARCnet 的地址由 8 bit 组成，其中地址 0 作为广播地址。因此，ARCnet 上最多可以容纳 255 个节点。ARCnet LAN 节点之间的数据传输像总线型 LAN 一样是广播式的，但对总线的访问取决于令牌。为说明这种网络的操作机制，假定在一条总线上有 4 个节点，其地址分别为 1、10、25 和 255。

在启动网络时，这 4 个工作站形成一个逻辑环，每个站都跟踪 2 个信息：

谁是后继者

谁是前驱者

这两种信息分别由字母 S（后继者）和 P（先驱者）代表。一个工作站的后继者定义为逻辑环上具有较高地址的站；先驱者则定义为逻辑环上具有较低地址的站。

由于 ARCnet 中站地址 0 用于广播地址，因此最小站地址为 1，最大站地址为 255。在构成逻辑环时规定，工作站地址为 255 的后继站地址为 1，站地址为 1 的前驱站地址为 255。工作站前驱者和后继者的地址如表 1-6-1 所示。

表 1-6-1　工作站的前驱站和后继站地址

工作站地址	前驱工作站地址（P）	后继工作站地址（S）
1	255	10
10	1	25
25	10	255
255	25	1

六、帧的发送与接收

在启动时，首先要构成逻辑次序，即逻辑环，每个站都不断跟踪保持其前驱工作站和后继工作站的站标识。每个工作站将其自身的后继者（NID）设置为自身站地址（ID）加 1，并按下述公式设置超时值。

（TimeOut）：

$$\text{TimeOut} = 146 \times (255 - \text{ID})\ \mu\text{s}$$

具有最大地址值的工作站首先超时，于是它创建 ITT 帧，并将该令牌帧发送给它的后继站。如果在 74 μs 后没有响应，最大地址值的工作站便认为具有后继 NID 地址的站不存在，随后便将 NID 值增加 1，再次发送 DID 为新值的 ITT。这种过程重复直至该最大地址值的工作站找到自己的后继者为止。被找到的后继工作站像前驱工作站一样，重复此过程。

一旦找到所有活动工作站，正常的令牌传递操作便可开始。配置时间在 24 ~ 61 μs，取决于活动站的数目和工作站地址的值。为使 TimeOut 初始值为 0 和将配置时间减至最小，建议将 ARCnet 的一个工作站地址设置为 255。

具有 ITT 帧的工作站在将令牌帧传递给后继站之前最多发送一帧。在数据帧被发送到终点节点之前，必须询问是否有足够的缓冲空间来接收帧。执行这种询问功能的是 FBE 帧。被询问的站如果有缓冲器可用，便发回 ACK 帧，否则发回 NAK 帧。

发送 FBE 帧后一旦收到 ACK 帧，便可发送数据帧 PAC。

七、令牌维护

如果因为故障破坏了令牌的正确传递，网络必须进行重新配置。产生另一种重新配置的情况是在令牌传递环上增加工作站或去掉工作站。因此，重新配置是难以避免的事情。

如果一个活动工作站在 840 ms 后未接收到 ITT 帧，由 8 个传号间隔组成的 RECON 图样，后跟一个空号便发送 765 次。RECON 图样持续 2 754 μs，以确保破坏传输中的任何令牌帧，其结果是使令牌帧丢失。78 μs 无活动后，所有工作站都会认识到，重新配置正在发生。于是每个站都将其自身的后继者设置为自身地址（ID）加 1，并设置超时值。以后的过程与启动时一样。

在 ARCnet 技术中，删除一个工作站是一个较简单的过程，无须调用全部重新配置机制。如果地址为 10 的工作站从环上已撤离，而且只要对其前驱者工作站 1 发来的 ITT 帧不响应的时间超过 74 μs。工作站 1 便认为工作站 10 不再存在。工作站 1 便对其 NID 值增加 1（新值为 11），并将 ITT 发到工作站 11。如果在 74 μs 后还是没有响应，则重复上述过程。下一个站地址为 25，工作站 1 需要的时间为（25 – 10）× 74 μs = 1.1 ms，才能发现它的后继工作站为 25。

如果工作站 10 想重新进入环，它必须等待令牌的时间为 840 ms。如果它还未经过 ITT 帧被邀请发送，它必须调用全部重新配置机制。

八、ARCnet 网络的性能分析

RCnet plus 是 ARCnet 的第二代产品，比 ARCnet 的性能有显著提高，单从传输速率看，提高到原来（2.5 Mb/s）的 8 倍，即 20 Mb/s，而且还与 ARCnet 向下兼容。

要了解性能提高的机制，必须清楚 ARCnet 传递速率低的原因。ARCnet 的工作站使用 5 MHz 的一个周期后跟等长的静止期来表示逻辑“1”。逻辑“0”则由两个静止间隔组成。一个间隔是 1/5 MHz = 200 ns。由此可看出，发送 1 bit（0 或 1）信息需要两个这样的间隔。

ARCnet 以多个整数个字节发送数据，每一字节由 3 bit 校准图样（110）来使接收器与发送器同步。这表明每 8 个数据比特就有 3 bit 的额外开销，因此，ARCnet 的有数据速率

为 $8/11 \times 25 = 1.82$ Mb/s。显然对带宽有较大的浪费，静止期是一种浪费，校准额外开销占总带宽的 27%。

ARCnet plus 增加带宽利用效率通过下述两种途径来实现。

（1）消除静止周期。

（2）将每个字节使用 3 bit 校准比特改为每 8 个字节使用 3 bit 校准比特。

ARCnet plus 使用的精巧技术是使用幅度调制在每 200 ns 间隔中挤出 4 bit 信息。脉冲可以是正的或负的正弦波，具有 0 ~ 12 V 的 8 个可能的幅度，从而给出总数为 $2 \times 8 = 16$ 的脉冲组合，足以代表 4 bit 的数据。

因此，ARCnet plus 的数据速率为 4 bit × 5 M 脉冲/s = 20 Mb/s。然而这个数据率未包括额外开销，如果考虑校准所用的额外开销，其有效数据率为 16.8 Mb/s。

在 ARCnet plus 初始化期间，一个工作站发送一特殊信号，通知其他站要以 ARCnet plus 的高速方式操作。当工作站传递令牌时，也发送这种特殊信号。当 ARCnet plus 工作站与 ARCnet 工作站通信时，则要降至 2.5 Mb/s。

复习思考题

1. 计算机网络的组成必须具备哪些要素？
2. 什么叫拓扑？局域网的拓扑结构有哪些类型？局域网的传输媒体主要有哪几种？
3. 令牌环网主要由哪些部分组成？
4. 简述令牌环网数据的交换过程。
5. 令牌环网采用什么类型的拓扑？令牌总线网采用什么类型的拓扑？
6. 简述 ARCnet 网络数据的交换过程。

第二章　列车通信网络标准（TCN 标准）

第一节　列车通信网络概述

一、列车通信网络（TCN）的作用

列车通信网络（TCN）是一种基于网络的分布式控制系统。其主要作用是实现各车厢内大量的可编程设备的有效连接，并使这些设备所产生的各种信息（诸如状态、控制、故障诊断、旅客服务等信息）转换为统一的数字信息，实现这些信息安全、可靠、快速、准确地网上交换。列车通信网络（TCN）的主要作用归纳起来主要体现在：

（1）机车、车厢和列车控制。

（2）远程故障诊断和维护。

（3）旅客信息服务。

二、列车通信网络（TCN）的层次结构

国内外车载网络技术的发展是随着现场总线网络技术的发展而发展起来的，先后产生了 RS485、Lonworks、WorldFIP 等多种总线网络形式。1999 年，国际电工委员会（IEC）颁布了 IEC 61375 标准，该标准将车载网络分为两级总线的层次结构，即用于连接各节可动态编组的车辆间的绞线式列车总线 WTB（Wire Train Bus）和用于连接车辆（或固定编组的车辆单元）内部各种设备的多功能车辆总线 MVB（Multifunction Vehicle Bus），它们之间的列车总线节点起着网关的作用，其中 MVB 网络由于较低的要求和其易用性高的特点，在实际中运用很广泛。图 2-1-1 所示为 TCN 网络层次结构示意图。

在图 2-1-1 中，列车通信网络（TCN）采用两条总线组成的三层结构，列车总线和车厢总线是两个独立的通信子网，可采用不同的网络和协议，网络的三层结构为：

（1）绞线式列车总线（WTB）：连接列车各车厢，可自动配置，在双绞线上传输的速率可以达到 1 Mb/s。

（2）多功能车厢总线（MVB），连接车厢内部设备，能加快响应速度，通过双绞线或光纤可以达到 1.5 Mb/s 的速率。

（3）设备级控制控制网。

此外，列车总线和车厢总线之间还需要通过一个列车总线节点相连，在运用层不同的总线之间通信时由此节点充当网关（Gateway），有时也在车厢总线下设第三级总线，如连接传感器的总线或连接执行单元的控制总线，可把这些总线认为是车厢总线的一部分。

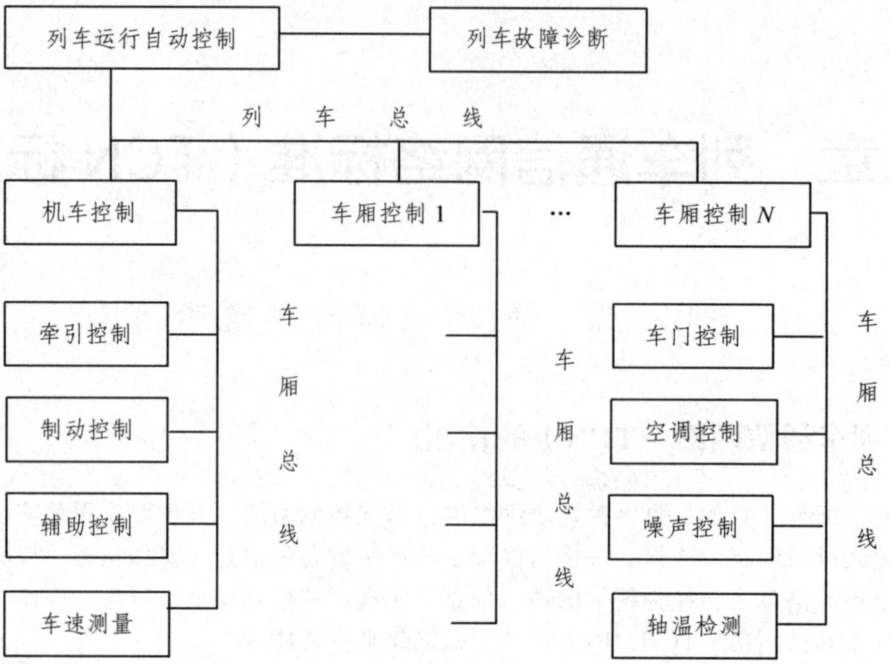

图 2-1-1　列车通信网络（TCN）层次结构图

三、列车通信网络（TCN）的网络组态

根据列车的编组情况，目前国际上运行的旅客列车有 3 种列车构成方式。

（1）开式列车（见图 2-1-2）：由一组车辆构成的列车，其组成在正常运行中是可以改变的，如 UIC（国际铁路联盟）列车，WTB 可作为标准的列车总线。它最多支持 32 个节点，每个机车车辆可以没有或有 1 个，或有更多的节点。每个节点最多可挂 15 个车辆总线（MVB 或其他总线）。

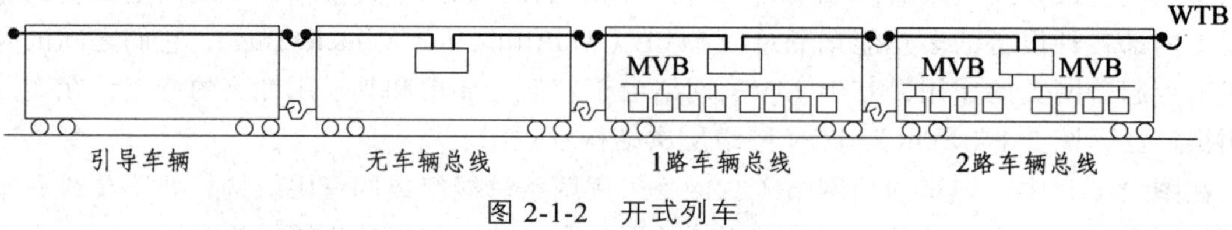

图 2-1-2　开式列车

（2）闭式列车（见图 2-1-3）：由一组车辆组成的列车，在正常运行中其组成不会改变，如地铁、城轨列车或高速列车组。闭式列车的组态展示了在闭式列车上 MVB 既可作为列车总线，也可作为车辆总线。

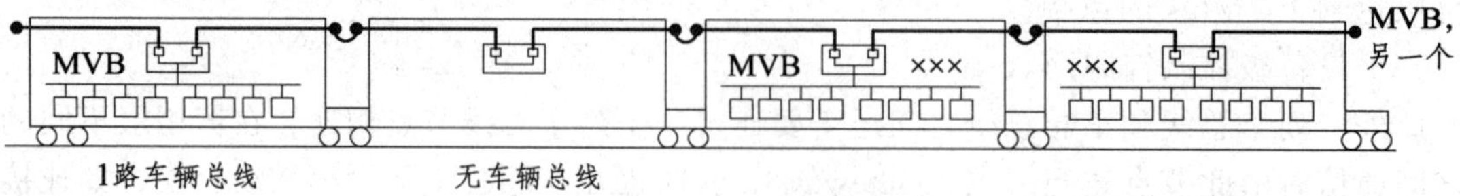

图 2-1-3　闭式列车

（3）多单元列车（见图 2-1-4）：列车由几个闭式列车单元组成，在正常运行中，组成列车的单元数量可以改变。多元列车的组态展示了两个相连的闭式列车，当这些闭式列车需经常连接和解连时，可使用 WTB 作为标准的列车总线。但如果用其他方法组态时，也可以用其他总线（如 MVB）来代替。车辆总线可以穿越几个车辆。

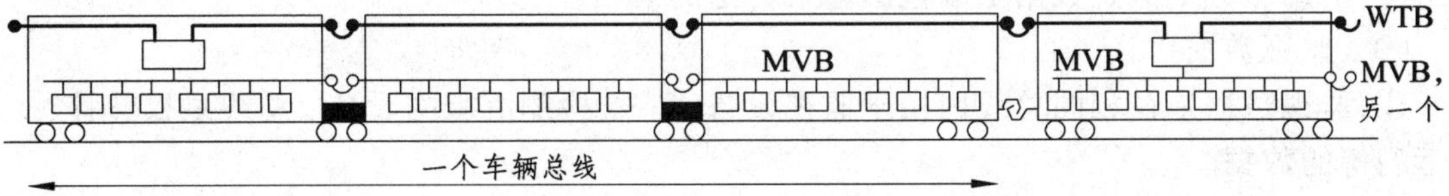

图 2-1-4　多单元列车

TCN 应用于不同的领域可以使用不同的组态，TCN 网络组态定义如下：

（1）开式列车：包括需要频繁编组和解编的车辆，列车总线能自动再配置（初运行）。

（2）闭式列车：车辆在运行中不分离，列车总线由司机或工厂离线配置。

（3）多单元列车：列车由几个闭式列车单元组成，在正常运行中，组成列车的单元数量可以改变。

四、列车通信网络上的数据传送

实时协议（RTP）为一个应用与另一个应用在列车通信网络上通信时提供协议和服务。这两个应用可以位于不同车辆上、在同一个车辆内或在同一个设备内。实时协议可用于多功能车辆总线、绞线式列车总线或有相同基本服务的其他总线的通信。图 2-1-5 展示了由不同类型的车辆构成的列车，其中一个车辆用 MVB，一个车辆用未规定的车辆总线，一个车辆上没有车辆总线。

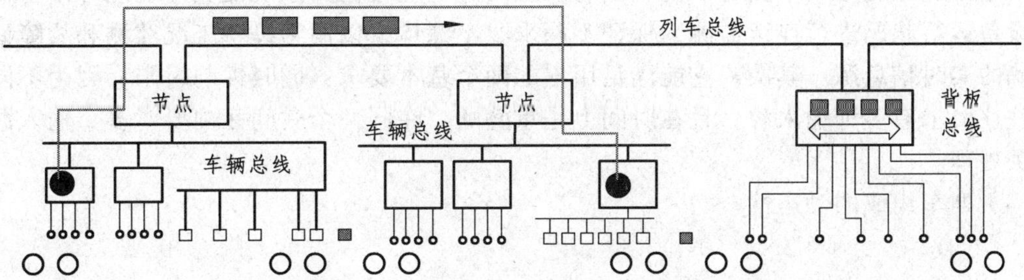

图 2-1-5　列车通信网络上的数据传输

五、列车通信网络发送的数据

列车总线或车辆总线传送 3 种类型的数据。

（1）进程数据。

① 进程数据是由发行者设备至多个用户设备的广播数据，并由它们的逻辑地址来标识。

② 这种类型的传送称为源寻址广播。

（2）消息数据。

① 消息数据是从一个源设备发送到一个目标设备或是同一总线上的所有设备的面向目标的数据。

② 消息数据是按需要才传送的。

③ 消息服务中消息数据是以包的形式传送的。

（3）监视数据。

① 监视数据是在相同总线内用于监视设备状态、检测沉寂的设备、总线主权转移、总线初运行等的数据。

② 某些监视数据是周期性传送的，但另一些监视数据是按需传送的。

六、列车通信网络（TCN）的特点

（1）工作环境恶劣，可靠性要求高。

系统能连续运行，且能抗恶劣的现场环境，即使在出现故障或不适当操作的情况下，列车网络也能提供相关服务，不论是硬件还是软件都能满足这个要求。列车实时系统常考虑的是最坏情况、最后期限、最大运行时间、最长延迟等极端情况。在列车总线故障时，列车仍可满功率、全速运行，但列车控制会丧失部分功能，如恒速控制；而车厢总线故障时，不会影响列车的运行，各车厢的主要电气部件具有故障自我保护或连锁保护功能，能够隔离某一部件、某一车厢、某一车组单元的故障。在列车网络发生严重故障时，整个列车控制系统倒向安全模式，一般不会导致整个列车停运。

（2）数据的多样性。

控制类（过程数据、变量）；管理类（消息数据、消息）。

（3）控制操作实时性（时间确定性）要求高。

列车控制系统是一个实时系统，具有在线实时响应特性。系统能实时响应外部事件，确保对设备运行状况进行连续监测，保证不漏采、不漏检，以便为设备工况监测和故障诊断提供准确的实时信息源。其次，它能满足用户的两个基本要求：同时性与时限，因为不同的子系统往往要求有多种输入源，且在时间上是重叠的。在同一个时间区内要对多个输入源数据做相关处理。

（4）列车组成的动态性。

第二节　列车通信网络的特性与参数

一、列车通信网络特性汇总（见表 2-2-1）

表 2-2-1　列车通信网络特性

特　征	绞线式列车总线 WTB	多功能车厢总线 MVB
结构	结构可变，构成改变时，具有自适应性	结构及设备的地址固定不变

续表

特　征	绞线式列车总线 WTB	多功能车厢总线 MVB
介质	屏蔽双绞线（860 m，32 个节点，相当于 22 个 UIC 车厢）	双绞线，RS-485（20 m，32 个设备）；变压器隔离屏蔽双绞线（200 m，32 个设备）；星形光纤网（2 000 m，2 个设备）
物理冗余	双份物理介质	双份物理介质
信号	带 16～32 位前同步码的曼彻斯特编码	带定界符的曼彻斯特编码
信号速率	1 Mb/s	1.5 Mb/s
地址空间	8 bit 地址	12 bit 地址
物理地址	点对点及广播	点对点及广播
有效的帧长度	在 4～132 个字节之间可变	量化的：16，32，64，128 或者 256 bit
完整性	帧 FCS-16，帧校验及曼彻斯特编码	IEC60870 校验序列及帧尺寸校验
介质分配	由一台主设备完成	由一台主设备完成
主设备权传送	主设备，强主设备或弱主设备	总线管理器通过令牌传送成为主设备
主设备冗余	初运行后，主设备权传递给另一节点	令牌传递自动进行主设备权转换冗余校验
链路层服务	过程数据：循环、源寻址广播；消息数据：偶发、点对点或广播；监督数据：循环/偶发、管理数据	
常用传输	变数	消息
链路层服务	源寻址广播数据（过程数据）	面向目标的，无连接的数据包（消息数据）
链路控制	带刷新监督的可重写埠	不可重写的数据包队列
网络层	应用任务将数据在总线间拷贝	数据报及路由器、目录中的源地址和宿地址
传输层	—	面向连接的，端对端流控及差错恢复
会话层	—	调用/应答消息
表示层	统一数据类型	统一数据类型
应用界面	存取过程变量的程序	处理呼叫/应答和多播消息的程序

二、列车通信网络特性与参数

1. 资料分类

列车通信网络将传输两类数据：① 短而紧迫的过程变量（Process_Variables）（如用于牵引控制）；② 不太紧迫，但可能较长的消息变量（如用于诊断）。

2. 时　延

过程变量在整个网中传输的最大时延被限制在一有限值内。

（1）过程变量按周期传送。

（2）列车通信网络（TCN）允许所有在车厢总线之间从应用到应用的具有最高优先级别的过程变量在 100 ms 内通过列车总线传送。

（3）TCN 允许所有在同一车厢内两个设备之间从应用到应用的具有最高优先级别的过程变量在 50 ms 内传送。

（4）在任何两个设备之间，响应时延（包括传输延时、中继器延时及由最坏情况下引起的源设备延时）不应大于 42.7 μs，除非总线处于扩展应答模式。

（5）在两个连续的报文之间最大延时和最小延时（包括全部的传输和中继器延时）的差值,在任何地方都不得超过 4.0 μs。一个主帧与另一个主帧之间的帧间间隔之和应大于 9.0 μs。

3. 拓　扑

列车通信网络（TCN）基于以下的两层结构（见图 2-2-1）。

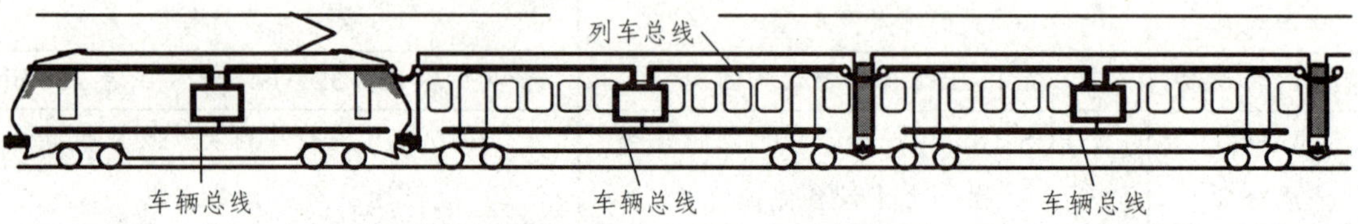

图 2-2-1　列车总线和车厢总线图

（1）将不同车厢内的节点连接起来的列车总线。

（2）将同一车厢内的设备连接起来的车厢总线。

（3）列车总线和车厢总线通过网关节点相连。

这种层次结构是概念上的：允许没有车厢总线的节点或附挂有几个车厢总线的节点。

4. 列车总线

列车总线用于连接各种组成的列车中的各个车厢。

（1）列车总线支持 UIC 556 规定的列车组成，总线传输距离可达 860 m（22 个车厢）。

（2）列车总线至少可以容纳 32 个节点。

（3）分配给列车总线节点一个位置地址，可识别方向（左/右、前/后），以及其他节点的位置。

（4）多个车厢连挂时，列车总线自动运转。当车厢数目改变或在总线上进行添加、移除设备时，无须手动干预列车总线也能继续工作。

（5）列车总线可承受大约每小时一次的车厢连挂及解挂操作。

（6）为使总线在节点故障时仍可工作，事先把各节点编号和类型通知给所有的应用，以便证实列车组成的完整性。

（7）列车总线使用专用介质。满足 UIC 电缆或 EP 电缆（电气制动电缆）的要求。

5. 车厢总线

车厢总线用于将一个车厢内或不可分的车厢组内的设备连接起来。

（1）车厢总线允许设备的安装间距在 200 m 以内。

（2）车厢总线至少支持 256 个设备。

（3）车厢总线在最差情况下的响应时间低于 16 ms。

6. **有效性**

一个设备上的单一故障不应影响其他无关设备的运行。有以下几种情况：

（1）偶发性崩溃或资料丢失。

（2）介质中断或短路。

（3）由损坏的发送器引起的连续发送。

（4）介质不可访问。

（5）配置错误。

（6）节点丢失或重组。

在结构改变或设备失效/重组时，具有 22 个车厢的列车总线的中断时间在 1.0 s 以内。

冗余级别将取决于应用的实际有效性需求。

7. **总线设备编址**

（1）MVB 总线设备编址。

MVB 总线设备按 12 bit 编址，原则上可以连接 4 096 个设备。

实际上总线寻址是按“端口”进行的。主设备帧与用来响应主设备帧的从设备帧之间的间隔小于 4 ms。为了使从设备能够在接到主设备帧后 4 ms 内响应，从设备帧应在发送前准备好，为此，设备将其数据放置在一个称为端口的寄存器中。每个设备都有一定数量的端口，分别配置为源端口或流端口。

端口分为两类：逻辑端口和物理端口，通过主设备帧中的 F_code 来区分。

（2）逻辑端口（F_code 0 ~ 4）。

每个设备实现若干个逻辑端口，典型的是 256 个。在配置阶段，分别将它们设置为源端口或流端口，其尺寸规定为 16，32，64，128 或 256 bit。这些端口由 12-bit 的逻辑地址标识（F_code = 0 ~ 4）。逻辑端口为过程数据提供基础通信。

（3）物理端口（F_code 8 ~ 15）。

每个设备实现 8 个物理端口，用于监督数据和消息数据。除了消息数据端口外，其他端口的尺寸都为 16 bit，消息数据端口在后面描述。物理端口通过 12-bit 设备地址和 F_code = 8 ~ 15 寻址。

（4）256-bit 消息端口（F_code = 12）。

仅用于 Message_Data（消息数据）。只有 Master_Frame（主设备帧）指定的设备才能作为 Message_Data（消息数据）的源。所有其他设备将监视从设备帧，若自身的设备地址在 Slave_Frame（从设备帧）的帧头中出现，则接收该帧。与其他端口相反，消息端口的内容不会被改写，因为消息端口在以前内容未取走时，拒绝接收新帧。

（5）WTB 总线设备编址。

WTB 采用 HDLC 数据格式以 8-bit 目的设备地址开头，该地址也是目的节点的节点地址（或者是广播地址）并被 HDLC 控制器译码。因此，理论上可以寻址 256 个节点，实际上规定可寻址节点最多为 32 个（最多对应 22 节车厢）。列车总线节点编址的规则很有讲究，它与节点相当于主设备的位置、朝向等密切相关，详细情况在初运行部分介绍。

（6）总线通信过程。

过程变量没有网络地址，因此网络层对过程变量无效。过程变量被一个应用任务传输通过总线边界。因此，车厢和列车总线通过网关连接。

网关与应用相关，例如，对于每个应用，它们的配置可能不同。这种配置告诉网关哪些过程数据应该在总线之间进行传输。

过程变量从一条车厢总线中读取，并通过列车总线传输到另一条车厢总线。车厢和列车总线的周期数据帧都没有携带网络地址。因此，网关同时在车厢和列车总线上观察通信以标识这些变量。

并非所有的车厢总线变量都要被输出，因为让列车总线承担所有车厢总线的通信量意义不大。网关需要对传输的过程变量进行过滤。

网关充当与输出变量集相关联的车厢总线设备，这些输出变量由网关通过车厢总线接口接收。它把这些过程数据复制到列车总线端口，以进行发布。网关采用带有源（节点）地址的广播帧格式来构造一个包含输出变量的帧。

稍后，网关获得列车总线的访问权，并把帧广播出去，该帧将被其他车厢上的网关接收。变量也将在那里被列车总线端口接收。流网关过滤出需要的输入变量，并把它们放入到车厢总线端口，以便下次传输。

反方向的数据传输（如停止信号）也按类似的方式进行。

这种模式不需要列车总线上的事件驱动，所有的总线循环操作。

因此，过程变量网络化的职能局限在网关调度任务中，该任务由应用程序员用两个变量列表配置，包括输入和输出变量队列（“输入”是从车厢总线的角度提出的）。这两个队列可以被管理消息加载。

网关应用任务也可处理这些数据，如检查是否所有的门已经关闭，以便只向前转发车厢总线上的结果。

第三节　多功能车辆总线（MVB）

一、多功能车辆总线（MVB）概述

多功能车辆总线（MVB）是特定用于连接同一车厢或不同车厢（这些车厢在运行过程中是一个固定不变的编组）的设备到列车通信网络的总线。它既提供了可编程设备之间的互联，也提供可编程设备与其传感器和执行机构之间的互联。

MVB 最多支持 4095 个设备，其中有 256 个是能参与消息传送的站。图 2-3-1 所示为 MVB 在机车内的应用，图 2-3-2 所示为 MVB 在旅客车厢内的应用。

对于运行时不解挂的列车，MVB 也可作为列车总线使用。

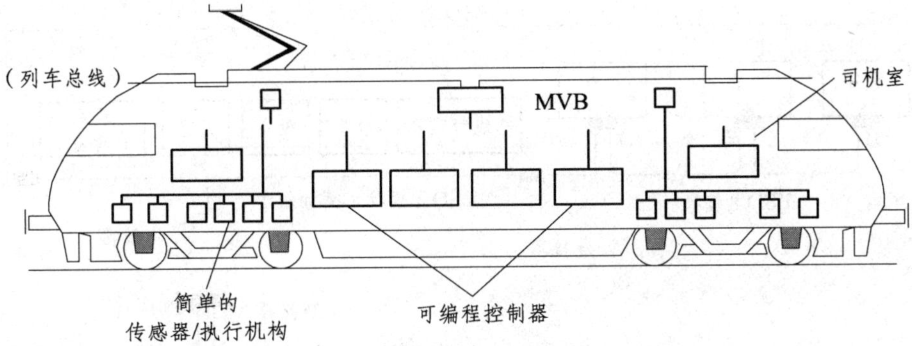

图 2-3-1　机车内的（MVB）多功能车厢总线

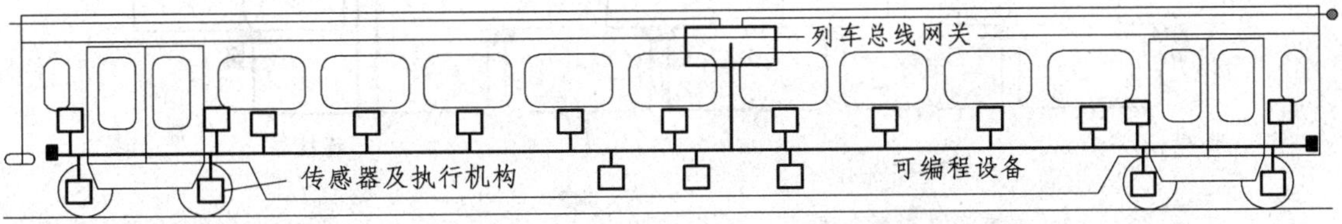

图 2-3-2　旅客车厢内的（MVB）多功能车厢总线

MVB 传送 3 类数据：

（1）过程数据（Process_Data）：周期小于 1 ms 的源寻址数据的周期性广播。

（2）消息数据（Message_Data）：按需求、目标寻址的单播或广播。

（3）监督数据（Supervisory_Data）：传输事件分解、主设备权传送、设备状态等数据。

二、多功能车辆总线（MVB）物理层

（1）多功能车辆总线（MVB）允许采用电短距离、电中距离和光纤 3 种不同的物理介质。

① 电短距离（ESD）介质：传送距离小于等于 20 m，使用标准的 RS-485 收发器，每段最多支持 32 个设备。这种介质基于采用 RS-485 用于传送的差动收发器，在发送器和接收器之间无须电气隔离，并且具有附加的偏置电压。

② 电中距离（EMD）介质：传送距离小于等于 200 m，每段最多支持 32 个设备，屏蔽双绞线，变压器隔离。

③ 光学玻璃纤维介质：星形连接或点到点方式下最大距离为 2 000 m。

3 种介质以相同速率运行。

（2）MVB 各总线段必须由下述类型之一的耦合器相互连接。

① 连接不同介质的中继器。

② 将光纤汇入总线的星耦器。

在图 2-3-3 的 MVB 结构中，ESD 段包括一个总线管理器、几个在机箱内或外的设备及一个网关。EMD 段包括一个总线管理器和几个其他设备。OGF 光纤段上也有几个其他设备。总线段之间通过中继器相互连接。图中每个总线段都可被重复，以提高实用性。

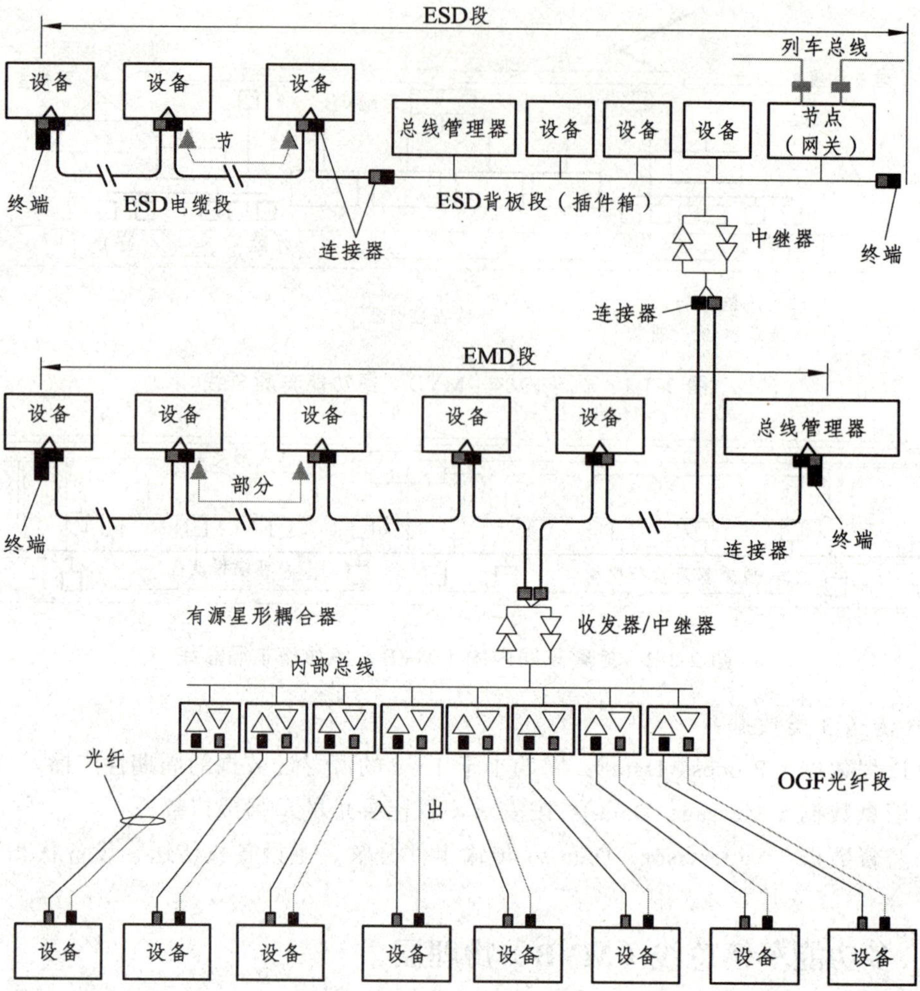

图 2-3-3　MVB 各总线段之间的连接

三、MVB 设备

1. 总线控制器（Bus_Controller）（见图 2-3-4）

总线访问每个设备由专用的总线通信控制器控制。总线通信控制器通过发送器和接收器附挂到两个冗余的线路上。MVB 总线通信控制器包含编码器和译码器，以及控制通信存储器（Traffic_Store）的控制逻辑。总线通信控制器能对到达的帧进行译码并寻址相应的通信存储器，也能读设备状态寄存器。

2. MVB 设备分类

MVB 总线上的识别，根据其控制与通信能力可分为 5 类。

（1）0 类设备不参与通信。中继器和星形光耦合器属于这类。

（2）1 类设备连接简单的传感器或执行机构，不可远程配置，无应用处理器，不参与消息通信。

（3）2类设备自带应用处理器，可配置，能预处理信息，但处理程序固定，参与消息通信。

（4）3类设备是可编程逻辑控制器PLC的完全站，有许多端口，典型是256个。

（5）4类设备与2，3类设备相同，但它提供了更多服务，参与总线的管理与控制，典型设备有4类：① 控制总线的总线管理器；② 网络管理器；③ 连接车厢总线和列车总线的网关。

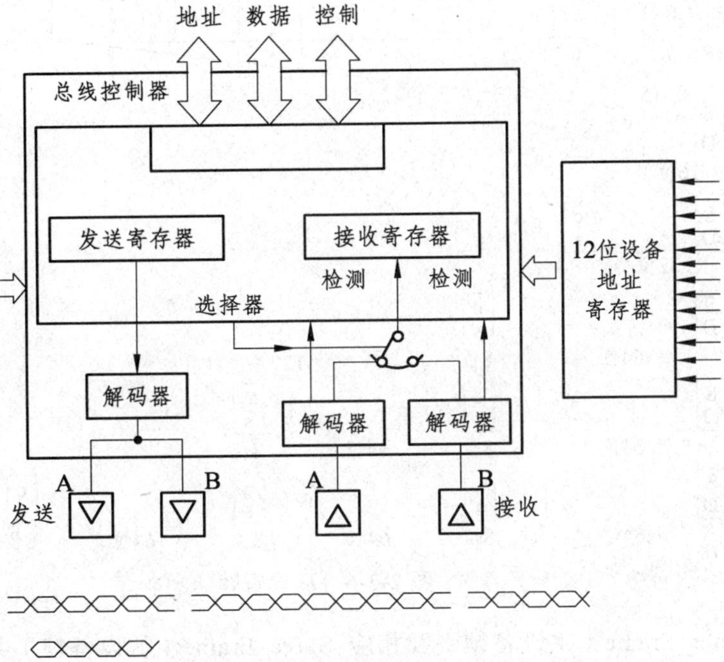

图 2-3-4　总线控制器

四、MVB帧结构与报文

1. MVB帧

MVB帧有两种类型：① Master_Frame（主设备帧），只由主设备（Bus_Administrator——总线管理器之一）生成；② Slave_Frame（从设备帧），由从设备在响应Master_Frame（主设备帧）时发送。

（1）主设备帧。

如图2-3-5所示，一个主帧应以主起始分界符开始，其后为16位帧数据，接着为8位校验序。

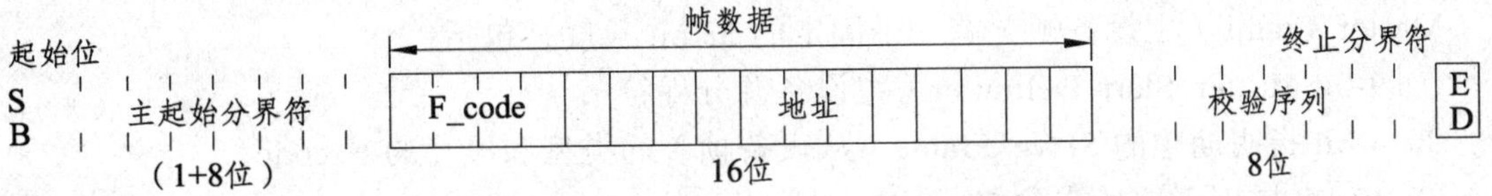

图 2-3-5　主设备帧

（2）从设备帧。

如图 2-3-6 所示，一个从帧应以从起始分界符开始，接着为 16，32，64，128 或 256 位帧数据，在每 64 个数据位后包含一个 8 位的校验序列或帧数据，只有 16 或 32 位时，将一个 8 位的校验序列附加其后。

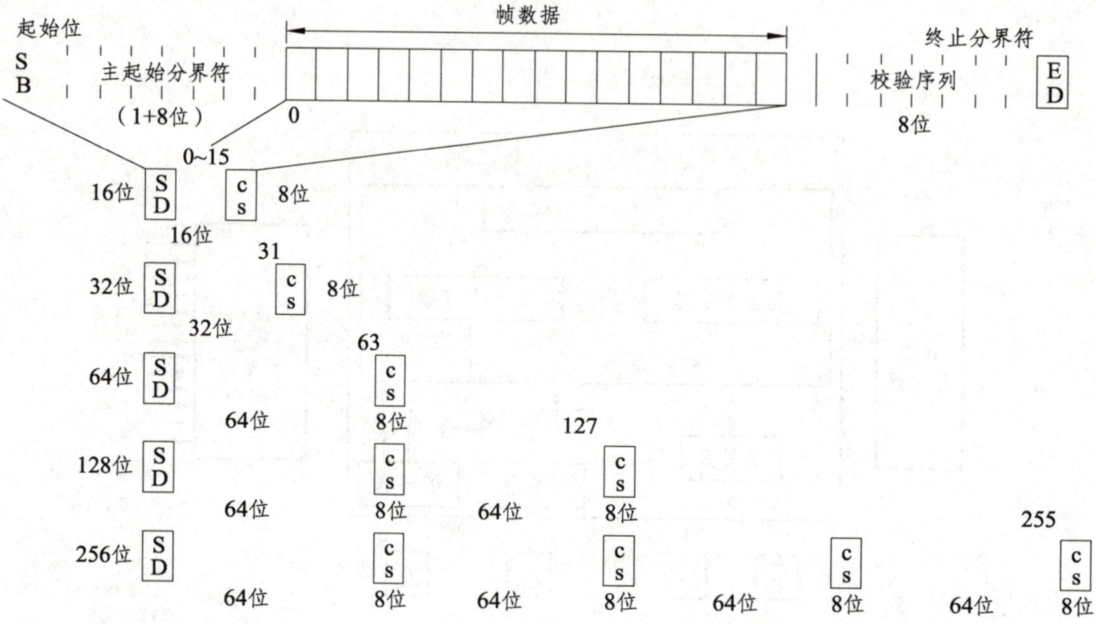

图 2-3-6　从设备帧

一个 Master_Frame（主设备帧）及相应 Slave_Frame（从设备帧）共同形成一个报文，如图 2-3-7 所示。

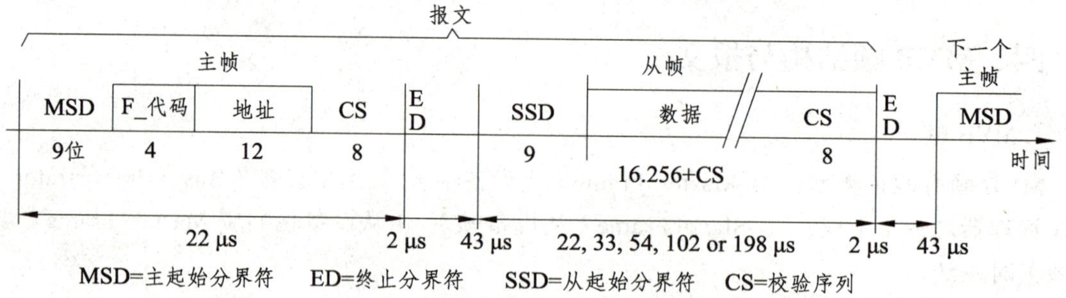

图 2-3-7　报文

Master_Start_Delimiter（主设备源分界符）和 Slave_Start_Delimiter（从设备源分界符）不同，以防止同步失败。

Master_Frame（主设备帧）有一个固定的 33 bit 长度，包括：

① 9-bit Master_Start_Delimiter（主设备源分界符）；

② 4-bit 指明期望的 Slave_Frame（从设备帧）的类型和尺寸的 F_code；

③ 12-bit 域用于地址或参数；

④ 8-bit Check_Sequence（校验序列）。

所有设备都对 Master_Frame（主设备帧）译码。被寻址源设备用其 Slave_Frame（从设备帧）回答，该从设备帧可被多个其他设备接收。

Slave_Frame（从设备帧）可以有 5 种可能的尺寸：33，49，81，153 或 297 bit，包括：

① 9-bit Slave_Start_Delimiter（从设备源分界符）；

② 16 ~ 256 bit 的数据；

③ 对应各 64 bit 序列的 8-bit Check_Sequence（校验序列），如图 2-3-8 所示。

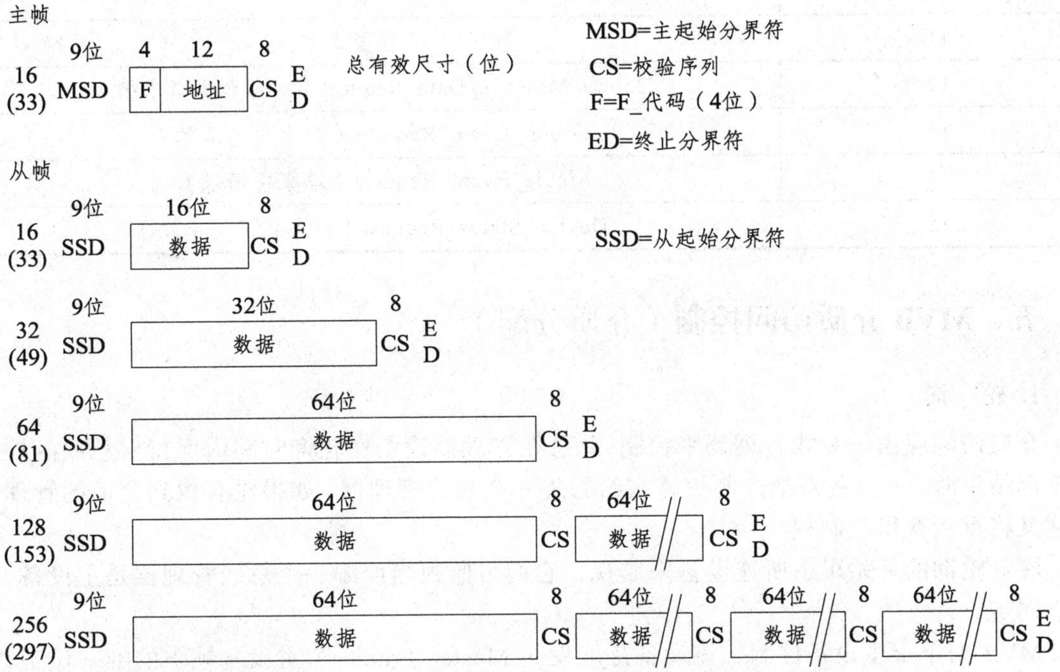

图 2-3-8　Master_Frame（主设备帧）和 Slave_Frame（从设备帧）格式

2. MVB 报文类型

MVB 的报文类型一共有 16 种，由 Master_Frame（主设备帧）中的 F_code 区分，如表 2-3-1 所示。

表 2-3-1　MVB 的 F_codes [Master_Frame（主设备帧）类型]

F_code（F 功能码）	报文类型
0	16 位 Process_Data_Request（过程数据请求帧）
1	32 位 Process_Data_Request（过程数据请求帧）
2	64 位 Process_Data_Request（过程数据请求帧）
3	128 位 Process_Data_Request（过程数据请求帧）
4	256 位 Process_Data_Request（过程数据请求帧）
5	（保留）

续表

F_code（F 功能码）	报文类型
6	（保留）
7	（保留）
8	Mastership_Transfer_Request（主设备权传送请求帧）
9	General_Event_Request（常规事件请求帧）
10	（保留）
11	（保留）
12	256 位 Message_Data_Request（消息数据请求帧）
13	Group_Event_Request（组事件请求帧）
14	Single_Event_Request（单事件请求帧）
15	Device_Status_Request（设备状态请求帧）

五、MVB 介质访问控制（介质分配）

1. 轮 询

介质访问应由一总线管理器来控制，此总线管理器设备在轮询时间内保持对总线的控制。在轮询结束时，主设备将把控制权移交给另外一个总线管理器，如果没有找到合适的管理器，则它又将重新获得控制权。

注：轮询的开始可由所连设备来监视，它们可监视当前哪一个总线管理器是主设备，可用于同步。

MVB 由单个主设备控制，该设备是能发送 Master_Frames（主设备帧）的唯一设备，所有其他的设备都是从设备，他们不能自发发送。在持续几秒钟的一轮期间，几个设备——Bus_Administrators（总线管理器）——能够成为主设备，但一次只能一个成为主设备。

主设备可位于总线的任意位置。

主设备可以按照某种预定顺序对端口进行周期性的轮询，如图 2-3-9 所示。

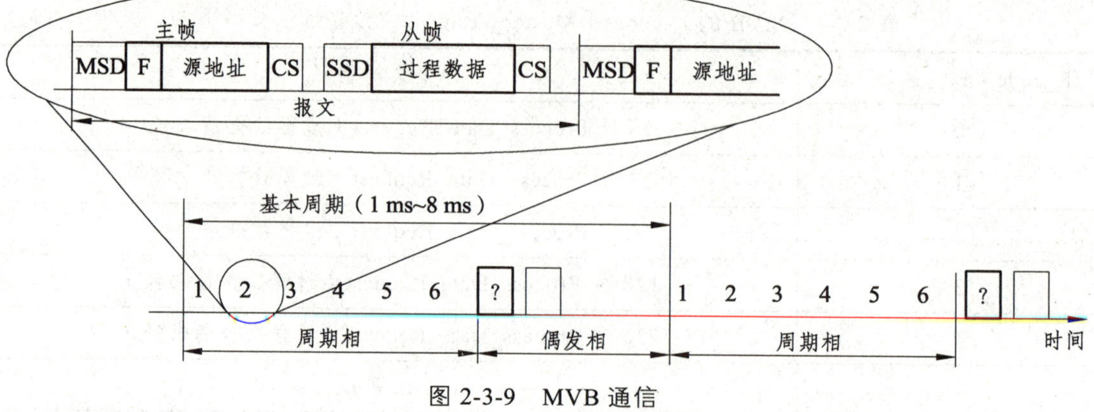

图 2-3-9　MVB 通信

2. **基本周期**

主设备将轮回时间分成固定的时间片，这个时间片称为“基本周期”，其值为 T_bp。一个基本周期分为 4 个相（周期相、监视相、事件相、保护相），如图 2-3-10 所示。

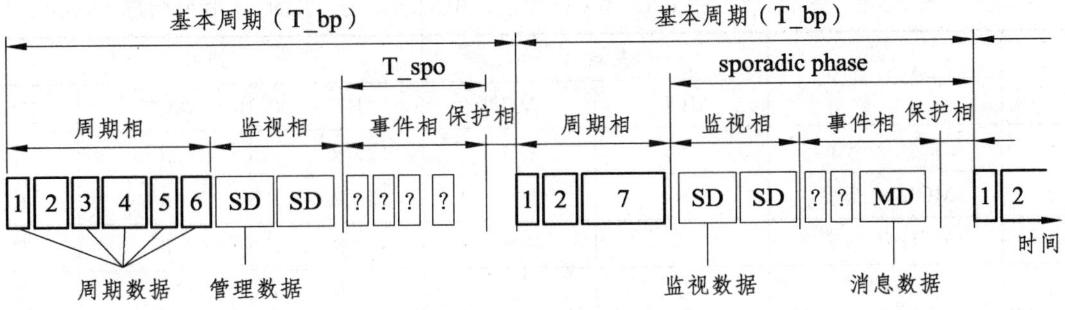

图 2-3-10　周期通信配置

常规运行前建立主设备读端口的顺序。应用定义每个端口的特征轮询周期。特征轮询周期总是 Basic_Period（基本周期）的 2^N 倍（其中 $N = 1\cdots10$）。具有相同 Individual_Period（特征周期）的端口属于同一个循环。

在每个 Basic_Period（基本周期）内轮询 1 号循环一次，每个基本周期的第二拍轮询 2 号循环一次，每个基本周期的第四拍轮询 4 号循环一次，等等。大的循环可以分为许多子循环，覆盖多个周期。

六、MVB 的实现

图 2-3-11 所示为一个动力分散（动车组）的列车通信网络原理框图。

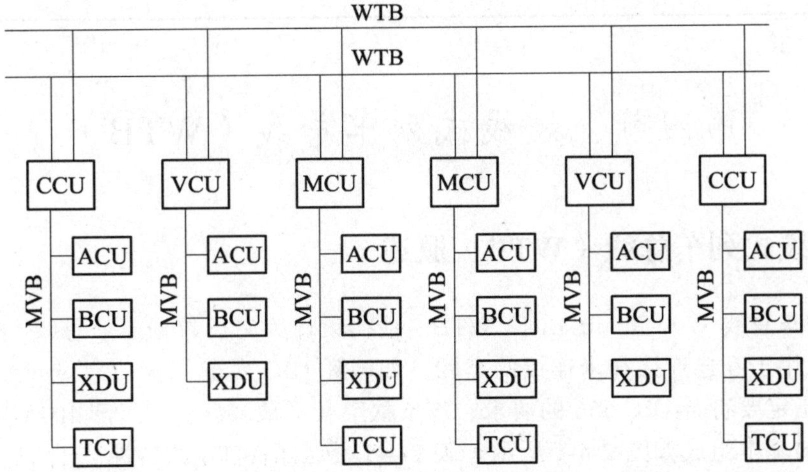

图 2-3-11　MVB 实现示例

该动车组的列车通信网络分为 WTB 和 MVB 两级。WTB 上的节点包括司机所在的动力车的中央控制单元 CCU、无司机动力车控制单元 MCU、拖车控制单元 VCU 共 3 类，各 2 个，共 6 个节点组成。每个 WTB 节点之下采用 MVB 车厢总线连接牵引控制单元 TCU（只有动车上才有）、辅助系统控制单元 ACU、制动控制单元 BCU、轴温及车门控制单元 XDU 等计算机控制检测设备。

其中各个车厢总线上传输的数据如表 2-3-2 和表 2-3-3 所示。

表 2-3-2　车厢总线上 MCU、VCU 发送，BCU、ACU、XDU 接收的信息

序号	信号名	发送者		接收者		
		MCU	VCU	BCU	ACU	XDU
1	自检命令字	S	S	R	R	R
2	MCU 状态字	S		R	R	R
3	VCU 状态字		S	R	R	R
4	机车速度	S	S	R	R	R
5	隧道信号	S	S			R

表 2-3-3　车厢总线上 BCU、ACU、XDU 发送，MCU、VCU 接收的信息

序号	信号名	发送者			接收者	
		BCU	ACU	XDU	MCU	VCU
1	自检应答字	S	S	S	R	R
2	BCU 状态字	S			R	R
3	制动缸压力	S			R	R
4	ACU 状态字		S		R	R
5	总风缸压力		S（仅头车）		R（仅头车）	
6	XDU 状态字			S	R	R

第四节　绞线式列车总线（WTB）

一、绞线式列车总线（WTB）概述

绞线式列车总线 Wire_Train_Bus（WTB）最初设计为串行数据通信总线，但非专用，日常运行中可以用于互连连接和未连接的车厢，如国际 UIC 列车。

WTB 被指定要符合 UIC 556 的要求，该条款定义了最多含 22 个车厢的 UIC 列车的通信要求。WTB 的基本组成如图 2-4-1 所示。表 2-4-1 总结了 WTB 的特性。

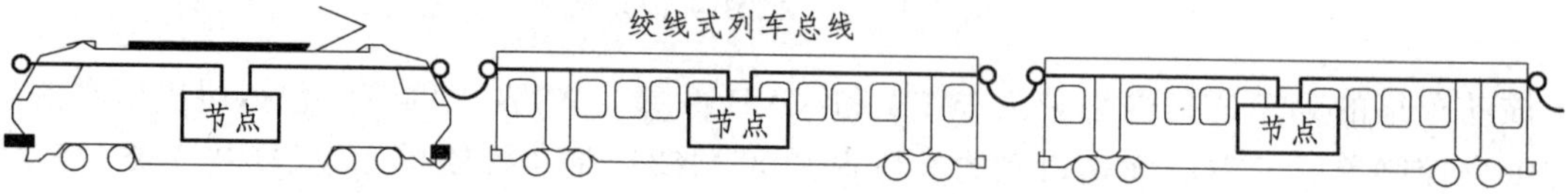

图 2-4-1　Wire_Train_Bus（WTB，绞线式列车总线）

表 2-4-1　WTB 特性总结

构形	形成总线的电缆节的链
介质	屏蔽双绞线，120
长度	长 860 m，带有 32 个节点的特定电缆； 可以有更长的长度和更多的节点（最大节点数 62 个）
物理层冗余	双电缆物理层介质
信号	带有 16～32 bit 前同步码的曼彻斯特编码
信号数据传输率	1.0 Mb/s
寻址	单播（初运行时分配 6 bit 地址） 广播
帧尺寸	有效数据：每个 HDLC_Frame（HDLC 帧）4～132 b
完整性	每帧 16 bit 的帧检测序列，帧尺寸监督和曼彻斯特编码
介质分配	由一个主设备决定
通信	循环（周期 25 ms）[用于 Process_Data（过程数据）] 偶发[用于 Message_Data（消息数据）和 Supervisory_Data（监督数据）]
主设备权	每个节点可以在初运行中通过应用命令或初始化时的争论或失效时成为主设备
主设备冗余	初运行时主设备权传到其他节点
Link_Layer（链路层）服务	Process_Data（过程数据）：源寻址变量的广播； Message_Data（消息数据）：报文； Supervisory（监督数据）：总线监督
层管理	链路层管理接口
可选项	用于清理连接器的清除电路

二、绞线式列车总线（WTB）介质

1. WTB 介质的机械稳定性

WTB 运行在屏蔽双绞线上，该介质提供了连接分开的车厢所需的高机械稳定性。在动车组中总线有两种类型：一是列车信息传输线，以光纤为传输介质，连接所有中央装置和终端装置，采用 ARCnet 协议；二是自我诊断传输网，以双绞线作为传输介质，连接中央装置和终端装置，采用 HDLC 作为通信协议。

2. WTB 的长度

特定的电缆允许在 860 m 的距离上以 1 Mb/s 的速率传输，相当于 22 个 26 m 长的车厢的 UIC 组成，加上 50%用于弯曲处长度。在动车组上，以光纤为传输介质，连接所有中央装置和终端装置，传送速度为 2.5 Mb/s，以双绞线为介质连接所有中央装置和终端装置，传送速度为 38.4 kb/s。

3. **总线节**

（1）沿车辆走的干线电缆（连贯的车辆只有一根干线电缆）。

（2）连接不同车辆干线电缆的跨接电缆。

（3）为达各节点而对干线电缆进行延伸的扩展电缆。

4. **节　点**

在常规操作中，每个节点将被插入到干线电缆中，连接两个总线节。

（1）位于总线末端的节点，或者说末端节点，将在电气上终止连接它们的两个总线节。

（2）位于总线中间的节点，或者说中间节点，将在电气上连接到它们的两个总线节。

在一列车的每个车辆中可以有一个或几个节点，如图 2-4-2 所示。

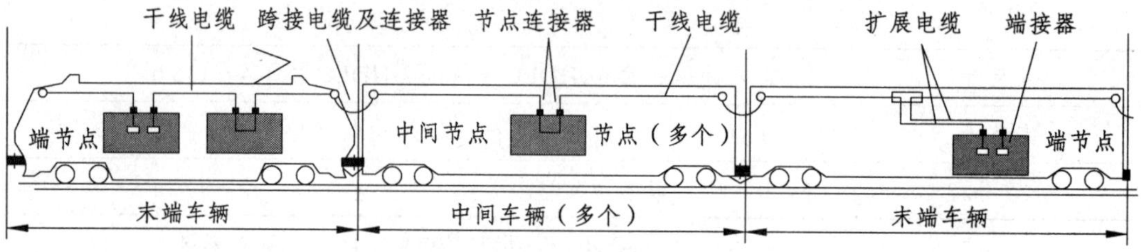

图 2-4-2　绞线式列车总线节点

5. **WTB 的节点数**

最多 32 个节点能附挂到该类双绞线上，因为每个车厢可以有不止一个节点。

6. **WTB 在车厢间的连接方式**

为了连接不同的车厢，WTB 可以使用自动耦合器接触（如对市郊列车的）或手插电缆接触。

因为车厢的朝向不可预测，配电线（如空气管道）通常在车厢端接处分开并穿过两个连接器，连接器中至少一个是已插入的，UIC 线缆就是如此。

开放电缆残段（如果一个连接器已插入，而另一个在摇摆）或者两条电缆并联（如果两个连接器都被插入）将引起电气中断，因此，WTB 电缆不能分开穿过两个并行的连接器。

两条跳线电缆均应插入，但是每一个连接不同的 WTB 电缆。这自然产生了如图 2-4-3 所示的冗余线路。

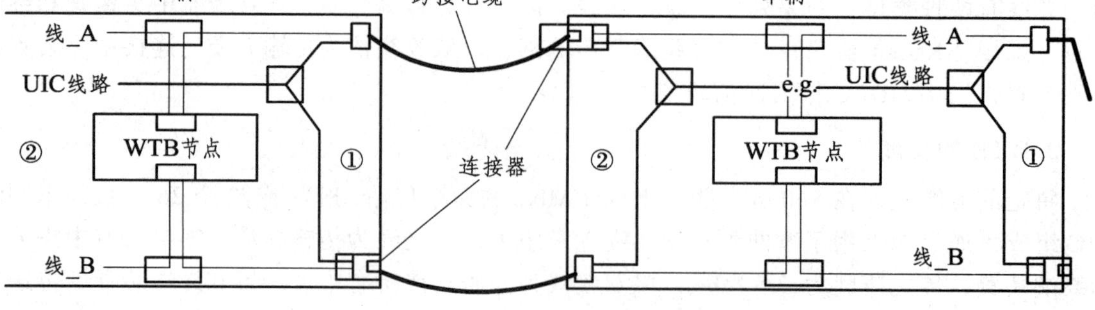

图 2-4-3　WTB 电缆安排（顶视图）

三、WTB 介质附挂单元（WTB Medium_Attachment_Unit）

节点通过它的介质附件（MAU）连接到介质上。

单一线路连接方案时，MAU 由下列几部分组成。

（1）一个线路单元。

（2）一个方向转换器。

（3）一个主通道和一个辅助通道。

例如，带中间设定开关的 MAU 如图 2-4-4 所示。

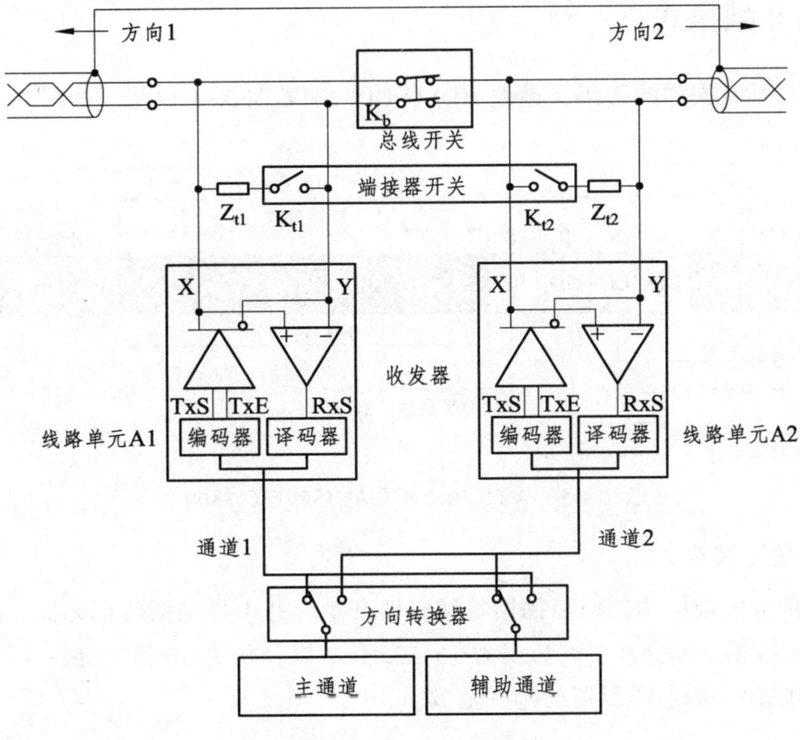

图 2-4-4　WTB 介质附挂单元

一个线路单元由以下几部分组成。

（1）一个总线开关（K_b），用于两个方向的连接或断开。

（2）两个端接器开关 K_{t1} 和 K_{t2}，每个方向一个，在末端设定中通过它在节点中插入端接器（Z_{t1}，Z_{t2}），在中间设定中通过它断开端接器。

（3）两个收发器（发送器/接收器）电路，每个方向一个。每个发送器由二进制信号 TxS（信号）和 TxE（使能）控制。接收器的输出信号是 RxS（一个数字信号或模拟信号）。收发器通过适当的方法，例如，采用变压器实现与线路的电气隔离。

（4）两个曼彻斯特编码、解码器，每个收发器一个，它们可分别集成在各自的发送器或接收器内。曼彻斯特编码/解码器的输出和输入定义为一个调制解调器接口。

（5）与隔离开关相连的过压保护/短路保护电路（图 2-4-4 中未画出）。

总线开关（Bus_Switch）打开时，断开总线节间的连接。端接器开关（Terminator_Switches）关闭时，插入端接器。方向开关（Direction_switch）的一个方向连接主信道（Main_Channel），而另一个方向连接辅助信道（Auxiliary_Channel）。

一个中间节点（Intermediate_Node）（列车中部）连接总线节，并去除端接器。该节点仅使用主信道（Main_Channel），而关闭了辅助信道（Auxiliary_Channel）。

为避免车厢间的连接器上的触点氧化和分叉，可选用加电清除电路。加电清除电路是利用在总线上附加一个大的脉冲直流电流，以此实现对连接器触点的清理功能。

四、WTB 帧格式

所有的帧都具有同样的编码，遵循 HDLC（ISO/IEC 3309）规范，如图 2-4-5 所示。

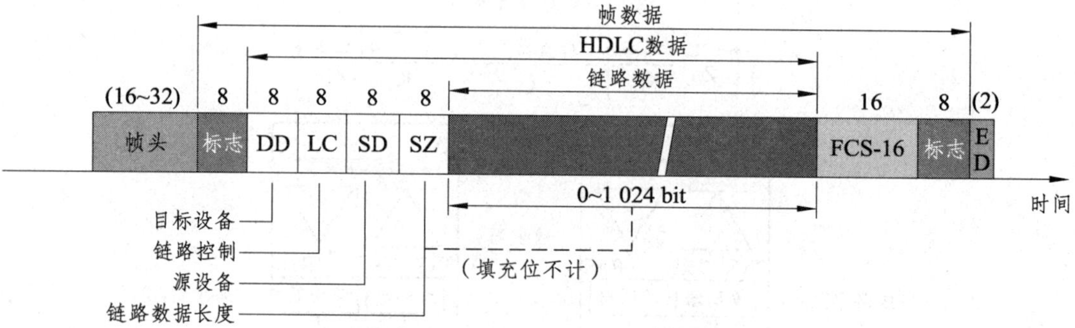

图 2-4-5　WTB 帧（扩展的 ISO/IEC 3309）

1. 前同步码（帧头）

帧的开始部分的前同步码由曼彻斯特编码器产生，并由曼彻斯特译码器去除。它不属于 Frame_Data（帧数据）部分。它的长度为 16 ~ 32 位，默认值为 16 位。（注：可变长前同步码拓宽了商业曼彻斯特编码/译码器的选择范围）

2. 帧数据

帧数据以两个 8-bit 标志（01111110）作为分界符。

HDLC 数据以 8-bit Destination_Device（目的设备）的地址开头，该地址也是目的节点的 Node_Address（节点地址）（或者是广播地址）并被 HDLC 控制器译码。

接下来的 8-bit Link_Control（链路控制）域专用于 WTB。

接下来的 8-bit Source_Device（源设备）是源节点的 Device_Address（设备地址）。

注：为避免与网络地址中的 Final_Node（宿节点）和 Origin_Node（源节点）混淆，这些域被称为 Destination_Device（目的设备）和 Source_Device（源设备）。

“size”字节给出了其后的链路数据的字节数。

Link_Data（链路数据）后跟 16-bit Frame_Check_Sequence（帧检测序列），与 HDLC 一样也能检测多种类型错误。

3. End_Delimiter（结束分界符）

8-bit 关闭标志后跟 End_Delimiter（结束分界符），由曼彻斯特编码器产生，由译码器去除。

Frame_Data（帧数据）（标志之间）传送 134 个字节或 1 072 个二进制位。由于 HDLC 的位填充机制，最坏情况下 Frame_Data（帧数据）的持续时间是 1 289 个 bit 时间，还应该加上 34 个 bit 时间用于前同步码，标志和 End_Delimiter（结束分界符），共计 1 323 个 bit 时间。

五、WTB 报文

总线主设备通过发出主设备帧在源从设备和一个或多个目的从设备之间建立通信。被选中的从设备发出从设备帧作为响应。主设备帧和从设备帧都进行广播，即被所有设备接收。

图 2-4-6 所示为报文的定时，该报文包括一个主设备帧以及用来响应该主设备帧的从设备帧。

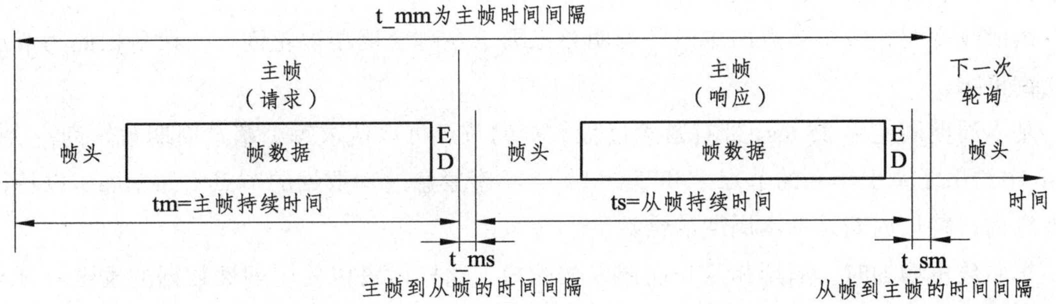

图 2-4-6　WTB 报文

1. 发送帧间隔

在主侧的主通道内，总线主期望在主帧发送结束后的 1.756 ms 时间间隔内，完全接收响应它的主帧的从帧，同时主接收到从帧后的 0.064 ms 内或超过时间（1.756 + 0.064 = 1 820 ms）期满后，总线主开始发送下一土帧。

在从侧，被寻址的从节点应按以下规则开始发送帧：在接收到主帧的端后，不早于 64.0 μs 的时间内，以及在接收到主帧的端后，不迟于 0.300 ms 的时间内，除非是检测响应，此时，在初运行状态，该时间可增加到 0.600 ms，在正常运行状态，该时间增加到 0.800 ms。

存在 3 种报文：

（1）过程数据报文。

（2）消息数据报文。

（3）监督数据报文。

在收到主设备帧后，从设备总是答以同种类型的帧。

六、WTB 介质访问

主设备节点负责介质访问，其他所有节点都是从设备，只在被主设备轮询时响应。

常规操作中，主设备的操作循环进行。它把总线动作分配到若干基本周期，基本周期由一个周期相和一个偶发相组成，如图 2-4-7 所示。

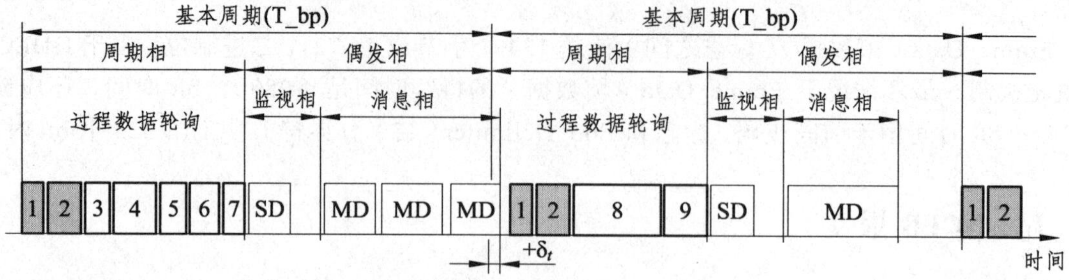

图 2-4-7　WTB 周期和偶发传输

为保证过程数据确定、及时地发送，主设备按事先定义的间隔（即节点的特征周期）轮询各节点以获取周期数据。在两个周期相之间的固定时间内，主设备轮询从设备以获取偶发性数据：消息数据和监督数据。

组成改变时，每个节点向主设备声明自己要求在哪个周期被轮询。主设备据此为节点建立轮询策略。

基本周期固定为 25 ms，带有紧急过程数据的节点可以请求每个基本周期被轮询一次（图 2-4-6 中给出了牵引车厢的节点 1 和节点 12），不带紧急过程数据的节点（如车厢）以特征周期被轮询，特征周期是基本周期的倍数。

车厢数量增加时，周期相延长而偶发相缩短，这样做可以使周期性数据的发送时延与车厢的数目无关，消息数据则相反。

应用负责确保足够的时间用于偶发数据。例如，如果主设备每 25 ms 轮询 10 个节点，轮询一个设备的时间是 1 ms，剩余的 15 ms 用于偶发数据。如果节点的数量增加到 20 个，仅剩下 5 ms 用于偶发数据，这可能太短。

对于偶发数据，主设备只能顺序轮询从设备。为缩短搜索，从设备在被轮询时发出有偶发数据要发送的信号。主设备接着在周期相后再次轮询该从设备，获取偶发数据。

注：只要节点的数量少，WTB 轮询节点偶发数据的方法是可行的。在最多支持 4 096 个设备的 MVB 上，这种方法被仲裁机制替代。

在每个基本周期中，主设备为检测组成部分的完整性（列车缩短或失效）和附加节点（列车变长）轮询端节点之一。

如果端节点本身就是主设备，主设备仍然轮询自己并响应自己让其他节点检查到它的存在。

七、常规操作 WTB 帧（总结）

图 2-4-8 所示为常规操作中所有可能用到的主设备帧和从设备帧。

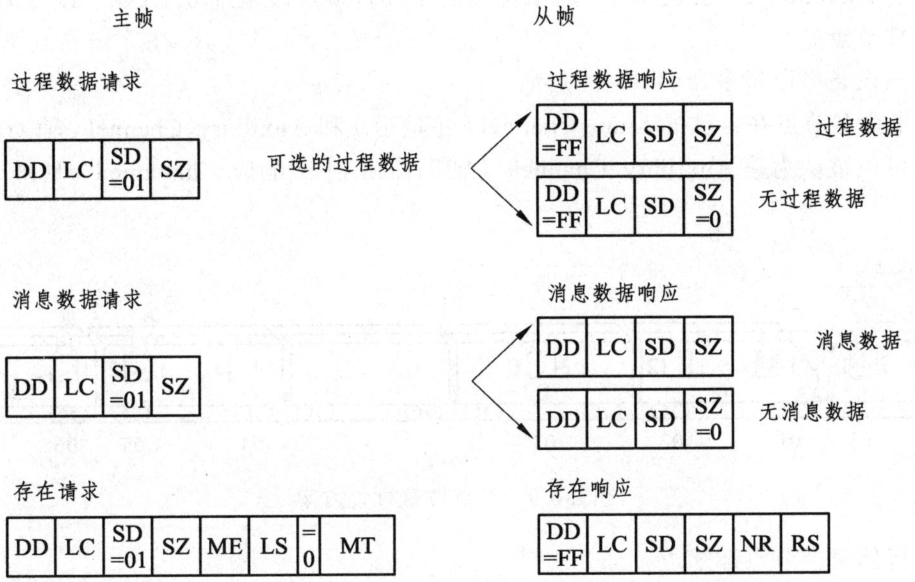

Key

DD=目标设备
SZ=链路数据尺寸（以八位位组计）
LC=链路控制
SD=源设备
FF=广播地址

LS=本地强度
MR=总线主报告
MT=总线主拓扑计算机
RS=远程强度
NR=节点报告

图 2-4-8　常规操作帧的总结

八、WTB 初运行

1. 初运行目的

当列车的组成改变时，特别是车厢被连挂或解挂时，主设备重新配置总线。这个过程称为初运行。初运行中：

（1）节点连接电缆节形成一个两端带端接器的单段。

（2）每个节点接收一个标明其位置和相对于主设备的方向的唯一地址，并通知主设备它需要的特征周期和节点描述符。

（3）每个节点收到一个称为构形的描述符，该描述符显示其他节点的地址，位置和描述符。

2. 节点地址分配

根据下列惯例，初运行过程分配每个节点一个位置地址（见图 2-4-9）：

（1）主设备（执行初运行的主设备）收到地址 01。

（2）不管实际运行方向，主设备定义“底部”为 Direction_1（方向 1），“顶部”为 Direction_2（方向 2）。

（3）在 Direction_1（方向 1）上递减排列的主设备节点以地址 63 开始，该方向最后命名节点是底部节点。

（4）在 Direction_2（方向 2）上递增排列的主设备节点以地址 02 开始，该方向最后命名节点是顶部节点。

（5）主设备可以最多命名 62 个节点。

（6）未命名节点在自己的 Main_Channel（主信道）和 Auxiliary_Channel（辅助信道）［两种信道都可以被认为是 Auxiliary_Channels（辅助信道）］上响应“unnamed”地址。

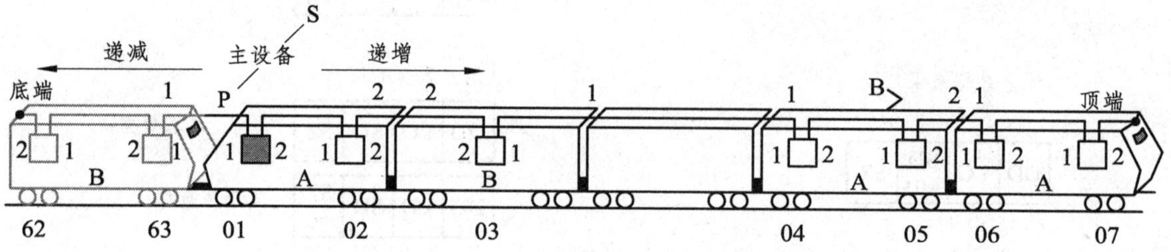

图 2-4-9　节点位置寻址方案

初运行使每个节点都知道：

（1）自己的地址。

（2）节点的 Line_A（线 A）和 Line_B（线 B）中哪一条对应主设备的 Line_A（线 A）。该线命名为“P”，另一条命令为“S”。

（3）节点的地址以升序还是降序命名。

（4）显示所有节点位置、地址和类型的构形。

这个方案要求所有车厢已经被线缆连接好，也就是，节点的 Direction_1（方向 1）应指向每个车厢的 1 端。

3. 节点分级

应用可通过将节点分为以下等级执行不同的主权策略：依次为强节点、弱节点或从节点。

（1）强节点。

强节点可由应用提升为总线主执，行主权的强节点叫作强主，强节点可被应用降为弱节点。如果它是强主，它将发出信号告诉所有的节点，如果它被降级，且作为弱主保持对总线的控制，直到指定了一个强节点为止。应用可以指定仅一个节点为主设备。如果没有其他强节点，它将控制总线。在这种组成中，不应有其他强节点。

（2）弱节点。

弱节点是可被应用允许成为总线主的节点。执行主权的弱节点叫作弱主。通常，在一个编组中，应用指定几个或所有节点为弱节点。为允许 WTB 没有指定的主设备也能运行，应用也可以允许多个节点成为主设备：弱节点。一个弱节点在一定时间内没有诊测到总线活动后，就成为弱主设备并开始命名其相邻的节点。如果弱主检测到有强节点，或另一个控制了更多从节点的弱主的存在，则该弱主将被降级且成为另一个主从节点。

（3）从节点。

从节点是在任何时候应用都不允许其成为总线主的节点，因此，从节点不可以参与恢复。这种模式用于测试目的或与强节点连接中。

在应用的控制下，作为主设备的节点可以改变。例如，在终点站可逆向（推-拉）列车改变运行方向时：司机从司机室中取下钥匙，走到列车的另一头，把钥匙插在反方向的司机室中。

在取下钥匙时，主设备还像以前一样控制列车，但这时作为弱主设备。它仅仅通知其他节点自己被降级。总线保持可运行状态，但是应用被告知强度改变，并采取行动，例如，禁止牵引。

在另一个节点插入钥匙后，这个设备便升为强节点。当弱主设备检测到有一个节点已经升级时，它取消它所控制的所有节点的命名，并回到从设备状态。然后新的主设备重新命名所有的节点。

全部用弱节点操作总线也是可能的。

弱节点机制也用于避免主设备失效。

4. 初运行要求

初运行过程确保：

（1）在下列情况下，总线被且仅被一个主设备控制：

① 如果有多个弱节点，一个仲裁过程确保其中恰好有一个收到总线控制，而其他弱节点成为它的从设备。

② 如果存在一个强节点，这个节点成为主设备并命名所有其他节点（从设备）。

③ 如果存在几个强节点，每个都成为总线不同段的主设备，主设备冲突被告知应用。

（2）初运行以下列条件开始：

① 以一个明确的应用命令（即使总线已经初运行过）开始。

② 当日常运行时，通过检测到增加的节点开始，然而，一个节点可以禁止取消命名或重命名它的段。

③ 通过在常规操作中将一个弱节点（从设备）提升为强节点开始，如果该弱节点还不是主设备。

⑤ 如果所有的节点都允许，那么通过节点再次插入自己启动初运行。

⑥ 一定时间内没有总线活动，则开始初运行。这可能是启动时的正常状态或者由于总线干扰（节点重入）、总线变短或主设备失效产生的异常状态。

（3）一个节点可以在任何时候作为从设备参与初运行，除非它被置于睡眠或非激活状态，因为恢复操作取决于这种状态。

（4）对于 32 个节点，初运行过程在超过 25 ms 但少于 1.0 s 的时间内完成。需要最小时间确保日常运行开始前所有节点能向它们的应用报告初运行。

（5）除了偶尔无意中进入睡眠模式外，中间节点的失效仅影响节点本身。

（6）帧出现丢失时初运行宿。如果节点对 3 个连续的请求都不响应，主设备认为节点失效。

（7）节点重复尝试成为主设备（如一个聋节点）的现象不会阻止正常运行，但可能引起偶然干扰。

（8）不管节点是按升序还是降序命名，所有节点收到它们的位置编号，相对主设备的方位和构形。

（9）每次任何已命名的节点的节点描述符的改变或其强度的改变都使主设备发布构形。

5. **初运行中的 MAU 单元**

初运行刚开始时，仅有主设备被命名，其余从设备均未被命名，未被命名节点的介质连接装置通过断开总线开关，同时在与之相连的每段的末端插入一个终端连接器的方法，把总线断开。方向开关的一个方向连接主通道，而另一个方向连接辅助通道。在初运行结束后，节点和电缆节从电气上连接起来，形成一条两端都有终端连接器的单一总线。主通道和辅助通道二者均能发送与接收数据帧及控制信号。

初运行的实现，与下面的 MAU 单元相关，如图 2-4-10 所示。

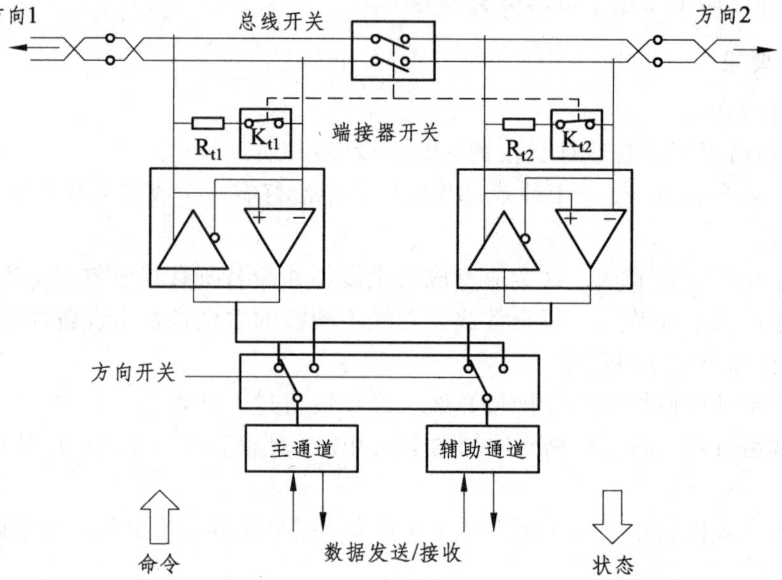

图 2-4-10　初运行时 MAU 单元（单线附挂）

每个节点采用两种设置之一：

（1）端设置：总线开关打开，两个端接器都被插入，主信道和辅助信道被连到相反方向。

（2）中间设置：总线开关关闭，两个端接器都被去除，辅助信道关闭。

6. **常规运行中的已命名的组成**

图 2-4-10 所示为一个典型的初运行总线，所有总线均被命名，节点 01 是主设备。主设备作为端节点被画出，但是它也可以是一个中间节点。

两个端节点处于端设置，总线开关打开，端接器被插入并且辅助信道被激活，而中间节点处于中间设置，总线开关关闭，端接器被去除，辅助信道被禁用（图 2-4-11 中白色三角形）。

它们的主信道（图 2-4-11 中的黑色三角形）指向主设备。

主设备在主信道上为过程数据和消息数据轮询节点。

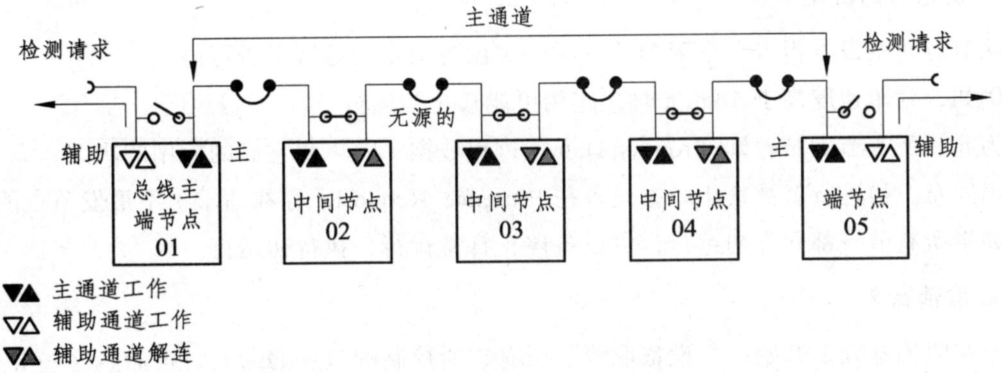

图 2-4-11　典型的已命名的组成

7. 未命名节点的检测

主设备在每个 Basic_Period（基本周期）用存在请求帧 [Presence_Request（存在请求）] 轮询一个 End_Node（端节点），End_Node（端节点）用存在应答帧 [Presence_Response（存在应答）] 响应。另一个 End_Node（端节点）在下一个 Basic_Period（基本周期）被轮询。

如果主设备自身是 End_Node（端节点），仍发送 Presence_Request（存在请求）给自己，并以 Presence_Response（存在应答）响应，因此，所有其他节点可以监控它的存在。

Presence_Request（存在请求）的接收引起 End_Node（端节点）在 Auxiliary_Channel（辅助信道）上发送一个 Detect_Request（检测请求）。

只要没有其他节点连接，一个 End_Node（端节点）接收不到检测应答帧[Detect_Response（检测应答）] 就在 Presence_Response（存在应答）中报告“none found”。

图 2-4-12 所示为一个已命名的组成。对于该组成，一个附加的、未命名的节点 7F 被连接。

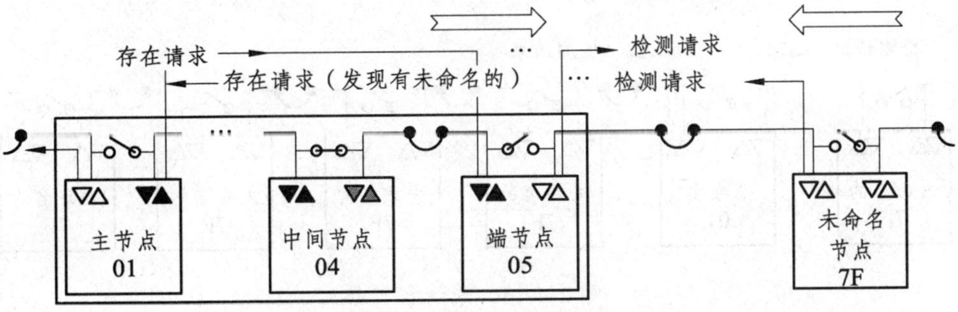

图 2-4-12　一个附加节点连接到已命名组成

为简化绘图，仅仅一个 Intermediate_Node（中间节点）（04）出现在已命名的组成中。

当两个 End_Node（端节点）实现电连接后，通信就被建立起来。

未命名的节点 7F 收到一个来自 End_Node（端节点）05 的 Detect_Request（检测请求），它以一个 Detect_Response（检测应答）回应表示它是一个未命名节点。

End_Node（端节点）05 接收这个 Detect_Response（检测应答），然后用 Presence_Response（存在应答）发送一个表明未命名节点出现的信号给主设备。

8. **初运行的决定**

端节点对主设备报告一个附加节点时，主设备决定初运行是否可能。

例如，列车速度高于 5 km/h 时，应用可能禁止初运行。

为此，所有节点被轮询 Process_Data（过程数据）时声明它们的应用的决定，只要一个节点不同意，初运行就被禁止。主设备在 Presence_Request（存在请求）中重发节点的决定。

如果所有节点都允许初运行，主设备停止日常运行，执行初运行。

9. **取消命名**

为在明确基础上开始，主设备取消了所有它所控制的节点的命名，重命名这些节点和附加节点。

为此，主设备连续 3 次对其组成中的所有其他节点广播一个 Unname_Request（取消命名请求）。

已被"Unname_Request（取消命名请求）"明确取消命名的节点通过进入端设置在打断总线前等待一定时间，并采用更长的超时时间，以防止命名期间它们作为弱主设备出现。

在端设置中，主设备设置自己为独立主设备状态。

所有节点发送取消命名信号给各自的应用。

注：日常运行时包含闲置（on-the-fly）的附加节点是危险的。

10. **开　始**

为命名节点，主设备在每个方向上均发出一个 Detect_Request（检测请求），未命名节点如图 2-4-13 所示。

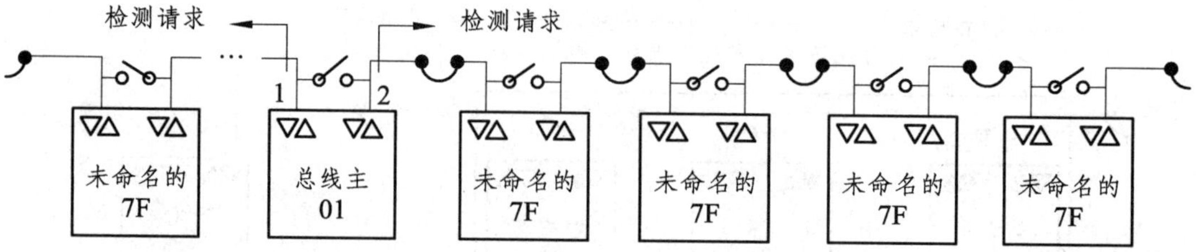

图 2-4-13　未命名节点

主设备将在 Direction_1（方向_1）和 Direction_2（方向_2）上命名节点，从首先用 Detect_Response（检测应答）响应 Detect_Response（检测请求）的方向开始。

主设备以降序（63，62，…）命名在 Direction_1（方向 1）上的节点，在 Direction_2（方向 2）上以升序（2，3，4，…）命名节点。

11. **命　名**

每个节点命名的方案都一样，图 2-4-14 所示为一个未命名节点如何进入已命名的组成。

主设备发送一个 Status_Request(状态请求)给节点 05，使该节点发送一个 Detect_Request（检测请求），未命名节点以 Detect_Response（检测应答）响应。在 Status_Response（状态应答）中，End_Node（端节点）05 向主设备报告一个未命名节点的存在。

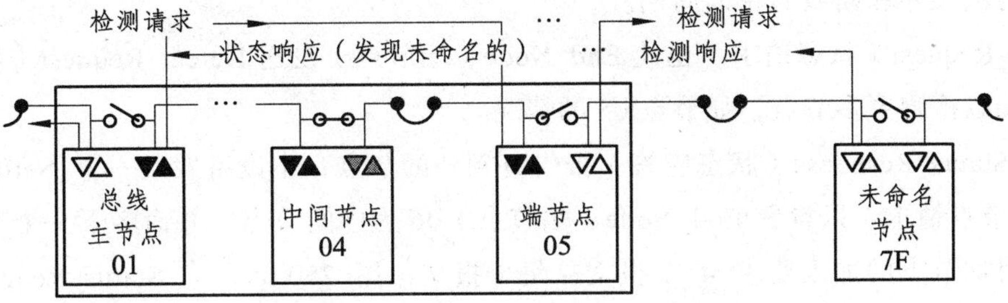

图 2-4-14　状态和检测

然后主设备用设置中间节点请求帧［SetInt_Request（设置中间节点请求）］切换节点 05 为中间节点，End_Node（端节点）05 靠一个设置中间节点应答帧［SetInt_Response（设置中间节点应答）］以及关闭总线开关回复请求帧，如图 2-4-15 所示。

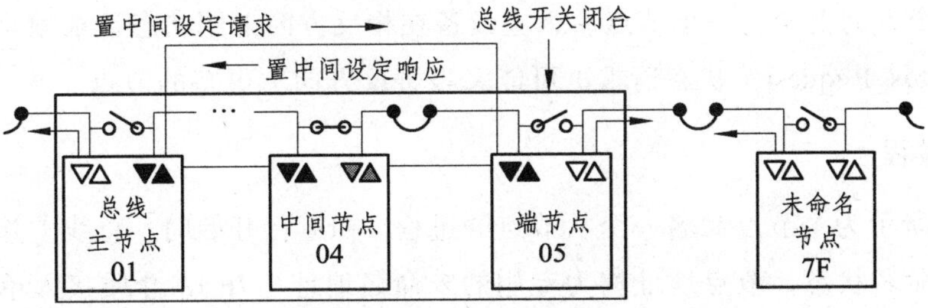

图 2-4-15　设置中间节点

主设备现在能直接访问未命名节点，并发送一个命名请求帧［Naming_Request（命名请求）］以分配地址“06”给新节点，该节点以一个命名应答帧［Naming_Response（命名应答）］确认命名，如图 2-4-16 所示。

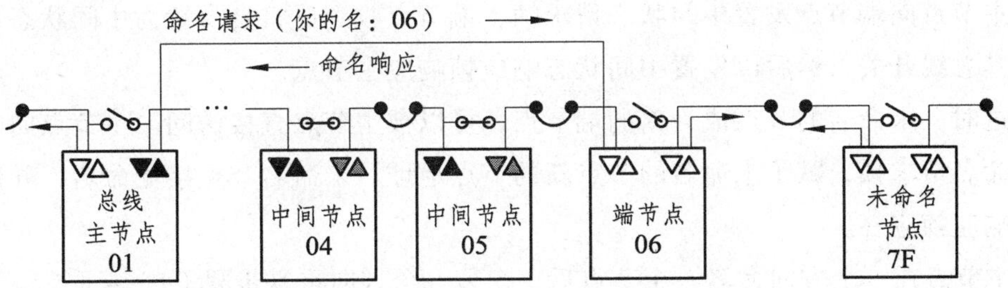

图 2-4-16　命名

先前未命名的节点成为组成中新的 End_Node（端节点），它关闭自己的 Auxiliary（辅助信道），并在主设备方向上接通 Main_Channel（主信道）。

在允许信道交换的时间段后，主设备发送一个状态请求帧［Status_Request（状态请求）］给节点 06，新的 End_Node（端节点）以状态应答帧［Status_Response（状态应答）］应答，该应答帧包含给出新命名节点类型和版本的 Node_Descriptor（节点描述符），Process_Data（过程数据）的帧尺寸和期望的轮询周期。

Status_Request（状态请求）也使 End_Node（端节点）发送 Detect_Request（检测请求）给开放的端以检测更多节点，如节点 05 的情况。

如果 Status_Response（状态应答）报告有额外的节点，主设备发送一个 SetInt_Request（设置中间节点请求）以设置 End_Node（端节点）06 为中间节点，并命名下一个节点为 07。

每个附加节点的加入要求 4 个报文，每个报文占用 250 μs：① Status_Request/Status_Response；②Detect_Request/Detect_Response（交叉的）；③SetInt_Request/ SetInt_Response；④ Naming_Request/Naming_Response。

从端设置到中间设置的切换要求等待 10 ms，在这期间总线不能使用。继电器关闭时间决定着命名间隔时间。

因为主设备每 25 ms 命名一个节点，所以命名 32 个节点需要 800 ms。

每次在一个方向上命名一个节点后，主设备在相反方向上用状态请求帧与它命名的许多节点通信，Status_Request（状态请求）可能又报告反方向上更多的节点。

12. 命名过程

图 2-4-17 所示为主节点命名一个从节点的过程。初运行开始时，总线上除主节点外的各节点均处于未命名状态，节点地址均为专用的未命名地址（7F），介质接入单元为端设置状态。主节点运行下列过程使各节点依次加入总线中。

（1）主节点向已命名的端节点发送状态请求帧。

（2）状态请求帧使端节点在其辅助通道发送检测请求帧，未命名的节点以检测响应帧向端节点指示其存在。

（3）端节点以状态响应帧通知主节点未命名节点的存在。

（4）主节点向端节点发置中间状态请求帧，端节点收到后将自身置为中间状态，闭合其总线开关，然后以发置中间状态响应帧响应主节点。

（5）这时，未命名的节点成为新的端节点，可以被主节点直接访问。主节点向其发送命名请求帧，赋予未命名的节点新的节点地址。未命名节点接受命名，并以命名响应帧应答。

（6）主节点在一个方向命名一个节点后，在另一个方向重复步骤（1）~（5），直到在两个方向上均没有未命名的节点。

（7）对主节点的连续 3 次状态请求帧终端节点均响应没有找到新节点时，主节点结束命名过程，进入拓扑信息发布状态。

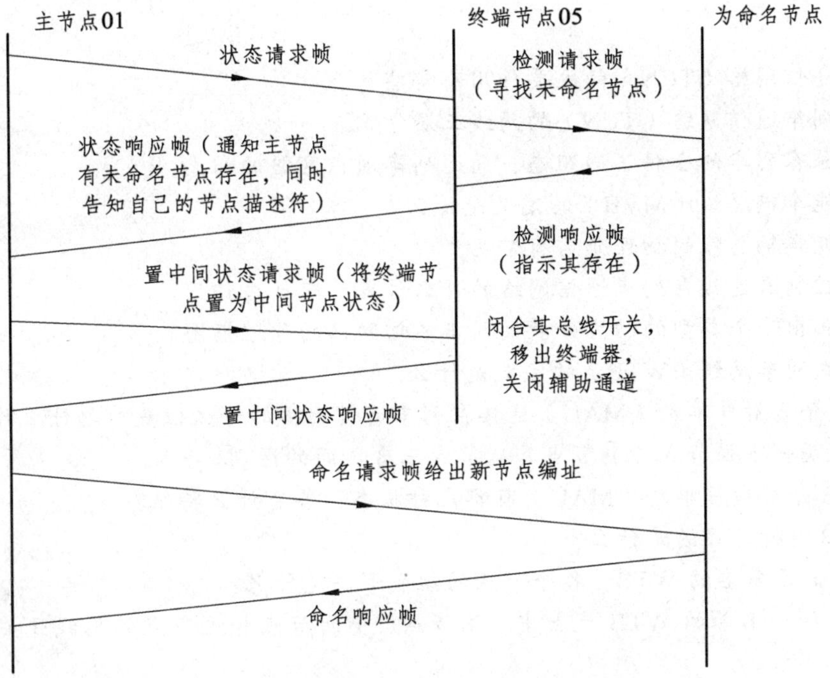

图 2-4-17 主节点命名一个从节点的过程

13. 构形发布

端节点在收到连续 3 个状态请求时没有报告有更多的节点，主设备将关闭初运行。

主设备计算新的周期列表，并基于各节点期望的节点周期和节点帧尺寸计算各节点的特征周期。

主设备建立构形，即包含所有节点、地址、节点类型和版本以及一个唯一标识初运行的主设备拓扑的数据结构，如图 2-4-18 所示。

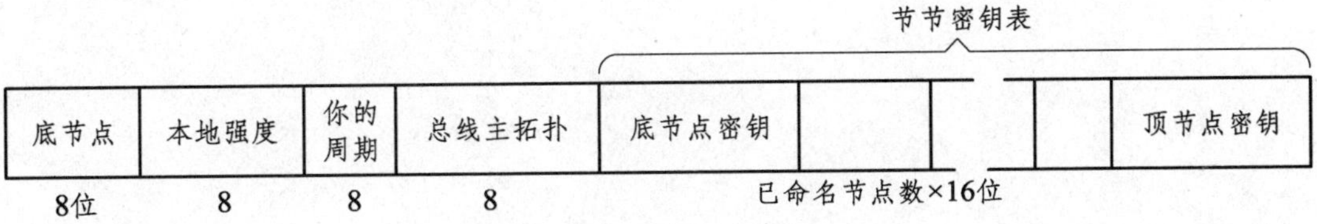

图 2-4-18 构形

然后主设备通过构形请求帧（构形请求）给每个从设备发布构形，每个从设备以构形应答帧（构形应答）答复请求帧。

所有从设备确认收到新构形后，主设备等待一个基本周期以允许所有节点更新它们对过程数据的翻译，然后主设备进入日常运行开始为过程数据轮询节点。

复习思考题

1. 列车通信网络（TCN）的主要作用有哪些？
2. 简述列车通信网络（TCN）的两线三层结构。
3. 根据旅客列车的3种不同组态，简述列车通信网络的组态。
4. 多功能车辆总线（MVB）的定义是什么？
5. 多功能车辆总线的物理介质有哪些？
6. 总线控制器连接在列车通信网络的什么位置？起什么作用？
7. 试着画出一个典型的动力分散性列车通信网络的原理框图。
8. 绞线式列车总线（WTB）的定义是什么。
9. WTB介质附挂单元（MAU）连接在列车通信网络的什么位置？起什么作用？
10. 试说明一下强节点、弱节点和从节点三者之间的区别。
11. WTB介质附挂单元（MAU）有哪几种状态？各有什么特征？
12. WTB运行的目的是什么？
13. 典型的已命名的WTB，各个节点的组成形态是什么？
14. 在已经命名号的WTB节点中，端节点、中间节点和主节点的总线开关有什么样的区别？
15. 画出WTB在命名节点过程中数据帧的发送顺序。
16. 简述一个主节点如何检测到未命名的节点。
17. 未命名的WTB节点的命名包括哪些过程？

第三章　CRH_2 动车组网络系统结构及其工作原理

CRH_2 动车组信息网络系统包括列车信息中央装置、列车信息终端装置、列车信息显示器、车内信息显示控制装置、IC 卡架、列车引导信息显示器等。

CRH_2 动车组列车信息控制系统采用总线控制系统，通过贯穿列车的总线把整列车各微机子系统及其他车载设备连接为一个整体，实现各设备相互间的通信连接及数据传输，使整列列车各部件控制更加协调、精确和合理。由于贯穿列车及车辆内部设备间连接的硬质导线和电气部件的大量减少，减轻了列车的质量。另一方面，通过对列车运行以及与车载设备动作相关的信息进行集中处理，信息网络系统可以提供列车状态、诊断数据及相关信息，从而有效地帮助司机和乘务员操纵列车，方便地对车载设备进行维护保养，优质地为乘客提供服务。

列车信息控制装置具有以下四大功能：

（1）旅客信息显示功能。

（2）控制指令传送功能。

动车组牵引、制动、辅助电源等设备分散布置于列车各车辆，司机操作台布置在头车，以上设备之间、司机与设备之间需要交换大量数据、传输各种信息，因此必须建立某种连接。连接方式：可以采用大量的硬连线，也可以采用信息网络系统。前者需要大量的电缆，而通过信息网络系统，可减少大量的硬连线，实现列车的集中控制，减轻列车质量。

（3）监视器功能。

CRH_2 动车组信息控制系统配置彩色液晶显示装置，显示画面为中文，简单易懂。列车信息显示在司机台的显示器上，使司机和乘务员了解列车运行状态，为操纵列车提供有效的帮助。

（4）车载检测功能。

该功能使列车检测自动化，实时检测记录列车设备状态，及时切除故障设备，避免故障扩大，记录的状态数据还可作为维修依据，减轻维护保养工作量。

第一节　CRH_2 动车组信息网络系统概况

一、CRH_2 动车组信息网络系统构成概况及连接特点

CRH_2 动车组信息网络系统主要部件包括列车信息中央装置（2 套，分别在头尾车各一

套）、列车信息终端装置（8 套，每车各一套）、列车信息显示器、车内信息显示控制装置、IC 卡架、列车引导信息显示器等。CRH_2 动车组信息网络系统框图如图 3-1-1 所示。在头、尾车司机室内各有两台显示器（一台作为主显示器，一台作为备用），能实时显示车辆运行过程中的相关数据以及记录相应的运行数据，在列车员室内也有一台显示器，司乘人员可通过触摸显示器，来实现控制指令的传送，了解车辆实时运行状态；地面检修人员可通过对显示器的触摸实现车上的检查功能，使检查自动化，通过车上操作发现实时故障和部分故障履历，并指导故障的处理。

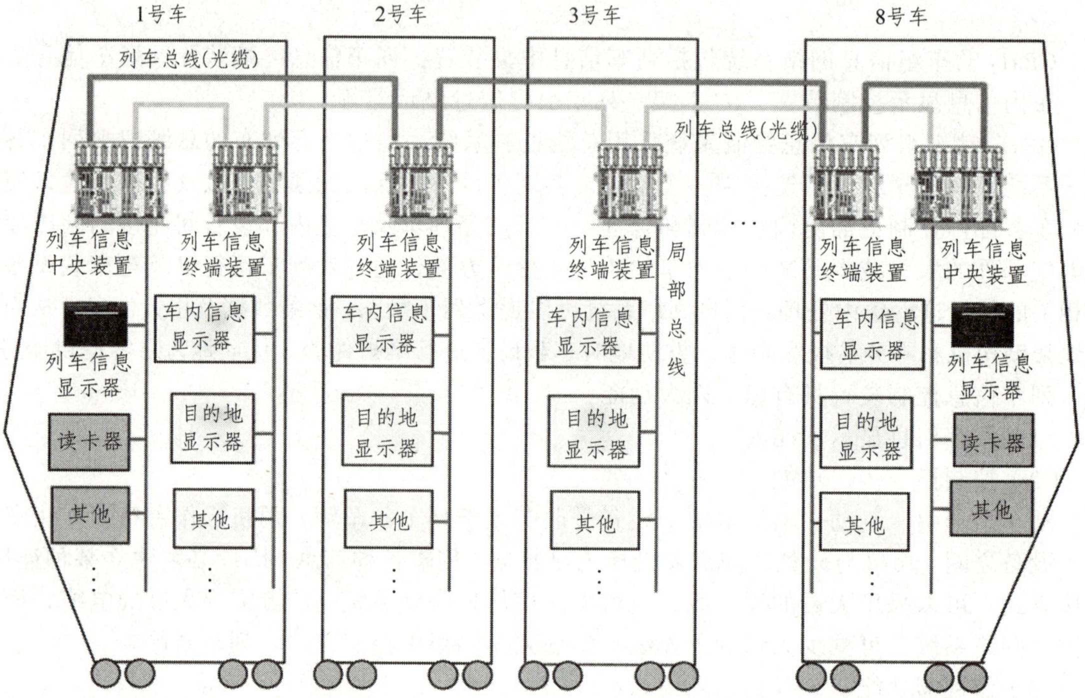

图 3-1-1　CRH_2 动车组信息网络系统框图

两种显示器（司机室和列车员室）分别针对司机和列车员的职能设置了不同的权限，头尾车的 4 台显示器能查询显示车辆上各种状态的信息，并执行司机部分操作命令，列车员室的显示器只能显示和执行乘务人员相关的信息。但运行中出现故障时，各台显示器都能同步显示故障及相应的处理方案。

列车信息控制系统是通过贯穿列车的总线来传送信息的，并且对列车运行状况及车载设备动作的相关信息进行集中管理，可以有效地实现对司机和乘务员的辅助作用，加强对设备的保养和提高对乘客的服务质量。传输的信息主要包括控制指令、设备状态数据和故障诊断数据三大信息。对控制指令等要求有应答的重要数据，中央装置光节点同时向环路的两个方向发送信息，以便即时避开故障点。对于监控信息等其他的数据，采用单方向传输，如果发信源的光传输节点没有检测到应答，则向另一方向的传输回路发送信息。

传送线有列车信息传送线（光纤）及自我诊断信息传送线（双绞线）两种。列车总线采用光纤技术，其适用规格为 ANSI 878.1 “ARCnet”，传输速度为 2.5 Mb/s，拓扑结构为双重环形。其中，牵引变流器和制动控制装置的传输适合使用光纤方式，采用 20 mA 电流环形方式。一部分设备的传输采用高级数据链路控制 HDLC 方式，步调同步方式，传输速度为 192 kbit/s，19.2 kbit/s，9.6 kbit/s，拓扑结构为点对点。自我诊断传输线采用双绞线，以总线方式连接中央装置与终端装置，采用 HDLC 作为数据交换协议，传输速度为 38.4 kbit/s。列车合并时（两列八节固定编组的列车连挂在一起作为一个列车使用）也可保持环形结构的可信度高的传送系统。控制指令传送系统采用独立于监视器部分的双重 CPU 方式，具有故障导向安全和备份功能。司机台中设置显示装置 2 台。合并时的接近状态等及故障时的信息的画面显示可以在司机台进行确认。远程开启指令电路中的监视显示器接触面板和监视器中央装置之间，通过多股绞合线以串联方式传送。

头车中设置有由控制部分和监视器部分构成的列车信息中央装置，具有列车编组整体信息管理功能和向司机台监视显示器传送数据的功能。各列车分别设置有 1 台列车信息终端装置，实施各列车中车载设备的功能和信息传送。列车信息中央装置和列车信息终端装置由双重环形构成的控制/监视器传送线连接，采用不易发生故障的双向环形网络方式。具有向左和向右二条线路，是一种分散型的系统，即使是 2 处以上的线路发生故障，环形网络断开时，也可以继续由其他连接着的正常线路进行传送。另外，还设置有备份传送线，即使在环形网络故障时也可以进行传送，在发生故障时使用备份传送线路的控制指令，对各设备进行控制。

二、CRH_2动车组信息网络系统功能

CRH_2 动车组信息网络系统功能包括以下几个方面：

1. 牵引/制动指令传输

牵引/制动指令传输分为：① 正常营业运行状态下牵引指令、制动指令的串行传输；② 救援连接时的制动指令的串行传输。

2. 设备启动/关闭指令的传输

设备启动/关闭指令的传输包括：① 牵引变流器/辅助电源装置启动/关闭指令；② 向配电盘传送的操作指令；③ 设备远程开启/关闭指令；④ 辅助绕组电源感应电路的控制指令；⑤ 三相 AC 400 V 电源感应的控制指令；⑥ 空调温度控制器的指令。

3. 显示灯/蜂鸣器控制指令传输

显示灯/蜂鸣器控制指令传输包括：① 司机台故障显示灯的显示输出；② 司机台单元显示灯的显示输出；③ 司机台蜂鸣器的控制输出；④ 各车配电盘显示灯的显示输出；⑤ 空挡亮灯。

4. 乘务员支持信息传输

乘务员支持信息传输分为以下几个方面：

（1）在 IC 卡中输入并显示乘务行路/列车号/时刻表（对应将来的运行管理系统可进行追加）。

（2）向列车无线、车号中继器、ATP 检查记录部、脉冲转发器传送车号信息（对应将来的运行管理系统可进行追加内容）。

（3）发生故障或者异常时，司机台的警报生成和内容显示及引导显示。司机及列车长辅助用的各种列车信息/设备信息的显示。

（4）应急指南的显示。

（5）与其他编组之间的分割/合并状态的显示。

（6）安全设施故障记录的显示。

（7）最新故障记录的显示。

（8）指令通告的显示及接收确认功能（对应将来的运行管理系统可进行追加）。

（9）技术支持系统功能（对应将来的运行管理系统可进行追加）。

5. 服务设备控制信息传输

服务设备控制信息传输包括：

（1）车内信息显示器、侧面目的地显示器的显示内容指令。

其中，车内旅客信息显示器所显示的内容（停车站点向导、新闻、宣传等）是在地面基地进行编辑后，预先存储到IC卡中，然后通过附属于司机台信息显示器的IC卡读出器，输入到列车信息控制装置中。

车内旅客信息显示器所显示的时间是通过LKJ-2000信号装置向列车信息控制装置输出地点检测信息的接口，来获得该时间信息的。

（2）车号显示器的显示信息指令。

（3）向自动播放装置传送播放定时信息。

（4）分割时的其他编组播放切换输出。

（5）通过无线装置接收的广告文字、紧急文字的显示（对应将来的运行管理系统可增加功能）。

（6）服务设备（空调、室内灯、播放节目）的控制及状态显示。

6. 数据记录功能

数据记录功能包括以下几个方面：① 故障时的设备动作信息的记录；② 主故障发生时的状态记录；③ 走行距离及牵引/再生电力的累积；④ 营业运行中或者试运行中的列车性能信息的收集；⑤ 营业运行中或者试运行中的项目选择信息的收集；⑥ 营业运行中或者试运行中的空调运转率信息的收集；⑦ 营业运行中或者试运行中的空调运转状态的收集。

7. 车上试验

车上试验是指与制动器、牵引变流器、ATP、辅助电源等各设备内置的自我诊断功能相协调的车上试验功能。以上试验完成后，其试验结果可以自动收集、诊断、储存和显示。

其诊断功能、检查结果显示功能包含以下几个方面：① 牵引变流器；② 辅助电源装置；③ 制动器控制装置；④ 安全装置；⑤ 车门开闭延时测量。

为了确保安全，特别需要注意的是：制动器、车门应由检查人员判断试验结果是否合格。

8. 自我诊断传送线

自我诊断传送线传送3种信息：① 各监视器部分/控制传送部分之间的传送错误的检测；② 控制信息的自我诊断；③ 光传送故障时的运转控制指令的备份。

9. **远程装载功能（略）**

10. **列车信息控制装置的自我诊断功能**

列车信息控制装置的自我诊断功能有：① ROM 诊断；② RAM 诊断；③ 数字输入/输出诊断；④ 模拟输入诊断。

11. **信息显示功能**

司机台上设置的列车信息显示器中，提供了司机模式、检修模式等用于不同用途的动作模式。从菜单画面中选择希望显示信息的画面切换方法，采用触摸面板方式，画面结构的基础为触摸一次即跳转，也可以从菜单选择画面直接跳转。

例如，当需要牵引变流器的信息时，从菜单画面中触动“主变流（各车）”后，跳转到车号选择画面，选择车号后，显示来自该车牵引变流器的数据。触摸车号选择画面及数据画面右上角的显示菜单的选择键，可以返回菜单画面。菜单画面构成清晰，使乘务员可以清晰地看到需要的画面。

三、CRH_2动车组信息网络系统适用规格

列车总线采用光纤技术，采用 ANSI 878.1 ARCnet 协议，传送速度为 2.5 Mb/s，拓扑结构采用环形结构。

自我诊断传输线采用双绞线，以总线方式连接中央装置与终端装置，采用 HDLC 作为数据交换协议，传输速度为 38.4 kb/s。

当对牵引变流器、制动控制装置传输信息时，车辆总线使用光纤方式，采用高级数据链路控制 HDLC 方式；当对一部分设备传输信息时，采用 20 mA 电流环形方式，采用步调同步方式，传送速度为 192 kbit/s，19.2 kbit/s，9.6 kbit/s，拓扑结构采用点对点方式。

1. **列车总线**

列车级总线有两种类型：一是光纤，连接所有中央装置与终端装置，采用 ANSI/ATA-878.1 ARCnet 协议；二是自我诊断传输线，以总线方式连接中央装置与终端装置，采用 HDLC 作为数据交换协议。

（1）ARCnet 协议简介。

ARCnet 协议最初由美国和略（Datapoint）公司于 1977 年成功开发并用于办公局域网中，后来以太网以其更快的传输速率和大量的数据传输容量使办公室网络的需求由 ARCnet 转向以太网。而 ARCnet 协议的时间确定性、数据传输的可靠性和组网的灵活性，使其在工业实时控制系统中找到了新的应用途径。

ARCnet 使用 RG-62 同轴电缆，而这种电缆刚好与 IBM3270 终端和 IBM 主机相连的电缆相同，所以这种网络在 IBM 机系统中得到广泛应用。目前，ARCnet 也可使用双绞线和光纤。新型的 ARCnet 传输速度已从原来的 2.5 Mbit/s 增加到 100 Mbit/s（使用光纤时）。这种网络采用的媒体访问方法为令牌总线。

ARCnet 是一个真正开放标准协议，1999 年成为美国国家标准 ANSI/ATA-878.1。从 OSI

参考模型来看，它提供了网络的物理层和数据链路层服务，说明 ARCnet 能方便地在两个节点之间实现数据包的发送和接收。

① ARCnet 帧结构。

虽然 ARCnet 遵从 IEEE802.4 的协议，但是在具体帧结构上还是存在着差异。ARCnet 有令牌帧、空闲缓冲区询问帧、确认帧、否认帧及数据传输帧等多种信息帧。

a. ITT 帧（令牌帧）。

ALERT	EOT	DID	DID

b. FBE 帧（空闲缓冲区询问帧）。

ALERT	ENQ	DID	DID

c. ACK 帧（确认帧）。

ALERT	ACK

d. NAK 帧（否认帧）。

ALERT	NAK

e. PAC 帧（数据传输帧）。

ALERT	SOH	SID	DID	DID	CP	DATA	CRC	CRC

不管是哪种 ARCNET 帧，都由 ALERT 引导，类似于 Ethcrnct 巾使用的前导码。ALERT 由 6 bit 间隔的传号（1）组成，传号（1）由正脉冲后跟负脉冲组成的双脉冲表示。空号（0）由无脉冲表示。

ITT 是邀请发送令牌帧。它总是传递给它的后继工作站。EOT 是 ASCII 码中的传输结束控制符（04_H）。后跟的两个字节都是 DID（终点标识符），即后继工作站的地址。重复使用 DID 的目的是增加可靠性。

FBE 是空闲缓冲区询问帧。ENQ 是 ASCII 字符集中的询问字符（05_H）。它后跟的两个字节 DID 是想通过询问了解空闲缓冲器状态的工作站标识。DID 重复使用也足为提高寻找终点工作站的可靠性。

ACK 是确认帧，由 ALERT 和 ACK 组成。ACK 是 ASCII 字符集中的确认字符（06_H）。当响应 FBE 帧而发送 ACK 时，表示接收工作站具有可供使用的缓冲器空间。ACK 帧之所以没有 DID 字段，是因为 ACK 帧是以广播方式发送的。

NAK 是否认帧。NAK 是 ASCII 字符集中的否认字符（15H）。当响应 FBE 帧而发送 NAK 时，表示接收工作站不具有可供使用的缓冲空间。NAK 帧也没有 DID 字段，其原因与 ACK 帧相同。

PAC 为数据帧。其中 SOH（标题开始）是 ASCII 字符集中的标题开始字符（01H）。SID（源点 ID）和 DID（终点 ID）表示源点和终点工作站的地址。CP（连续指针）字段指示工作站在存储器中找到的传输数据的起点。数据字段 DATA 具有可变长度，处于 1 字节和 508 字节之间，用以携带用户数据。2 字节的 CRC 字段由发送站添加，用来保护 DATA 字段。

② ARCnet 工作机制。

ARCNET 的地址由 8 bit 组成，其中地址 0 作为广播地址。因此，ARCnet 上最多可以容纳 255 个节点。ARCNET 局域网节点之间的数据传输像总线型局域网一样是广播式的，但对总线的访问由令牌决定。为说明这种网络的操作机制，假定在一条总线上有 4 个节点，其地址分别为 1，10，25 和 255。

在启动网络时，这 4 个工作站形成一个逻辑环，每个站都跟踪两个信息：谁是后继者、谁是前驱者。这两种信息分别由字姆 S（后继者）和 P（先驱者）代表。一个工作站的后继者定义为逻辑环上具有较高地址的站；先驱者则定义为逻辑环上具有较低地址的站。由于 ARCNET 中站地址 0 用于广播，因此最小站地址为 1，最大站地址为 255。在构成逻辑环时规定：工作站地址为 255 的后继站地址为 1，站地址为 1 的前驱站地址为 255。工作站前驱者和后继者的地址如表 3-1-1 所示。

表 3-1-1　工作站地址

工作站地址	前驱工作站地址（P）	后继工作站地址（S）	工作站地址	前驱工作站地址（P）	后继工作站地址（S）
1	255	10	25	10	255
10	1	25	255	25	1

③ 帧的发送与接收。

在启动时，首先要构成逻辑次序，即逻辑环。每个站都不断跟踪保持其前驱工作站和

后继工作站的站标识。每个工作站将其自身的后继者（NID）设置为自身站地址（ID）加 1，并按下述公式设置超时值（Time_Out）：

$$\text{Time\_Out} = 146 \times (255 - \text{ID})\ \mu s$$

具有最大地址值的工作站首先超时，于是它创建 ITT 帧，并将该令牌帧发送给它的后继站。如果在 74 μs 后没有响应，最大地址值的工作站便认为具有后继 NID 地址的站不存在，随后便将 NID 值增加 1，再次发送 DID 为新值的 ITT。这种过程重复直至该最大地址值的工作站找到自己的后继者为止。被找到的后继工作站像前驱工作站一样，重复此过程，一旦找到所有活动工作站，正常的令牌传递操作便可开始。配置时间在 24 ~ 61 μs，取决于活动站的数目和工作站地址的值。为使 Time_Out 初始值为 0 并将配置时间减至最小，建议将 ARCnet 的一个工作站地址设置为 255。

具有 ITT 帧的工作站在将令牌帧传递给后继站之前最多发送一帧。在数据帧被发送到目的节点之前，必须询问是否有足够的缓冲空间来接收帧。执行这种询问功能的是 FBE 帧。被询问站如果有缓冲器可用，便发回 ACK 帧，否则发回 NAK 帧。

发送 FBE 帧后，一旦收到 ACK 帧，便可发送数据帧 PAC。

④ 故障维护。

如果因为故障破坏了令牌的正确传递，网络必须进行重新配置。产生另一种重新配置的情况是在令牌传递环上增加工作站或去掉工作站。因此，重新配置是难以避免的事情。

如果一个活动工作站在 840 ms 后未接收到 ITT 帧，由 8 个传号间隔组成的 RECON 图样，后跟一个空号便发送 765 次。RECON 图样持续 2 754 μs，以确保破坏传输中的任何令牌帧，其结果是使令牌帧丢失。74 μs 无活动后，所有工作站都会知道正在重新配置。于是每个站都将

其自身的后继者设置为自身地址（ID）加 1，并设置超时值。以后的过程与启动时一样。

在 ARCnet 技术中，删除一个工作站是一个较简单的过程，无须全部重新配置机制。如果地址为 10 的工作站从环上已撤离，而且只要对其前驱者工作站 l 发来的 ITT 帧不响应的时间超过 74 μs，工作站 1 便认为工作站 10 不再存在。工作站 1 便对其 NID 值增加 1（新值为 11），并将 ITT 发到工作站 11。如果在 74 μs 后还是没有响应，则重复上述过程。下一个站地址为 25，工作站 1 需要（25 – 10）× 74 μs = 1.1 ms 的时间才能发现它的后继工作站为 25。

如果工作站 10 想重新进入环，它必须等待令牌的时间为 840 ms，如果它还未经过 ITT 帧被邀请发送，它必须调用全部重新配置机制。

（2）HDLC 简介。

高级数据链路控制（High-level Data Link Control，HDLC）规范是面向比特的链路控制规范的典型代表。它由 ISO 在 SDLC（同步数据链路控制规范）、ADDCP 的基础上反复修订、审定和增补而成的。IS0 在 1984 年提出了新的 HDLC 标准，它的组成为：① ISO/3309/1984-HDLC 的帧结构；② ISO/4335/1984-HDLC 规范要素汇编；③ ISO/7809/1984-HDLC 规范类别汇编。

这 3 个标准文本构成了 HDLC 规范缺一不可的互相密切联系的整体，HDLC 也是 ISO 的 OSI-RM 的第二层协议——数据链路层协议的具体化。现在使用的许多新的链路层协议，如 X.25 的 LAPB（平衡型链路访问规范）、ISDN 的 LAPD（D 信道的链路规范）等，都源于 HDLC。从某种意义上来说，HDLC 规范是目前使用最为广泛的数据链路层协议之一。但是，由于 ISO 的地位，使它所提出的标准必须反映出各国的各种各样的使用要求，因此在实际使用中没有必要也不可能实现 HDLC 的全部功能，也就是说，现在实现的 HDLC 规范，实质上是标准 HDLC 规范的一个子集。

① HDLC 的帧结构。

数据链路层的数据传输是以帧为单位。在 OSI 术语中，帧被称作数据链路协议数据单元。HDLC 的帧结构如图 3-1-2 所示。帧由以下字段组成：

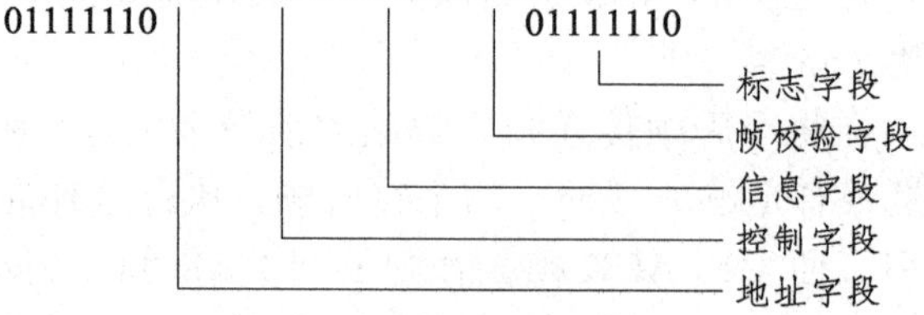

图 3-1-2　HDLC 的帧结构

a. 标志字段 F。

帧首尾均有一个由固定比特序列 01111110 组成的帧标志字段 F。标志字段 F 的作用主要有两个：一是帧的起始与终止定界，二是帧同步。

为确保帧标志字段 F 在帧内的唯一性，在帧地址字段、控制字段、信息字段、帧校验字段中采用 0 bit 插入和删除技术，从而保证了帧内数据传输的透明性。

b. 地址字段 A。

在主从结构中，帧地址字段总是写入从站地址；在平等结构中，帧地址字段填入应答站地址。全 1 地址为广播地址。按照协议规定，地址字段可以按 8 位的整数倍扩展。

c. 控制字段 C。

控制字段 C 是 HDLC 帧的关键字段，它表示了帧类型、帧编号、命令和控制信息。

d. 信息字段 I。

信息字段可以是任意的比特序列组合。为保证数据的透明性，必须执行 0 bit 插入和删除操作。信息字段长度通常不大于 256 b。

e. 帧校验字段 FCS。

HDLC 采用 CRC 循环冗余编码进行校验，生成多项式为 $G(x)=x^{16}+x^{12}+x^{5}+1$。校验范围为地址字段 A、控制字段 C、信息字段 I。

② HDLC 的帧类型。

HDLC 的帧类型可以分为 3 种：信息帧（I）、监控帧（S）与无编号帧（U）。一类为控制帧（包括监控帧与无编号帧），另一类为信息帧。控制帧用于数据链路建立、数据链路维护与数据链路释放，以及信息帧发送过程中的流量控制与差错控制，以保证信息帧在数据链路上的正确传输。它们分别由帧控制字段 C 中的帧格式识别位指示。帧控制字段 C 的结构如图 3-1-3 所示。

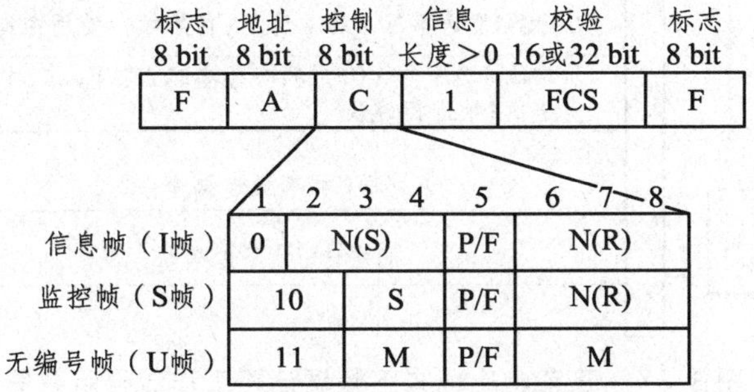

图 3-1-3　帧控制字段 C 的结构图

a. 信息帧（I）。

信息帧中 N（S）与 N（R）分别表示发送帧序号与接收帧序号。发送帧序号 N（S）表示当前发送数据帧的顺序号；接收帧序号 N（R）表示该站下一接收帧的序号。N（R）也同时具有确认的作用，它表示该站已正确接收序号为[N（R）－1]的帧及以前的各帧，下一次应接收帧序号为 N（R）值的帧。N（R）与 N（S）用于全双工通信的帧发送与接收顺序控制、差错控制与流量控制等通信控制。信息帧中具有与监控帧、无编号帧中相同的探询/终止（P/F，Poll/Final）位。

b. 监控帧（S）。

监控帧不带有数据信息，它只有 48 位长。监控帧类型共分为 4 种，由 S 表示，占 2 位：S = 00，表示接收准备好，RR（Receive Ready）；S = 10，表示接收未准备好，RNR（Receive Not Ready）；S = 01，表示拒绝，REJ（Reject）；S = ll，表示选择拒绝，SREJ（Selective reject）。

监控帧中只有接收帧序列号 N（R）。

监控帧可以用于协调通信双方状态，并能实现差错控制与流量控制。

c. 无编号帧。

无编号帧主要起数据链路控制作用。它可以在需要时发出，而不影响信息帧的交换顺序。无编号帧不带发送数据帧的顺序号 N（R）和接收帧的序号 N（S）。无编号帧类型由 M 表示，占 5 位，目前已定义了 15 种无编号帧。

典型的无编号帧有：置为正常响应模式帧 SNRM；置为异步响应模式帧 SARM；置为异步平衡模式帧 SABM；断开连接帧 DISC；无编号探询 UP；无编号确认 UA；帧拒绝 FRMR。

③ 数据链路层的工作过程。

数据链路层的服务用户是网络层，它为网络层提供服务，同时它又使用物理层所提供的服务。以图 3-1-4 中主站 A 与从站 B 在正常响应模式下链路的通信过程为例，简述其工作过程。

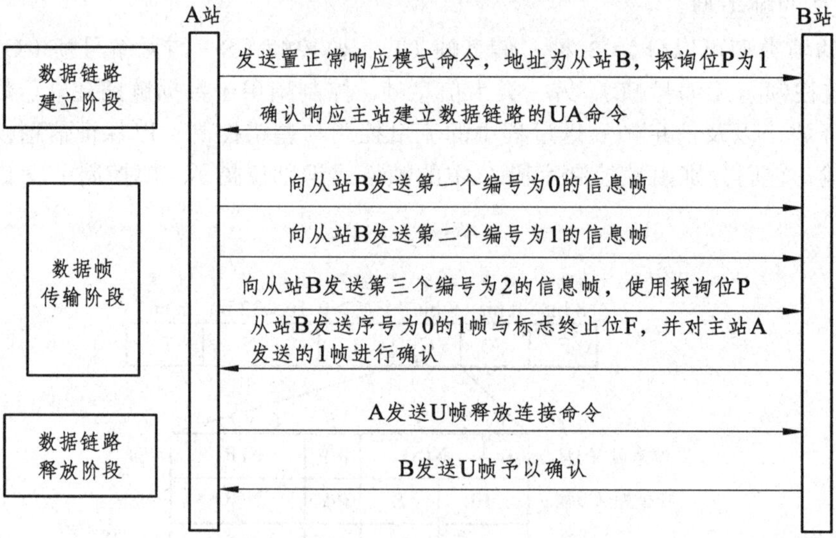

图 3-1-4　正常响应模式下数据链路工作过程示意图

在执行数据链路层的协议时，数据链路层对等实体间的通信，一般要经过数据链路建立、数据传输与数据链路释放 3 个阶段。

a. 数据链路建立阶段。

图 3-1-3 中，主站 A 在多个从站的多点连接结构中，选择 B 为从站，在主站 A 与从站 B 之间以正常响应模式 NRM 进行数据帧的传输。数据链路工作的第一阶段应为数据链路建立阶段。在数据链路建立阶段，主站 A 使用无编号帧的置正常响应模式 SNAM 命令，地址字段填入 B，表示选择 B 站为从站，探询位 P 为 1。从站 B 接到 SNAM 命令后，用 U 帧的无编号确认 UA 命令，作为响应主站建立数据链路的确认。UA 命令中地址字段为 B，表示从站中 B 站对主站 A 的响应；终止位 F 用作对主站 A 探询 P 的应答。在 HDLC 中，探询位 P 与终止位 F 总是成对出现。

b. 数据帧传输阶段。

在数据链路建立之后，进入数据帧传输阶段。主站 A 向从站 B 发送第一个编号为 0 的信息帧，因此 N（S）= 0；由于未接到从站帧，因而 N（R）= 0；此时 I 帧中发送号 N（S）=

0，接收号N（R）=0。主站A连续发送的第二、三个信息帧分别记为N（S）=1，N（R）=0，N（S）=2，N（R）=0。在正常响应模式中，从站要在主站探询后才可以发送信息帧。如果主站A在发送第三个信息帧时使用探询位P，那么从站B如果有信息帧发送时，可以发送N（S）=0，N（R）=2的I帧。这里的N（S）=0表示从站B发送序号为0的I帧；N（R）=2表示已正确接收序号为2及它以前的I帧，下一次主站A应发送序号为3的I帧。这里的N（R）可以起到对主站A发送I的确认作用。如果从站B只有一帧信息发送，应标志终止位F。这样从站B发送的I帧应记为N（S）=0，N（R）=2，并发标志止位F。

c. 数据链路释放阶段。

当主站A与从站B都没有信息帧发送时，应释放此次数据链路连接。主站A可以使用U帧释放连接DISC命令，从站B可以使用U帧的UA予以确认。至此，一次完整的数据链路帧传输过程结束。

应该指出的是，物理连接与数据链路连接是有区别的。数据链路连接是建立在物理连接之上的，一个物理连接生存期间允许有多个数据链路生存期。数据连接释放时，物理连接不一定要释放。

在物理层完成物理连接并提供数据传输能力的基础上，数据链路层使用物理层的服务来传输数据链路层协议数据单元——帧，以实现数据链路的建立、数据传输与数据链路释放，以及信息帧发送过程中的流量控制与差错控制，保证信息帧在数据链路上的正确传输，从而完成OSI参考模型规定数据链路层的基本功能的实现，为网络层提供可靠的节点-节点间的帧传输服务。

2. 车辆总线

车辆内部设备与列车网络节点之间采用点对点方式通信，适用多种通信协议，包括20 mA电流环、30 mA电流环及HDLC等。HDLC方式前面已经介绍，下面介绍20 mA电流环标准。

20 mA电流环标准是指用于接口或终端和Modem之间的数据传输，以20 mA电流通过环路表示数据信号的传号（逻辑“1”），无电流为空号（逻辑“0”）。在一个电流环结构中，正在通信的两个设备必须有一个设备作为启动设备，并提供电流源，而另一个设备提供通路。

20 mA电流信号可以通过光电耦合器转换成TTL电平信号。当发光二极管导电（有光反射）时，由光敏三极管对光信号进行放大与转换，转变为20 mA电流，并在线路上传输。在另一端，再把电流信号通过发光二极管转换为光信号，由光敏三极管接收，产生相应的数字信号。

（1）电流环传输规格。

① 介质：双绞屏蔽线。

② 通信方式：4线式半双工。

③ 通信速度：9 600×（1±0.1%）b/s。

④ 线路电流：记号（“1”）：17~23 mA；空白（“0”）：0~2 mA。

⑤ 线路电压：DC 24×（1±5%）V。

⑥ 接口连接：见图3-1-5。

⑦ 传输波形：见图3-1-6。

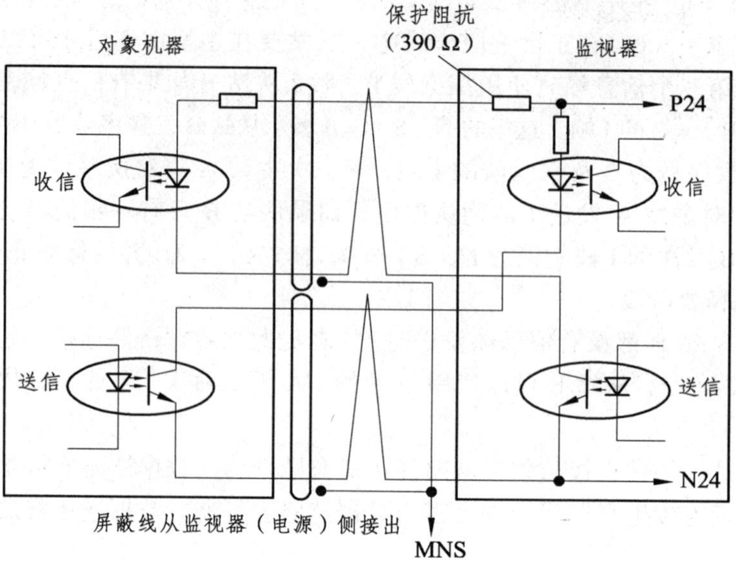

图 3-1-5　通信接口

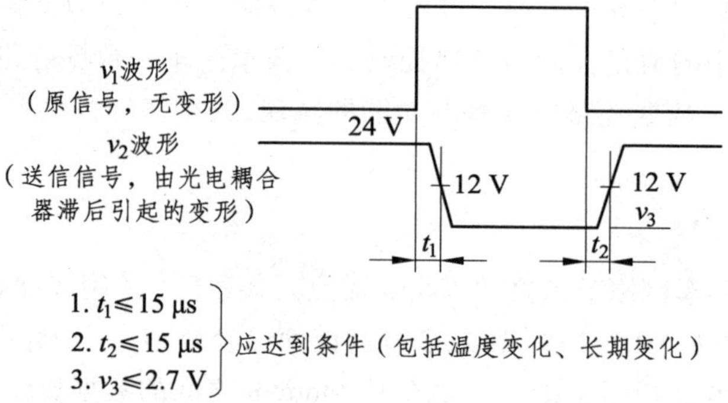

图 3-1-6　传输波形

⑧ 同步方式：同步传输。

⑨ 字符格式：起始位：1 bit；数据位：8 bit；奇偶校验位：1 bit（偶数同位）；终止位：1 bit。

⑩ 数据格式：见图 3-1-7。

⑪ 传输时序：见图 3-1-8。

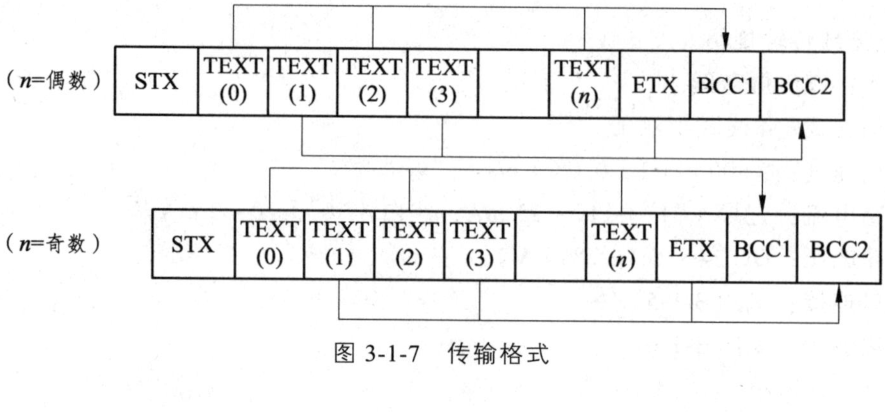

图 3-1-7　传输格式

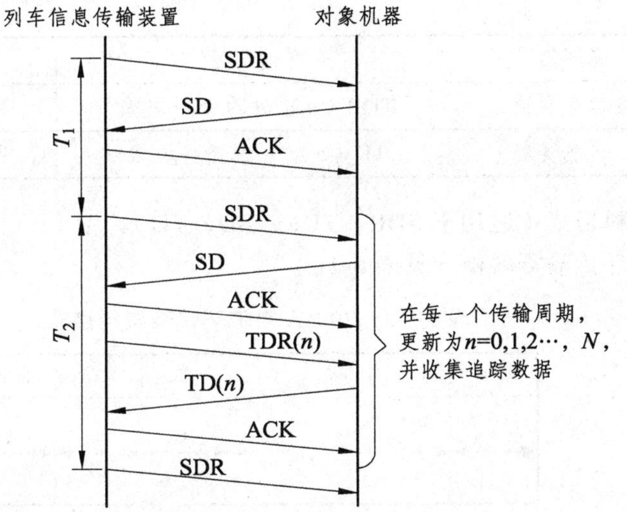

传输周期是一定的：T_1（仅请求SD时）=T_2（请求SD及TD时）=200 ms

（a）正常顺序

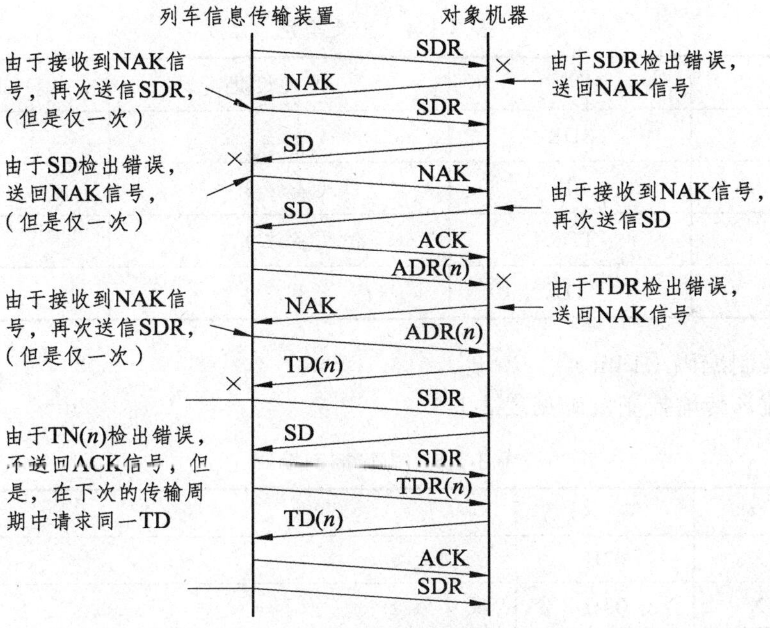

（b）非正常顺序

图 3-1-8　传输时序

（2）20 mA 电流环传输资料类别（见表 3-1-2）。

表 3-1-2　20 mA 电流环传输资料类别

序　号	资料名称	缩　写	传输方向
1	状态资料请求	SDR	列车信息传输装置→机器
2	状态资料	SD	列车信息传输装置←机器

续表

序　号	资料名称	缩　写	传输方向
3	追踪资料请求	TDR（*n*），*n* 为资料块编号	列车信息传输装置→机器
4	追踪资料	TD（*n*），*n* 为资料块编号	列车信息传输装置←机器

（3）传输资料格式（适用于 SDR，TDR，SD，TD）。

20 mA 电流环传输资料格式见表 3-1-3。

表 3-1-3　20 mA 电流环传输资料格式

STX	TEXT	ETX	BCC1	BCC2
←1→	←*1→	←1→	←1→	←1→

*1：为判别（2）中的各资料，给正文中的第一比特[TEXT（0）]设定正文类别（固定值），见表 3-1-4。

表 3-1-4　正文类别

序　号	缩　写	正文长度	正文类别
1	SDR	（备注）	20H
2	SD	（备注）	20H
3	TDR	（备注）	20H
4	TD	（备注）	20H

（4）传输控制编码（1 bit）。

20 mA 电流环传输控制编码见表 3-1-5。

表 3-1-5　传输控制编码

序　号	名　称	编　码	说　明
1	STX	02H	正文起始
2	ETX	03H	正文终止
3	BCC	—	资料快速检查字符
4	BCC	—	BCC1[BCC2]是以 TEXT＋ETX 的第一（第二）字符为开始的每 2 个字符的水平偶数同位
5	ACK	06H	响应
6	NAK	15H	拒绝响应

（5）信息传输控制方式：见图 3-1-9。

① 通信分为状态资料传输和追踪资料传输两部分，使用共同协议。在一方的通信未终止前（包括超时），另一方的通信不开始。

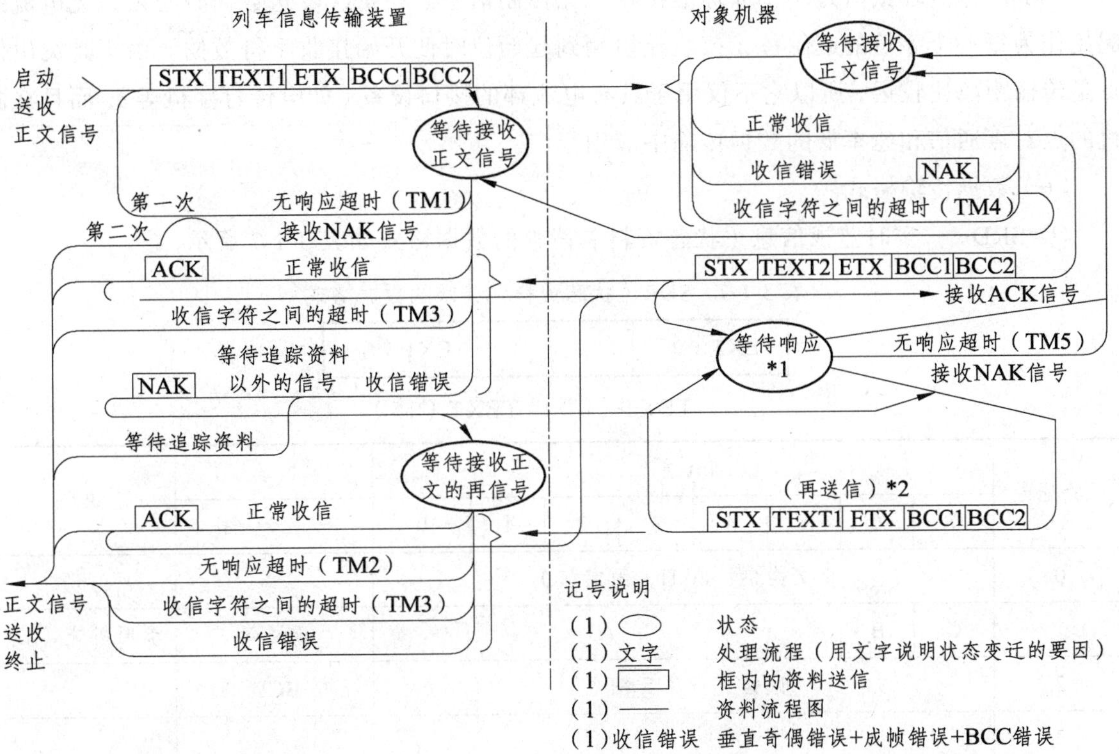

图 3-1-9　信息传输控制方式

② NAK 的送信是在收到 BCC2 信号后进行（在 BCC1 之前检出垂直奇偶错误等，也不发送 NAK 信号，待接收到 BCC2 信号后再送信）。

③ 在等待响应状态（图中的*1）时，除接收正常的 ACK、NAK 信号外，其他不被视为接收到 ACK、NAK 信号[收信错误 ACK、NAK 为超时（TM5）]。

④ 关于再送信（图中的*2），机器在接收到 NAK 信号的同时，将不断再送信（由列车信息传输装置对请求再送信次数进行管理）。

⑤ 图 3-1-9 中的传输时间规格见表 3-1-6。

表 3-1-6　传输时间规格一览表

序号	时　间	适用处	动作条件		超时值
			起始	终止	
1	无响应时间（TM1）	列车信息传输装置	BCC2 的送信	STX 或 NAK 的收信	15 ms
2	无响应时间（TM2）	列车信息传输装置	NAK 的送信	STX 的收信	15 ms
3	收信字符之间的时间（TM3）	列车信息传输装置	STX 及其后各字符的收信	下一个字符的收信	10 ms
4	收信字符之间的时间（TM4）	机器	STX 及其后各字符的收信	下一个字符的收信	10 ms
5	无响应时间（TM5）	机器	BCC2 的送信	ACK 或 NAK 的收信	10 ms

20 mA 电流环接口是一个非标准接口，无控制信号。在每次发送数据时必须以无电流的起始作为每一个字符的起始位，接收端检测到起始位时便开始接收字符数据。由于其突出优点是传输距离比较远，所以它不仅用于具有电流环的接口设备（如电传打字机等），而且在微机的点对点通信和速率低的数据传输中应用很广。

（6）数据传输格式。

① SRD——实时监视信息（状态资料）请求的数据格式如表 3-1-7 所示。

表 3-1-7　SDR（状态资料）请求的数据格式

TEXT（0）		TEXT（N）

TEXT（0）~ TEXT（15）

试验序号	bit 号								内容	说明
	7	6	5	4	3	2	1	0	逻辑/变化比	
0	正文类别：20 H（固定值）									
1	C	B	A						正逻辑	参照补充（1）
2	试验进行项目编号								BCD	
3										
4										
5										
6										
7										
⋮										
$N-1$										
N										

补充（1）：A：请求试验开始——对象机器按照指定试验项目进行开始前的准备（大项目的指定）。

B：请求试验进行——对象机器按照以试验进行项目编号指定的试验项目进行试验（中项目的指定）。

C：请求模拟故障——请求模拟故障时，设“1”为 1 s。对象机器检出这一变化，使模拟故障发生，记录追踪记忆资料，记录结束后，将收集追踪记忆资料的请求发送至车辆信息控制装置。

② TDR——追踪资料请求（状态资料），请求对象机器中记录的发生前后的故障分析用信息。其资料格式如下：

TEXT（0）	TEXT（1）

其构成如表 3-1-8 所示。

表 3-1-8　TEXT（0）、TEXT（1）的构成

试验序号	bit 号								内容	说明
	7	6	5	4	3	2	1	0	逻辑/变换比	
0	正文类别：21 H（固定值）									
1	请求追踪资料、资料块编号								BIN	数据块数因对象机器不同而不同

③ SD——实时监视用资料（状态资料）。

中央装置、终端装置发送格式如表 3-1-9 所示。

表 3-1-9　SD（状态资料）数据格式

试验序号	说　明								内容	说明
	7	6	5	4	3	2	1	0	逻辑/变换比	
0	正文类别；20H（固定值）									
1	E		D						正逻辑	参照补充（2）
2	正在进行试验的项目编号								BCD	参照补充（2）
3							判定结果		正逻辑	参照补充（3）
							OK	NG		
4	小项目 8	小项目 7	小项目 6	小项目 5	小项目 4	小项目 3	小项目 2	小项目 1	正逻辑	参照补充（4）
5	小项目 1　测定值									
6	小项目 2　测定值									
7	小项目 3　测定值									
8	小项目 4　测定值									
9	小项目 5　测定值									
10	小项目 6　测定值									
11	小项目 7　测定值									
12	小项目 8　测定值									
13							G	F	正逻辑	参照补充（5）
14	故障类代码									参照补充（5）
15										
N										

补充（2）：D：试验开始的响应——对象机器完成了指定试验项目开始前的准备。[对补充（1）A 的响应]

E：试验进行状态：bit（7，6）=（0，0）时，为初期状态；

bit（7，6）=（0，1）时，为试验进行中；

bit（7，6）=（1，0）时，为试验结束；

bit（7，6）=（1，1）时，为未使用。

[对表 3-1-6 SDR（状态资料请求）数据格式中补充（1）B 的响应]

补充（3）：试验判定结果：小项目 1～8 全部 OK 的情况，OK＝“1”；

小项目 1～8 的任何一项是 NG 的情况，NG＝“1”。

补充（4）：试验判定结果：设定各小项目的判定结果 OK＝“0”，NG＝“1”。

补充（5）：F：追踪故障检测。

G：追踪资料收集结束。

故障类别码表示触发追踪的数字式资料的类别。但是，模拟故障码为 FFH。故障与故障类别码的对应如表 3-1-10 所示。

表 3-1-10　故障与故障类别码

序号	故障类别码	故障项目	序号	故障类别码	故障项目
1	01H		19	13H	不缓解检测
2	02H		20	14H	数字输出不一致（30 km/h 信号）
3	03H		21	15H	数字输出不一致（SKVR）
4	04H		22	16H	传输异常
5	05H		23	17H	内部通信异常
6	06H		24	18H	
7	07H		25	19H	
8	08H		26	20H	固定检测
9	09H		27	21H	断线检测
10	0AH		28	22H	数字输出不一致（HV，RV，OFF 不一致）
11	0BH		29	23H	数字输出不一致（HV，RV，ON 不一致）
12	0CH		30	30H	MR 压力传感器异常
13	0DH		31	31H	数字输出不一致（调压器）
14	0EH		32	40H	数字输出不一致（5 km/h 信号）
15	0FH	数字输出不一致（SKVR）	33	41H	数字输出不一致（70 km/h 信号）
16	10H	BC 压力传感器异常	34	42H	数字输出不一致（160 km/h 信号）
17	11H	AS1 压力传感器异常	35	43H	数字输出不一致（SKVR）
18	12H	AS2 压力传感器异常	36	FFH	模拟故障

当对象机器监视取样周期中发生二次性故障时，无法判别时间的前后，因此给故障模式指定优先顺序，设定故障类别码。

表 3-1-9 中的优先顺序中，数字小的为先。

④ TD——故障分析用资料（追踪资料）。

追踪记忆资料表示对象机器将追踪记忆资料分为以 N bit 为单位（ = 1 资料块），用以下格式向信息传输装置发送信号：

TEXT（0）		TEXT（N+1）

TEXT（0）：正文类别 21H（固定值）。

TEXT（1）：资料块编号（二进制）。

TEXT（2）~ TEXT（101）：以 N bit 为单位，将追踪记忆资料分为资料块，并将资料块编号系列化。最终的资料块空白为 00H。

备注：由此，资料块编号 00H ~ ___H 的 TEXT（1）~ TEXT（N+1）的格式如图 3-1-10 所示（最终的资料块编号根据各对象机器不同）。

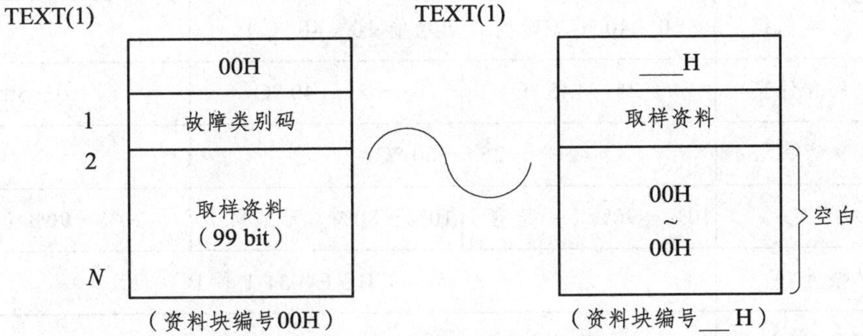

图 3-1-10　TD（追踪资料）的格式

在各设定数据资料下的状态转换如图 3-1-11 所示。

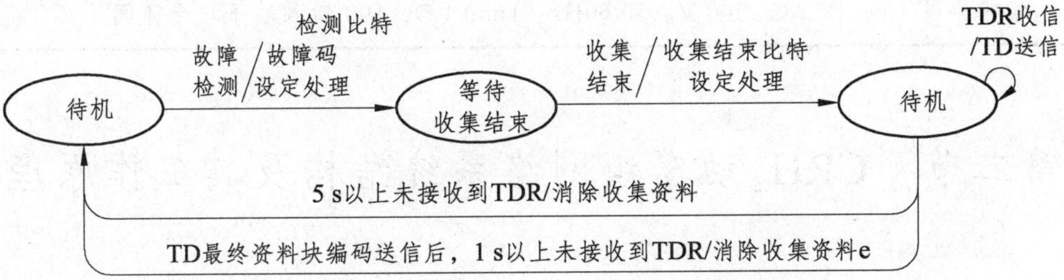

图 3-1-11　追踪记忆发生时设备状态转换

3. 设备适用规格

（1）中央装置/终端装置。

CPU 规格相当于 MC68360（32 bit），ROM 容量为 4 MB，RAM 容量为 2 MB。

（2）列车信息显示器。

列车信息显示器的显示屏采用彩色 LCD，8 色显示；其分辨率为 640 dot × 480 dot；显示文字数为 40 文字 × 24 行；触摸屏输入为阻抗膜式触摸屏输入。

（3）IC 内存卡。

IC 内存卡工作方式为非接触式；其型号为 RT-256KB/AVS（或者 RT-512KB/AVS）；其存储容量为 256 kB（或者 512 kB）。

四、CRH_2动车组信息网络系统工作环境参数

CRH_2 动车组信息网络系统工作环境如表 3-1-11 所示。

表 3-1-11　信息网络系统工作环境

<table>
<tr><th rowspan="2">序号</th><th rowspan="2" colspan="2">项　目</th><th colspan="3">装　置</th></tr>
<tr><th>车辆信息中央装置、车辆信息终端装置</th><th>监视显示器、IC 卡座</th><th>车内引导显示器</th></tr>
<tr><td rowspan="3">1</td><td rowspan="3">环境温度</td><td>性能保证</td><td colspan="2">0 ~ 40 °C（时间日历功能 10 ~ 40 °C）</td><td></td></tr>
<tr><td>动作保证</td><td>− 25 ~ +45 °C</td><td>− 5 ~ +40 °C</td><td>0 ~ 50 °C</td></tr>
<tr><td>保存保证</td><td colspan="2">− 25 ~ +60 °C</td><td></td></tr>
<tr><td>2</td><td colspan="2">相对湿度</td><td>10% ~ 90%（无结露）</td><td>10% ~ 80%（无结露）</td><td>30% ~ 90%（无结露）</td></tr>
<tr><td>3</td><td colspan="2">耐振性</td><td colspan="3">JIS-E4031 1 种 B</td></tr>
<tr><td>4</td><td colspan="2">电源（DC 100 V）</td><td colspan="2">70 ~ 110 V（DC 100 V）</td><td>70 ~ 110 V（DC 100 V）</td></tr>
<tr><td>5</td><td colspan="2">绝缘电阻</td><td colspan="2">10 MΩ以上 DC 100 V 输入端子与壳体间用 500 V 兆欧表测量</td><td>20 MΩ以上用 500 V 兆欧表测量充电部与框架之间</td></tr>
<tr><td>6</td><td colspan="2">绝缘强度</td><td colspan="3">AC 1200 V、50/60Hz、1min（DC 100 输入端子与壳体间）</td></tr>
</table>

第二节　CRH_2 动车组网络系统结构及其工作原理

一、信息网络系统总体结构

1. 列车总线设备组成

构成列车总线的设备有中央装置、终端装置、显示器、显示控制装置、IC 卡架以及车内信息显示器构成。各装置在列车内的配置情况如表 3-2-1 所示。

表 3-2-1　信息控制系统设备配置

车辆编号	T1c-1	M2-2	M1-3	T2-4	T1 k-5	M2-6	M1s-7	T2c-8
中央装置	1							1
终端装置	1*	1*	1	1*	1*	1*	1	1*
显示器	2						1	2
显示控制装置	2						1	2
卡架	2							2
车内信息显示器	2	2	2	2	2	2	2	2

*：有模拟输入（AIN）卡。

2. 列车总线构成形式

（1）单列运用。

CRH_2 动车组列车总线传送线路包括车辆信息传送线（光纤环网）及自我诊断信息传送线（双绞屏蔽线）两种。车辆信息传送线是环线回路（loop）构成，如果在一个方向的环绕中检测到没有应答的情况，就向另一个方向的环绕传送，能够避开故障部位。

（2）两列车连挂编组运用。

当两列车连挂编组时车辆的中央装置之间由 2 对电线（双绞屏蔽线）连接，条件（连挂车辆的两个中央装置之间，MCR 是 OFF 的情况下）成立时，打开环线回路（loop），将连挂前的独立的环线回路（loop）结合在一起，就能够保持编组环线回路（loop）的构成。

3. 列车总线结构及布线

列车总线结构及其布线示意图见图 3-2-1 和图 3-2-2，详细布线参见有关资料。其性能如下：

光纤网：① 通过环路结合进行光纤双重环式传送；② 固定长度的循环传送方式（传送控制指令）；③ 令牌传递方式（传送监视器状态）；④ 传送周期 10 ms 标准；⑤ 适用光纤 QSI85/125；⑥ 传送速率 2.5 Mb/s。

自我诊断传送线：① 通过多站结合进行的单向传送（控制发送部→控制接收部）；② 固定长度的循环传送方式；③ 传送周期 10 ms 标准；④ 符号化基带方式 24VP-P（120 Ω平衡电路）；⑤ HDLC 方式 38.4 kb/s；⑥ Dual-CPU 方式的失效保护传送。

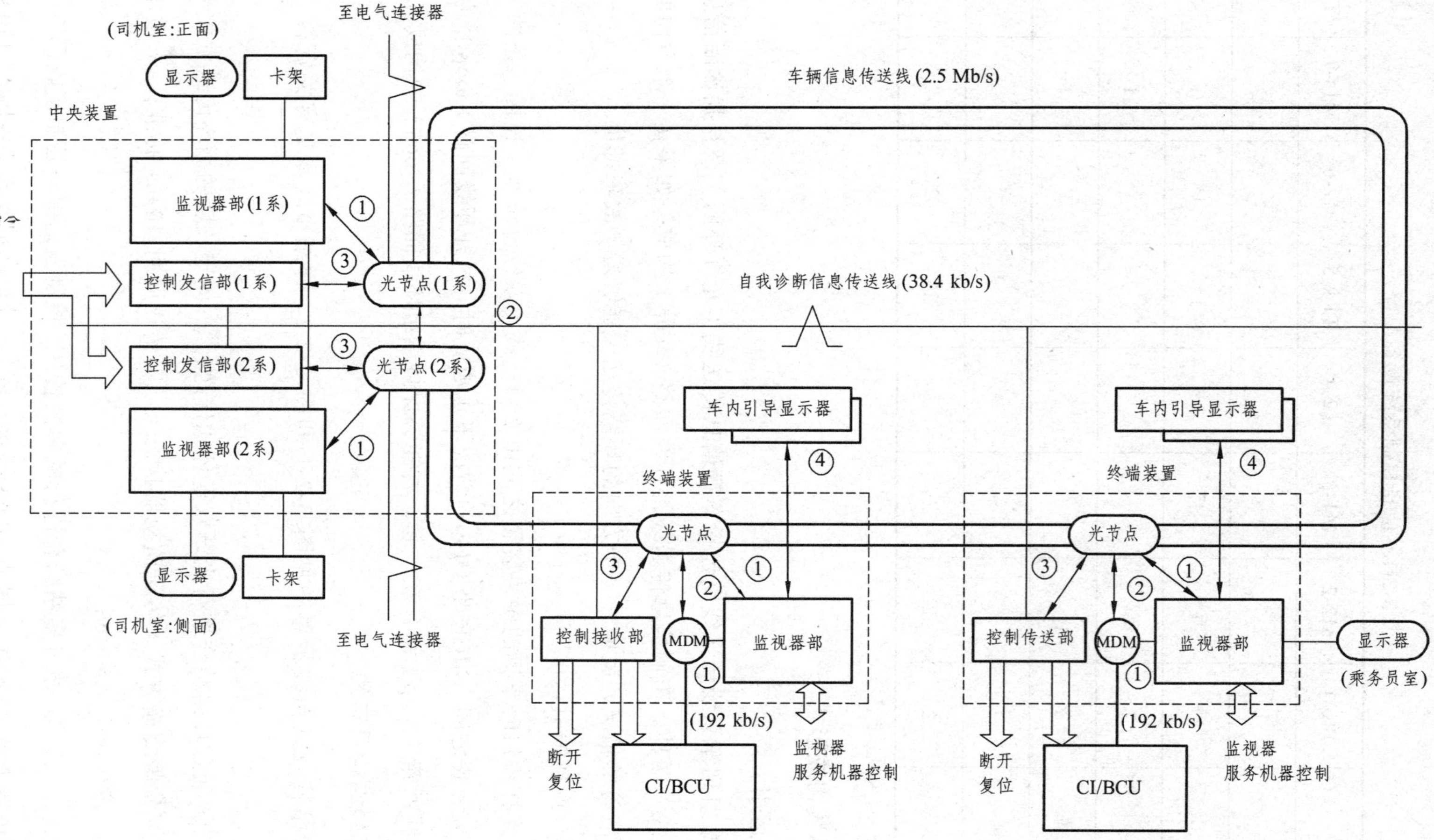

至电气连接器
(司机室:正面)
显示器
卡架
中央装置
车辆信息传送线 (2.5 Mb/s)
控制指令
监视器部(1系)
控制发信部(1系)
光节点(1系)
自我诊断信息传送线 (38.4 kb/s)
控制发信部(2系)
光节点(2系)
车内引导显示器
监视器部(2系)
终端装置
光节点
显示器
卡架
(司机室:侧面)
至电气连接器
控制接收部
MDM
监视器部
(192 kb/s)
断开
复位
CI/BCU
监视器
服务机器控制
车内引导显示器
终端装置
光节点
控制传送部
MDM
监视器部
显示器
(乘务员室)
(192 kb/s)
断开
复位
CI/BCU
监视器
服务机器控制

图 3-2-1 列车总线结构

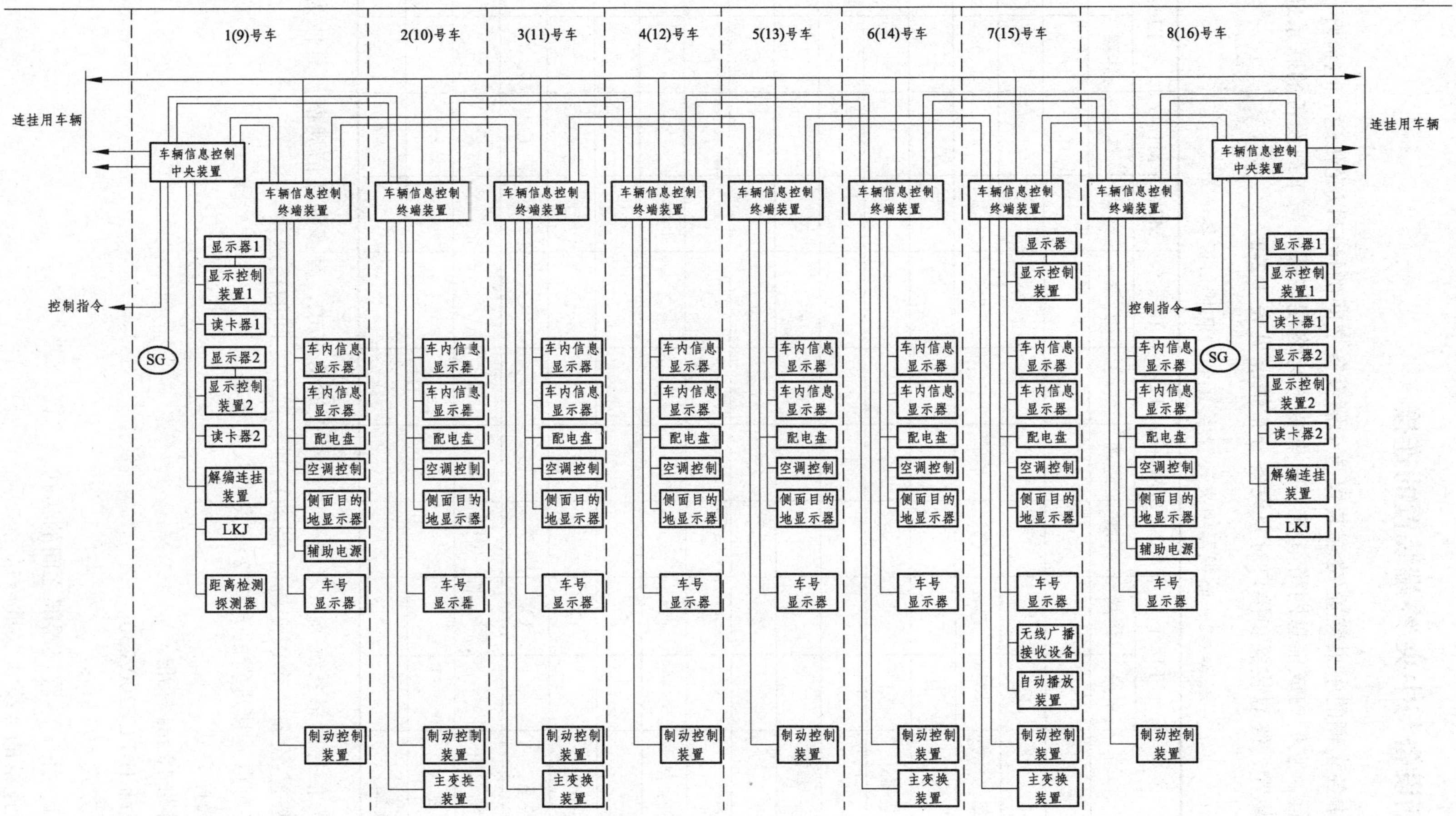

图 3-2-2　列车总线布线示意图

二、车辆设备与中央/终端装置的连接

列车编组中各车辆的中央装置/终端装置与车辆设备之间的接口以光传送、电流环传送、DIO 等形式进行，它们构成信息网络节点（中央装置与终端装置）与车载设备的联系通道。对各车的中央装置、终端装置和接口对象设备分布情况见表 3-2-2。

表 3-2-2　监视器中央装置/终端装置和接口设备

	T1c-1		M2-2	M1-3	T2-4	T1 k-5	M2-6	M1s-7	T2c-8	
	中央	终端	终端	终端	终端	终端	终端	终端	终端	中央
显示控制装置	○							○		○
卡架	○									○
信息显示器		○	○	○	○	○	○	○	○	
SG	○									○
解编与连挂装置	○									○
LKJ2000 装置	○									○
距离检测 sensor 装置	○									
配电盘		○	○	○	○	○	○	○	○	
空调控制		○	○	○	○	○	○	○	○	
侧面目的地显示器		○	○	○	○	○	○	○	○	
辅助电源		○								○
车号显示器		○	○	○	○	○	○	○		○
Brake 控制装置		○	○	○	○	○	○	○		○
牵引变流器			○	○			○	○		
Radio service 装置								○		
自动播放装置								○		

车载设备与信息网络系统节点之间采用点对点通信方式，有多种通信规格，具体为：

（1）终端装置-设备（牵引变流器/制动控制装置）之间的传送。

① 通过点对点连接进行的光纤 2 线式半双重传送。

② 轮询-选择方式。

③ 传送周期 10 ms 标准。

④ 适用光纤 H-PCF200/230。

⑤ HDLC 方式 192 kb/s。

（2）设备 1（注 1）-监视器部之间的传送。

① 点对点连结的 4 线式双重传送。

② 轮询-选择方式。

③ 20 mA 电流环路方式 24 V。

④ 起止同步方式：19.2 kb/s，9 600 b/s，1 200 b/s。

（3）设备 2（注 2）-监视器部之间的传送。

① 通过点对点连接进行的 2 线式单向传送。

② 20 mA 电流环路方式 24 V。

③ 起止同步方式 9 600 b/s。

（7）设备 3（注 3）-监视器部之间的传送。

① 通过点对点连接进行的 2 线式单向传送。

② 30 mA 电流环路方式 24 V。

③ HDLC 方式 9 600 b/s，4 800 b/s，1 200 b/s。

注 1：设备 1（19.2 kb/s）：ATC 检查记录部。

设备 1（9 600 b/s）：车内引导显示器、空调显示设定器、自动播放装置、辅助电源装置。

注 2：设备 2（9 600 b/s）：侧面到达地显示器（发送信号）。

注 4：设备 3（9 600 b/s）：距离检测装置（接收信号）。

三、中央装置

CRH_2 动车组中央装置外形如图 3-2-3 所示。

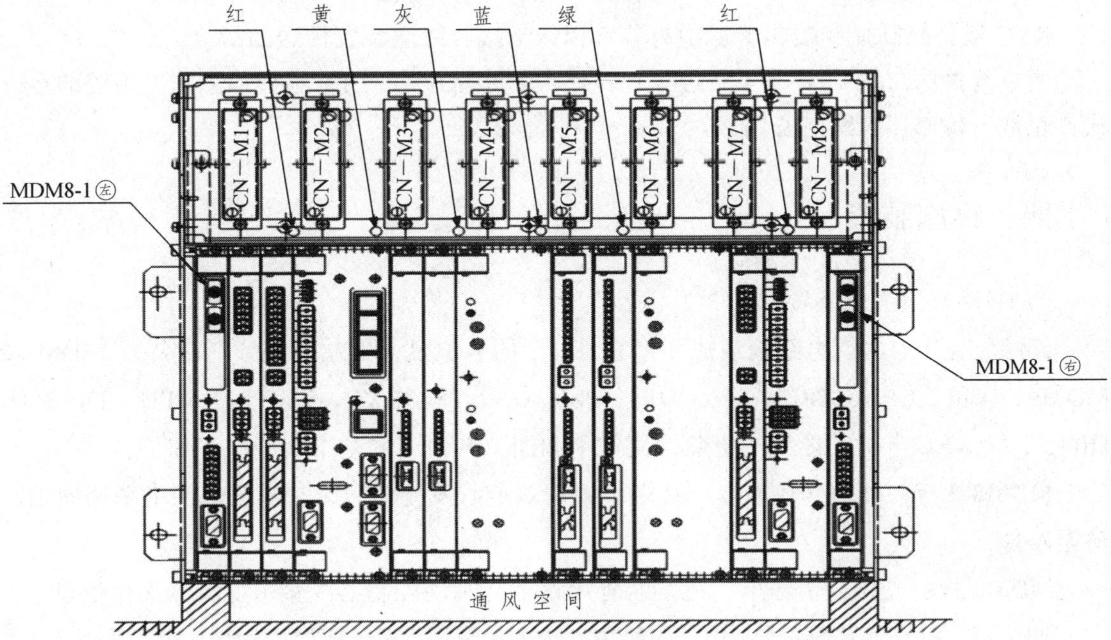

图 3-2-3　中央装置外形图

中央装置由铝合金箱体组成，外形尺寸为 482.6 mm（宽）× 400 mm（高）× 345 mm（深）。最上部为外部连线插座 CN-M1 ~ CN-M8，中间部分安装电路板，下部为通风空间。箱体后部有两层印刷电路板，最后一层安装外部连线插座，另一层作为各印刷电路板底板，电路板通过连接器与底板连接，构成中央装置。

中央装置由 13 块电路板组成，由左至右分别命名为 MDM8-1 左、TRC、TRC、CPU、DIS、DIO、PS、TXC、RXC、PS、TRC、CPU、MDM-1 右，其基本功能简述如下：

MDM8-1 板：中央装置的光信号传输卡。中央装置用该卡收发光信号，它是信息网络系统的主要传输电路。

TRC 板：信号传输卡。该卡有 8 个传输通道，包含 20 mA 电流环与 HDLC 同步通信电路。

CPU 板：中央装置主处理板。板上 CPU 字长 32 位（相当于 MC 68360），具备 4 MB ROM 存储器，2 MB RAM 存储器。该板实际上是为中央装置设计的专用嵌入式计算机，用于信息的处理、计算及记录。

DIS 板：光电隔离数字信号输入卡。用于处理 24 V、100 V 开关输入信号（输入信号较多）。

DIO 板：光电隔离或继电器隔离数字信号输出卡。用于处理 24 V、100 V 开关输出信号，输入信号较少。

PS 板：电源卡。该板为 DC/DC 电源调整卡，输入为 DC 100 V，输出电压为 DC 24 V 与 DC 5 V。输出电流有两种规格，其中 PSB 型容量较大，24 V 输出 2 A，5 V 输出 8 A，作为中央装置供电电源，其中 PSA 型容量较小，24 V 输出 2 A，5 V 输出 3 A，作为终端装置供电电源。

TXC 板：控制指令传送卡。中央装置用该卡可将控制指令传送到车辆设备。

RXC 板：控制指令接收卡。中央装置用该卡接收终端装置传送的指令。

中央装置第二块 CPU 卡（右边）上装有 4 个选择开关，用来选择信息网络系统的运行模式：正常、检修、诊断与备用。

四、终端装置

CRH_2 动车组终端装置如图 3-2-4 所示。

终端装置由 10 块电路板组成，但有 11 个插卡位置，由左至右分别命名为 MDM8-2、MDM9、保留、CPU、TRC、DIS、DIO、PS、AIN、PS、RXC、PS，其中 CPU、TRC、DIS、DIO、PS、RXC 卡的功能与中央装置同类卡相同，其他卡的基本功能简述如下：

MDM8-2 板：光信号传输卡。终端装置用该卡收发光信号，它是信息网络系统的主要传输电路。

MDM9 板：光信号传输卡。终端装置用该卡与制动控制器及牵引变流器交换信息。

AIN 板：模拟信号输入卡。中端装置用该卡采集模拟信号，模拟信号输入范围为 0 ~ 100 V。

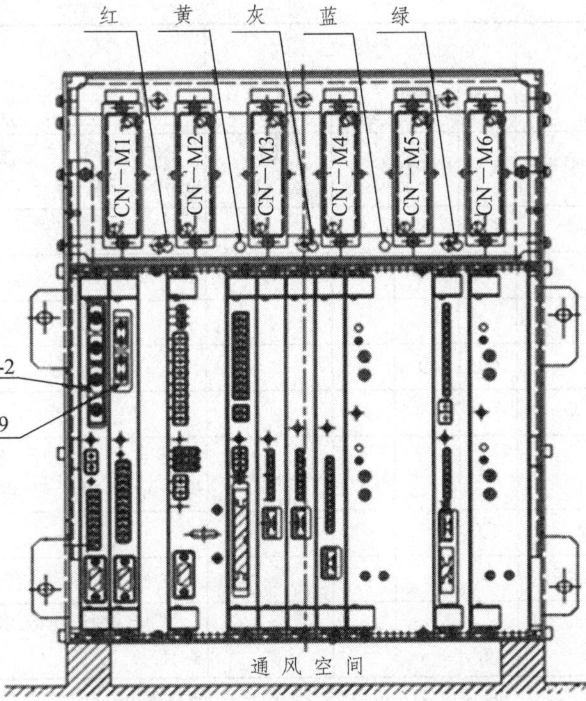

图 3-2-4　终端装置外形图

第三节　CRH_2 动车组信息网络系统功能

一、控制指令的传输功能

控制传送部经由车辆信息传送线向牵引变流器和制动控制装置等传送从司机台输入的下列控制指令，见表 3-3-1～3-3-4。另外，在监视器部的动作模式为检修模式时（车上试验执行模式），可根据从监视器部接收的指令发出控制指令。

表 3-3-1　光传送的运行控制指令项目

线编号	指　令	光传送				用途等
		CI	BCU	中央接点	终端接点	
61～67	常用制动器		○		○（61 M） ○（A，B）	61 M 线接点信号用于踏面清扫装置（配电盘） 常用制动器 A、B 用于 BCU 传送的备用
157	耐雪制动器		○			
4	前进牵引	○			○	接点信号用于 CI 传送的备份
5	后退牵引	○			○	接点信号用于 CI 传送的备份

续表

线编号	指　令	光传送				用途等
		CI	BCU	中央接点	终端接点	
9/11/13/15 17/19/21	牵引·牵引挡	○	○(9)		○（A，B）	BCU 传送信号用于防止空转时的滑行误检测牵引 A、B 用于 CI 传送的备份
10	电制动	○				
23	定速	○				
79	空挡	○	○			
M601	车上试验					
6	复位	○			○（6M）	接点信号用于 ACOCRRI/GRR3 复位和 CI 传送的备份。还共用于辅助电源复位。
18	高加速	○				
1A	接通制动设定器					发出运行指令信号条件
58	救援					发出救援指令信号条件发出运行指令信号条件

表 3-3-2　光传送的设备远程控制指令项目

线编号	指　令	光传送				用途等
		CI	BCU	中央接点	终端接点	
80 M/81 M	受电弓下降/受电弓下降				○	
82 M/83 M	VCB 切断/VCB 接通				○	
84 M/85 M	电源感应/电源感应复位				○	
86 M/87 M	压缩机断开复位/压缩机断开				○	
88 M/89 M/90 M	M2 断开/复位/M1 断开				○	
71 M～76 M	单元选择				○	

表 3-3-3　光传送的指示灯控制指令项目

线编号	指　令	光传送				用途等
		CI	BCU	中央接点	终端接点	
130 M	准备未完			○		根据各车监视信息通过 S/W 编程逻辑
131 M	紧急制动器			○		根据各车监视信息通过 S/W 编程逻辑
132 M	电气设备			○		根据各车监视信息通过 S/W 编程逻辑
133 M	转向架			○		根据各车监视信息通过 S/W 编程逻辑
134 M	VCB			○		根据各车监视信息通过 S/W 编程逻辑

续表

线编号	指令	光传送				用途等
		CI	BCU	中央接点	终端接点	
137 M	设备断开			○		根据各车监视信息通过 S/W 编程逻辑
121 M	单元显示（RLP1）			○		从监视器部输出
122 M	单元显示（RLP2）			○		从监视器部输出
123 M	单元显示（RLP3）			○		从监视器部输出
124 M	单元显示（RLP4）			○		从监视器部输出
125 M	单元显示（RLP5）			○		从监视器部输出
126 M	单元显示（RLP6）					从监视器部输出
79 M	空挡					从监视器部输出

表 3-3-4　光传送的其他控制指令项目

线编号	指　令	光传送				用途等
		CI	BCU	中央接点	终端接点	
91N/91D	供电条件/受电条件成立				○	辅助电源感应控制用
92M	ACK2 接通				○	辅助电源感应输出
93M2	BKK（3 相 AC 400 V 线间）断开				○	BKK 断开输出
93M1	BKK（3 相 AC 400 V 线间）接通				○	BKK 接通输出
M205	ACVR1				○	BKK 控制用
M206	ACVR2				○	BKK 控制用

二、诊断信息的传输功能

（1）ROM 诊断。

显示中央装置（监视器部 1 系、2 系）/终端装置（监视器部）/监视显示器/牵引变流器的 ROM 型式（二进制字节）。

（2）RAM 诊断。

显示中央装置（监视器部 1 系、2 系）/终端装置（监视器部）/监视显示器/的 RAM 检查结果（OK/NG）。

（3）DI/DO 诊断。

显示各车从中央装置及终端装置上输入/输出的数字信息的状态。

（4）AI/PI 诊断。

显示各车从中央装置及终端装置上输入的模拟及脉冲信息的状态。

（5）光传送诊断。

显示车辆信息传送线（各中央/终端装置光节点之间）及各脉冲设备之间的传送线（牵引变流器/制动控制装置之间）的光传送状态信息。

（6）设备传送诊断。

显示车辆信息控制装置和下列各设备之间过去 10 s 的传送出错次数（0 ~ 255）:

① 控制传送部 1 系。

② 控制传送部 2 系。

③ 控制接收部。

④ 牵引变流器。

⑤ 制动控制装置。

⑥ 空调显示设定器。

⑦ 辅助电源装置。

⑧ ATC 检查记录部分。

⑨ 自动播放装置。

⑩ 车内引导显示器 1/2。

⑪ 距离检测装置 1 系/2 系。

⑫ 监视显示控制装置。

⑬ 卡夹显示 OK/NG。

（7）传送信息的诊断。

显示车辆信息控制装置和下列各设备之间的传送数据（SDR/SD）:

① 控制传送部 1 系。

② 控制传送部 2 系。

③ 控制接收部。

④ 牵引变流器。

⑤ 制动控制装置。

⑥ 空调显示设定器。

⑦ 辅助电源装置。

⑧ 自动播放装置。

⑨ 车内引导显示器 1/2。

⑩ 距离检测装置 1 系/2 系。

⑪ 监视显示控制装置。

⑫ 卡夹显示 OK/NG。

（8）LCD 诊断。

对监视显示器的画面进行检查。

（9）DSW 确认。
显示车辆信息控制装置的开关设定。
（10）故障数据收集功能。
跟踪数据收集的对象设备（跟踪方法、取样间隔、跟踪时间）：
① 牵引变流器（通过监视器跟踪）。
② 牵引变流器（通过设备自我跟踪）。
③ 制动控制装置（通过监视器跟踪 100 ms、10 s 间）。
④ 辅助电源装置（通过监视器跟踪 200 ms、10 s 间）。
⑤ 辅助电源装置（通过设备自我跟踪、0.347 ms、250 ms 间）。
故障记录次数：
① 监视器取样的跟踪数据 3 次/设备（记录最初的 1 次和最后的 2 次）。
② 检测记录数据 100 次/监视器部。

三、信息显示功能

显示器有下列 3 种显示模式：
（1）一般模式：营业运行用的或试运行数据收集用的动作模式。
（2）诊断模式：监视器部安全检查用的动作模式。
（3）检修模式：检修车辆用或车上试验用的动作模式。
通常接通电源后的模式为一般模式。可通过操作中央装置前面的模式切换开关切换到其他模式。但在以下项目的动作过程中，禁止切换工作模式：
（1）正在向 IC 存储卡写入或读取时。
（2）正在进行车上试验时。
（3）正在清除存储的记忆数据时。

四、一般模式

1. 里程检测

（1）里程的初期设定。
用下面的任一操作都可以进行里程的初期设定。
① 通过运行路线选择操作而指定的出发站的里程数。
② 通过列车号/起点站设定而选择的站名的里程数。
③ 通过监视器信息设定而输入的里程数。
（2）里程运算。
根据速度发电机信号，加减计算运行距离。
（3）里程校正。
接收地点信号后，进行里程校正。

2. 车辆检查的显示

（1）出库信息画面。

调查并显示各设备有无电源及显示做好出库准备的车辆有无异常现象。

（2）制动信息画面。

为确认制动控制装置的作用，显示（模拟信息用曲线图显示）从各节车辆的制动控制装置发出的指令挡/收信挡及 BC 电压/AS 电压/MR 电压/EP 阀电流/再生制动力指令/再生指令反馈。

（3）牵引变流器（编组）。

为确认牵引变流器的启动，显示（模拟信息用曲线图显示）从各节车辆的牵引变流器发出的指令挡/收信挡及扭矩/直流电压/转子频率/再生制动力。

（4）牵引变流器（各个车辆）。

为确认牵引变流器的控制状态，显示从各节车辆的牵引变流器传送过来的画面状态信息及故障信息。

（5）电源电压画面。

为确认牵引变压器/辅助电源装置的动作，显示（模拟信息用曲线图显示）辅助电压/变流 100 V 稳压/蓄电池电压。

（6）供电区分画面。

为确认牵引变压器/辅助电源装置的动作，显示辅助电源的供电范围。还显示三相交流 400 V 稳压的各电源的供电状态。

（7）断开状态画面。

显示以下各项目的断开状态：

① 受电弓断开。

② VCB 断开。

③ M 车断开。

④ 压缩机断开。

⑤ 气制动断开。

⑥ 非连动。

⑦ 车种。

（8）车辆信息画面。

显示以下各项目：

① 编组构成（号车，M-T）与行驶方向。

② 故障发生：牵引变流器-制动控制装置/辅助电源装置/监视器的故障发生以及发生故障的车辆。

③ 制动动作信息：显示紧急制动的动作原因及 BC 电压。

④ 设备动作信息：显示压缩机/EGS/无电压/MR 电压的动作状态。

（9）配电盘信息画面。

显示从各个车辆的配电盘输入的设备的动作状态及故障状态。

（10）空转滑行画面。

显示 1 天中的空转及滑行运行次数。

（11）车门信息画面。

显示车门开闭状态（1 位 ~ 4 位）及车门压紧信息。

3. 监视器信息的修改输入

可从监视显示器上修改车辆信息控制装置内的以下各项数据：

（1）日期：× × 年 × × 月 × × 日。

（2）时刻：× × 时 × × 分 × × 秒。

4. 运行状态的显示

显示列车运行所需的以下各项信息：

（1）运行挡位。

（2）列车号。

（3）处于断开状态的设备，同时显示号车编号。

（4）主电路动作：牵引/再生制动。

（5）ATC 信号。

（6）车窗开闭状态。

（7）单元显示：单元划分范围如图 3-3-1 所示。

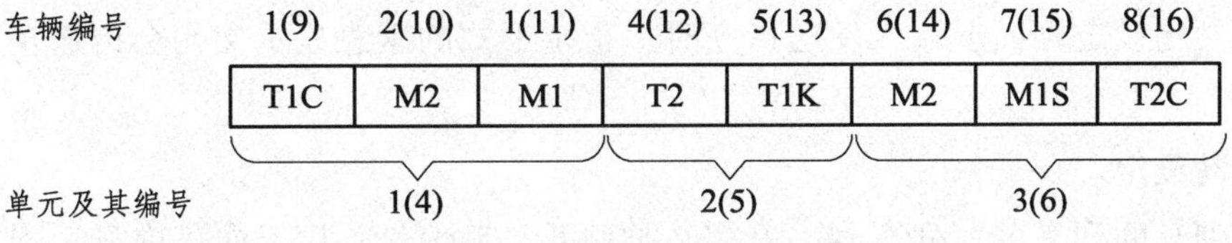

图 3-3-1　单元划分

5. 安全装置动作状态的显示

显示安全装置的动作状态。

6. 应急指南的显示

显示车辆异常时的应急指南。

7. 与其他形式编组的分割/合并状态的显示

为支援与其他形式编组之间的分割/合并操作，显示以下内容：

（1）分并信息画面：显示合并时与其他编组之间的距离。

（2）分并序列画面：为进行分割/合并时的故障分析，显示分割/合并电路中使用的各个继电器的动作状态。分并信息画面在正面的显示器上显示，分并序列画面在侧面的显示器上显示。

8. **指示灯关闭控制输入**

发生轴温异常、黏着异常时，可以在监视显示器上关闭转向架指示灯。

9. **列车长信息的显示**

显示列车长所需的以下信息：

（1）列车长信息画面。

显示编组、关门、火灾报警、紧急蜂鸣器、厕所蜂鸣器、缺水、西式厕所故障、小便器故障、播放、室内灯、号车引导、自动播放等的状态。

（2）空调信息画面。

显示总体/手动、运行模式、空调减半状态、冷气控制温度、暖气控制温度、室内温度控制、空调运转率 1/2 等的状态。

（3）服务设备控制。

空调（全车/个别）、播放（按每编组）、车内引导（全车/个别）、室内灯（按每编组）、自动播放、关闭播放。

注：上述形式的播放控制只有在该画面显示时有效，如果切换到其他画面，则会自动返回至整体控制的状态。

（4）PR 文显示画面：显示广告（PR）文字（个别选择）。

（5）新闻显示画面：新闻显示（个别选择）的控制输入/显示用画面。

（6）空调基准温度设定：各节车辆分别设定空调的冷气/暖气的基准温度。

（7）紧急文句设定。

在紧急文句设定画面上输入发送指令时，指定形式的紧急显示文句会传送至各车内的显示器上。

（8）手动设定。

设定该列车的列车名、列车号、停靠站类型及车辆编号，用于向车内显示器、到达地显示器、号车引导显示盘的显示指令。

10. **向车内显示器传送的显示内容的指令**

根据停靠站数据（IC）卡或通过手动设定画面输入的信息，向各车的车内显示器传送引导指令。

11. **向到达地显示器传送的显示内容的指令**

根据停靠站数据（IC）卡或通过手动设定画面输入的信息，向各车的到达地显示器传送列车类别、到达地显示指令。

12. **向号车引导显示盘传送的显示内容的指令**

根据停靠站数据（IC）卡或通过手动设定画面输入的信息，向各车的号车引导显示盘输出号车引导显示指令（1 ~ 8 号车辆，9 ~ 16 号车辆）。

13. 空调控制

向各车的空调装置，传送空调运行模式指令、暖气/冷气减半指令、冷气/暖气基准温度、外部温度等。各指令的传送条件如下：

（1）空调运行模式。

使用设置在编组内的任一监视显示器或各车的配电盘上的空调操作盘，进行空调运行模式的输入操作。空调运行模式的种类有：① 冷气；② 暖气；③ 送风。

（2）冷气/暖气减半指令。

辅助电源感应的场合，向每一单元传送减半指令。

（3）冷气/暖气基准温度。

使用设置在编组内的任一监视显示器或各车的配电盘上的空调操作盘，进行冷气/暖气基准温度的输入操作。

14. 室内灯控制

控制各车室内照明的点灯/熄灯控制。控制条件如下：

（1）接通电源时室内灯点亮。

（2）满足以下条件之一时熄灯：

① 通过编组内任一监视显示器，关闭了室内灯（按编组控制）时。

② 设定了回送列车的编号，车速达到 30 km/h 以上时。

（3）满足以下条件之一时点灯：

① 通过编组内的任一监视显示器，打开了室内灯（按编组控制）时。

② 变更了运行方向时。

③ 设定了新的营运列车号时。

15. 播放控制

进行各车播放的开关输出控制，条件如下：

（1）接通电源时接通播放。

（2）关闭播放的条件：通过编组内的任一监视显示器，关闭了播放时。

（3）满足以下条件之一时打开播放：

① 通过编组内的任一监视显示器，打开了播放时。

② 把显示中的服务设备控制画面调到其他画面时。

16. 其他编组的播放控制

根据以下的任一条件，进行编组间播放关闭的输出。输出条件如下：

（1）分割时（BNR 继电器加压时）

（2）利用监视显示器，进行编组间播放关闭的设定。

注：只有在设定画面显示过程中有效，当切换到其他画面时，关闭输出则解除。

17. **留置条件的输出**

为了进行不需要的蓄电池负荷（115 线）断开、标识灯关闭、扬水装置控制，输出留置开关状态。

18. **自动播放装置的控制**

传送自动播放控制所需要的下列信息：

（1）列车类别/列车号/停靠站信息。

（2）起点站/终点站代码。

（3）列车信息：禁烟座位/吸烟座位等。

（4）速度/里程信息/车门开闭信息。

（5）分割/合并信息/自动播放的切换许可。

19. **对牵引变流器的信息传送**

传送相位差运行时所需的以下信息：

（1）牵引变流器的流水号码。

（2）牵引变频器的断开流水号码：M 车断开或 VCB 断开。

20. **对制动控制器的信息传送**

对制动控制装置传送模拟速度信息：利用监视显示器的操作设定，传送模拟速度信息。但是，模拟速度信息的传送只有在“空挡”状态时传送。

21. **故障显示/故障记录**

在发生设备故障时，车辆信息控制器在故障信息画面上显示以下内容：

（1）显示故障（异常）发生：检测到设备故障（异常）时显示故障发生。

（2）显示故障（异常）内容：在驾驶员及列车长调出故障画面时，显示故障（异常）内容及应急处理要领。

（3）显示处理结果：通过复位/断开等处理方法，解除掉故障（异常）的检测条件时，上述故障显示便会解除。

（4）显示最新故障：记录并在画面上显示一般模式下发生的 20 件最近故障。另外，在检测到设备故障时，进行以下 3 种内容的记录：

① 异常检测记录：设备发生动作异常时，记录下全面信息（列车号、发生日期、发生时刻、车速、里程等），同时还记录发生故障的名称。

② 故障跟踪记录：为较容易地掌握设备的故障情况，收集并记录故障发生前后的动作波形的跟踪数据（车辆信息控制装置侧跟踪）。

③ 设备跟踪记录：当设备发生重大故障时，收集并记录故障发生前后的动作波形跟踪数据（设备侧的跟踪）。

这些记录信息经 IC 存储卡在地面设备上可读出。

22. **行驶距离、牵引/再生电力的累计**

累计每单元的牵引/再生电力值及消耗电力量，并记录开始时间及行驶距离。此信息经 IC 存储卡在地面设备上可读出。

23. 发生主故障时的状态记录

发生主故障时，收集并记录司机台信息（发生日期、时分秒、速度、公里数、ATC 信号、挡）及同一单元内的各车的设备状态（各车配电盘指示灯亮灯原因）。此信息经 IC 存储卡在地面设备上可读出。

24. 营业运行中或试运行中的车辆性能信息的收集

收集并显示车辆性能信息（电机电流类型、电机电流类型反馈、直流电压类型、直流电压类型反馈、BC 电压、挡、ATC 信号、加减速度、行驶距离），同时具有为了在地面设备上读出而收集的数据传送到存储卡里的功能。

25. 营业运行中或试运行中的空调运转率信息的收集

为了掌握各空调变频装置的动作情况，按运行类型以时间的方式记录累计运转率。这些信息经存储卡在地面设备上可读出。

26. 营业运行中或试运行中的项目选择信息的收集

将各个车辆需要记录的项目选择信息在监视器画面上进行选定，数显 8 点（全部为任意设定），模拟 5 点（4 点：任意设定，1 点：车速），收集并记录触发脉冲发生前后的数据。记录容量为触发脉冲发生前 14 s、发生后 6 s（每隔 50 ms 采样，采样次数为 401 次）、每个车辆为 3 次（最初的 1 次、最后的 2 次）。此信息经存储卡在地面设备上可读出。

27. 营业运行中或试运行中的空调运行状态的收集

记录空调运转率信息［空调运行模式（状态）、负荷减半（状态）、空调运转率、空调控制温度（状态）、室内温度、外部温度、AS 电压、记录时间］。此信息经 IC 存储卡在地面设备上可读出。

五、检修模式功能

在检修模式下，一般模式、诊断模式下的各动作全部停止，只进行以下必要动作。

1. 准　备

（1）置于检修模式。

（2）做空挡试验准备（仅限制动控制装置）。

2. 试　验

（1）在显示器的菜单画面上选择试验。

（2）在显示器上输入“开始”。

（3）根据显示器的指示进行必要的手动操作。（试验所需的牵引/制动条件仅限于表 3-3-1 中所列的控制指令项目，经光节点自动设定）

（4）在显示画面上监视器试验的实施情况。

（5）每个项目结束后，在画面上会显示结果。

（6）当结果为“NG”时试验会停止，此时请选择“重复”或“进入下一步”。

（7）预定的试验项目结束后，即显示“终了”。

3. 试验结果记录

试验结果的项目编号/判断结果（OK/NG）/测量值，可以经存储卡在地面设备上输出。

4. 试验对象设备和试验实施时的功能分配

（1）牵引变流器试验（设备侧判定结果）。

（2）辅助电源装置试验（设备侧判定结果）。

（3）制动控制装置试验（检查员判定结果）。

（4）ATC 控制装置试验（设备侧判定结果）。

（5）车门开延时测量试验（检查员判定结果）。

（6）车门关延时测量试验（检查员判定结果）。

5. 监视器信息设定

在监视显示器上设定编组编号、车轮直径、停车列车号/通过列车号。

6. 模拟故障设定

通过输入模拟故障代码记录模拟的故障数据。

7. 主故障记录信息显示

发生主故障时会显示其状况。

8. 故障记录信息显示

在各中央装置及终端装置上显示被记录的故障数据（概要）。

9. 读取 IC 卡

从 IC 卡上读取停靠站的信息。

10. 写入 IC 卡

将车辆信息控制装置上记录的各种信息及牵引变流器上记录的故障数据写入 IC 卡中。

11. 停靠站的数据一览显示

一览显示从 IC 卡上读取的停靠站的信息。

第四节　信息传送及其冗余特性

一、信息传输路径

列车网络系统通过贯穿列车的光纤双重环形网络及由多股绞合线组成的备份传送线传输

信息。控制指令传送则采用独立于监视器部分的双重 CPU 方式，具有故障导向安全的功能。图 3-4-1 所示为列车网络的信息传输路径。

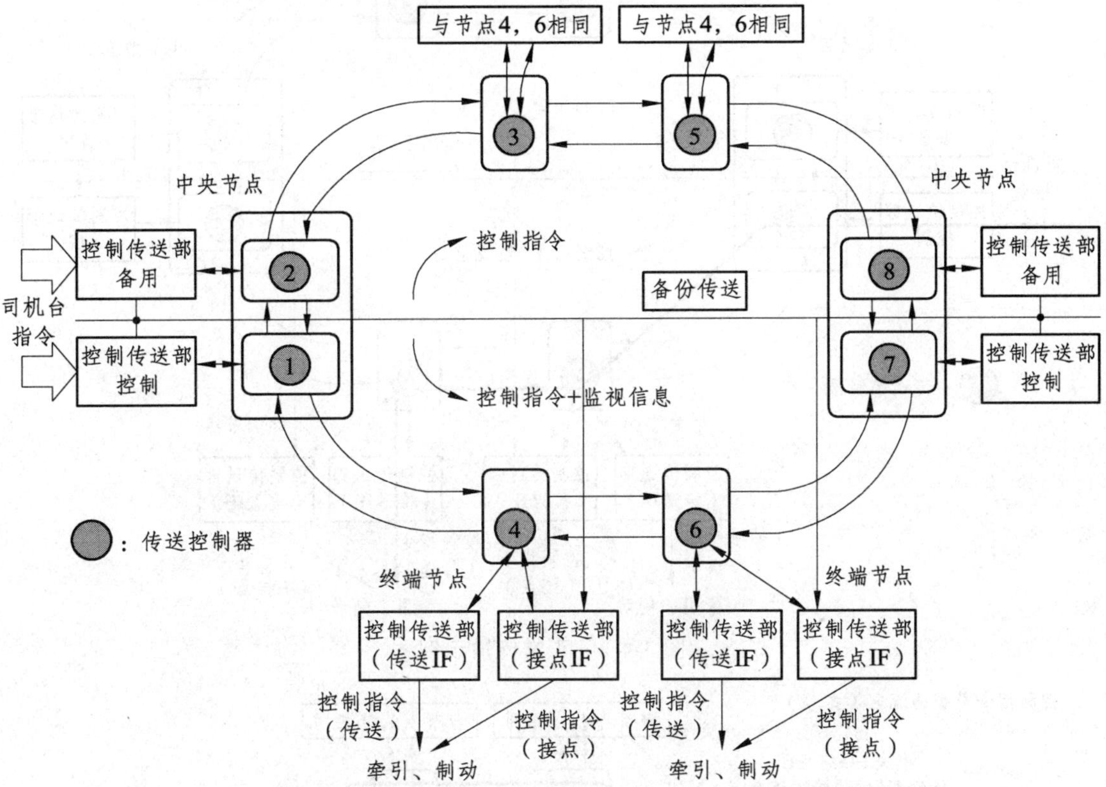

图 3-4-1　信息传输通道

传送通道包括环形光纤网及备份传送线（多股绞合线构成，也称为自我诊断传送线）。两端头车（1，8 号车）设置有由控制传送部和监视器构成的列车信息中央装置，具有全列车整体信息管理和向司机台显示器传送数据的功能。每节车厢分别设置有一台列车信息终端装置，实现车厢车载设备的控制与信息传输功能。列车信息中央装置与列车信息终端装置之间由环形网及备份传送线连接，具有向左和向右两条传输通道，具有较强的传输可靠性。

二、传送通道的冗余性

1. 正常信息传输路径

图 3-4-2 所示为正常的信息传输示例。

2. 切换信息系统传输路径

图 3-4-3 所示为信息系统终端 4-6 节点间故障时信息的传输示例。

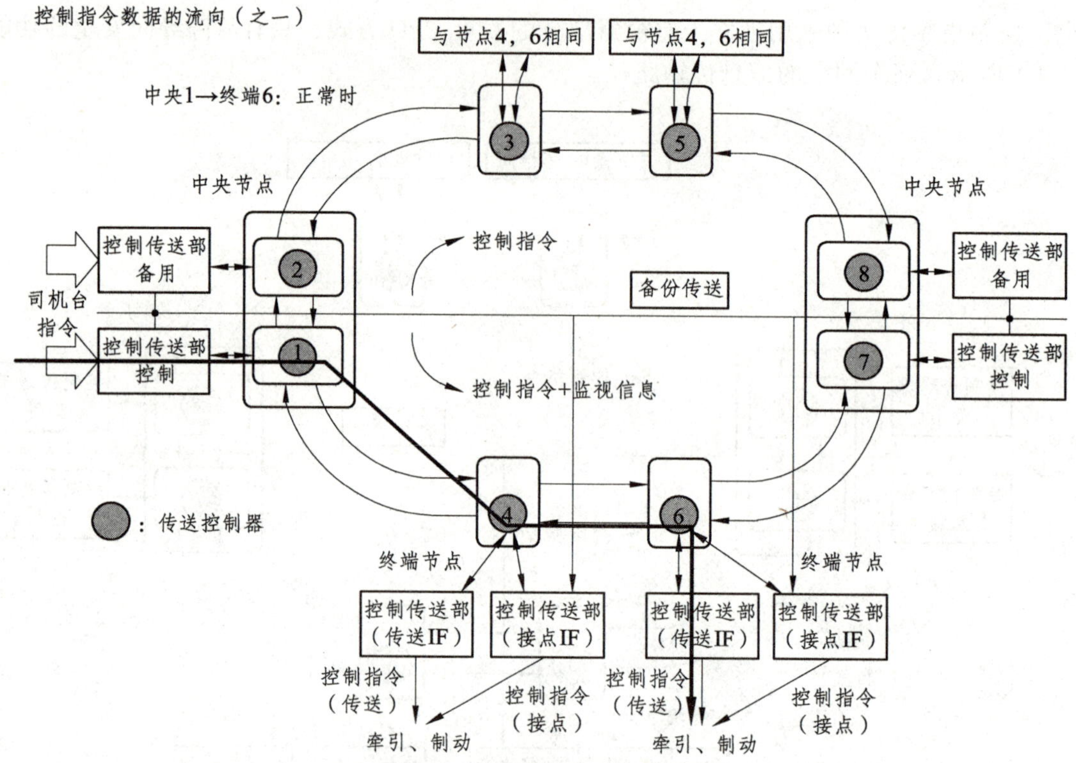

图 3-4-2 正常传输示例

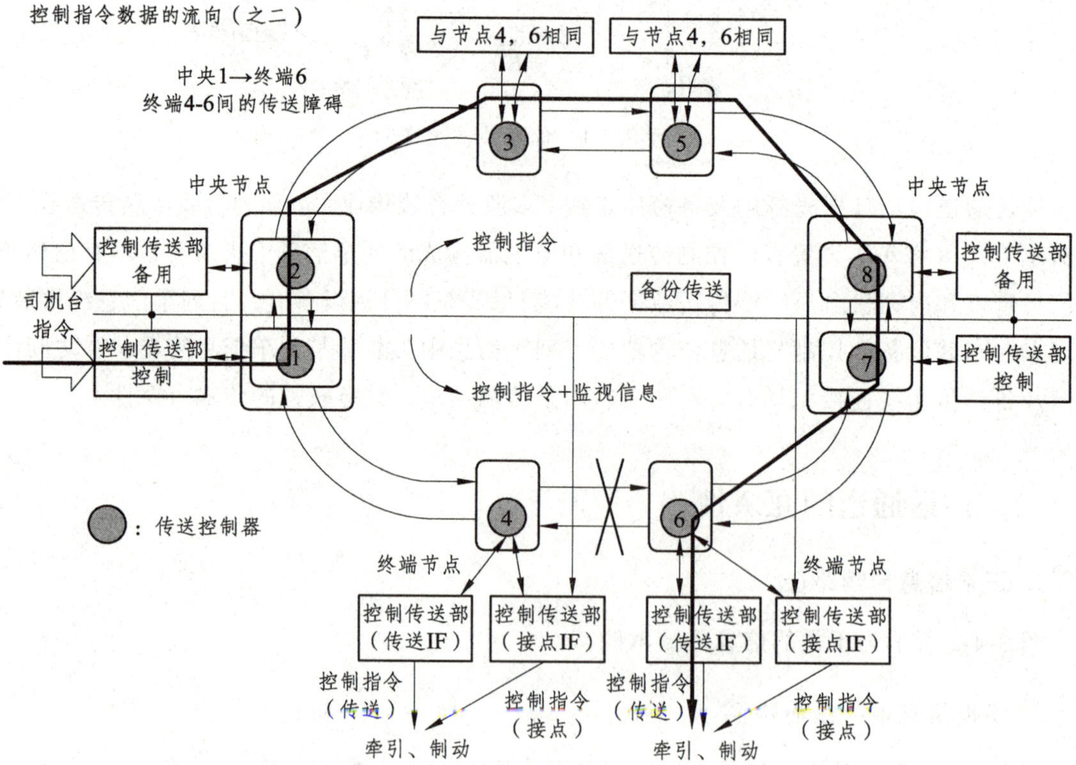

图 3-4-3 终端 4-6 节点间故障

发生传输故障时，信息传输会切换传输路径以避开故障发生点。

因传输路径具备左右两个方向，对于控制指令等有应答性要求的数据，通常两个方向同时传送，可实时回避故障点，不会产生信号切换延时，对于其他信息，发送方在无法收到接收方的应答时，可从发送方的光传输节点中重获信息，用其他方向的通道传输信息以避开故障点。

3. 列车信息中央装置内部的控制传输部切换

图 3-4-4 所示为列车信息中央装置内部故障时信息的传输示例。

控制传输部 1 系、2 系采用双 CPU 结构，运行时有内部冗余措施，1 系故障时，使用 2 系的数据（异常检测及切换在 50 ms 内完成）。

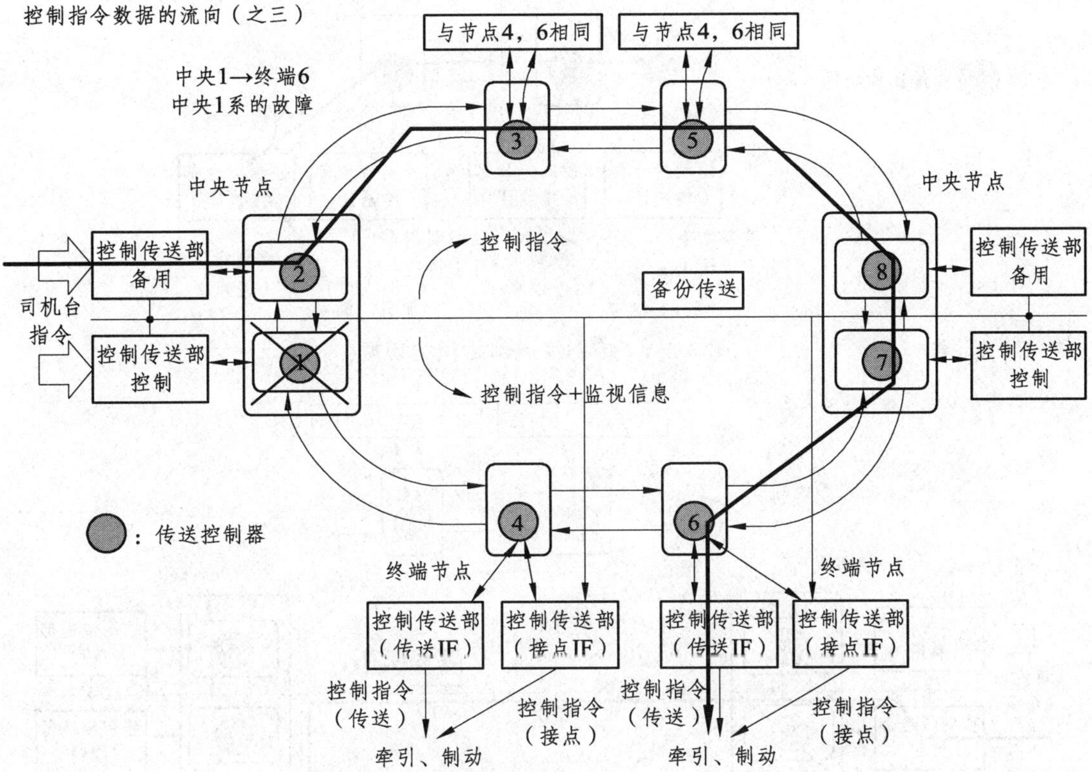

图 3-4-4　中央装置内部故障

4. 牵引变流器与制动控制器之间的切换

图 3-4-5 所示为控制传送部之间的切换时信息的传输示例。

检测到异常时，切换到并列的控制传输部。

5. 备份传送

图 3-4-6 和图 3-4-7 所示为备份传送模式时信息的传输示例。

备份传送线为独立结构，正常运行时对传送系统实施监视。一旦光纤网络发生故障，可不通过光传输系统实现控制传送部之间数据通信（最后的备用手段）。

控制指令数据的流向（之四）

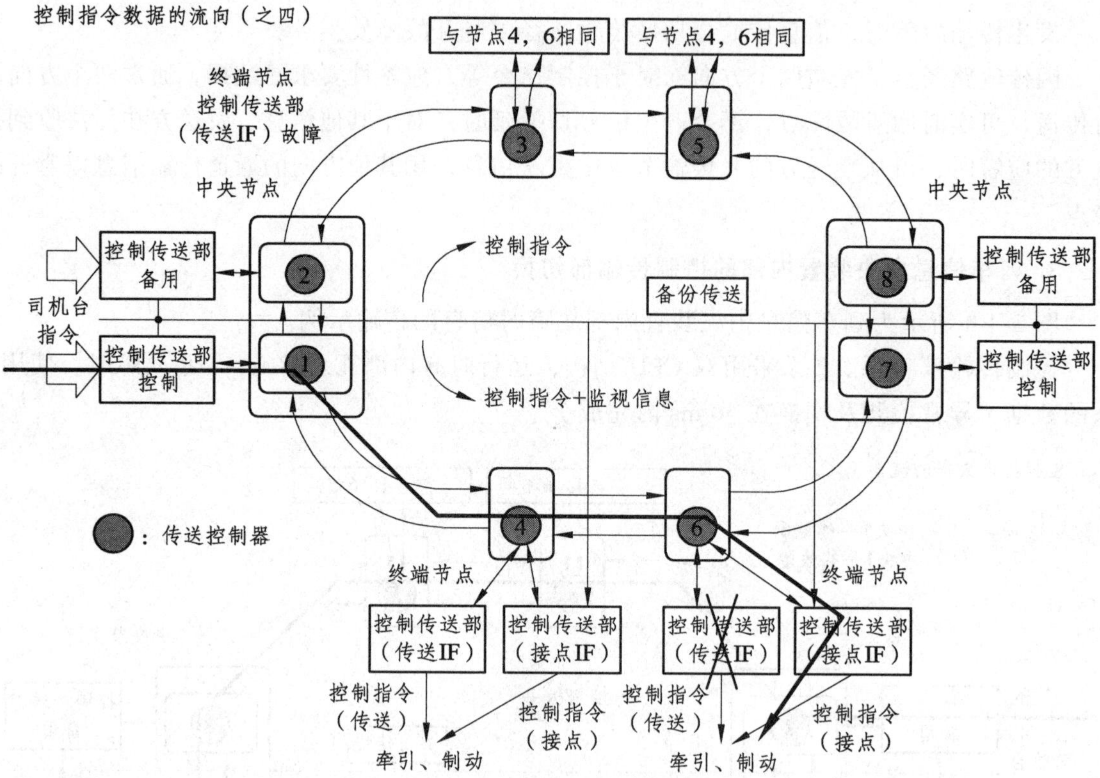

图 3-4-5　控制传送部之间的切换

控制指令数据的流向（之五）

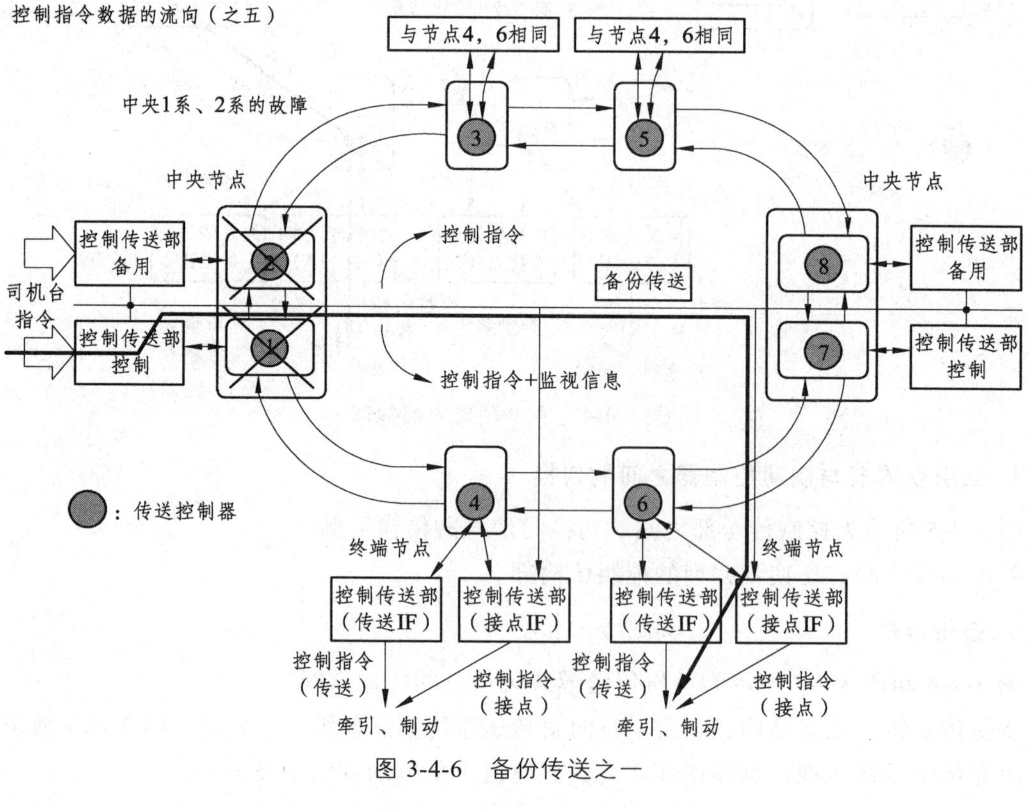

图 3-4-6　备份传送之一

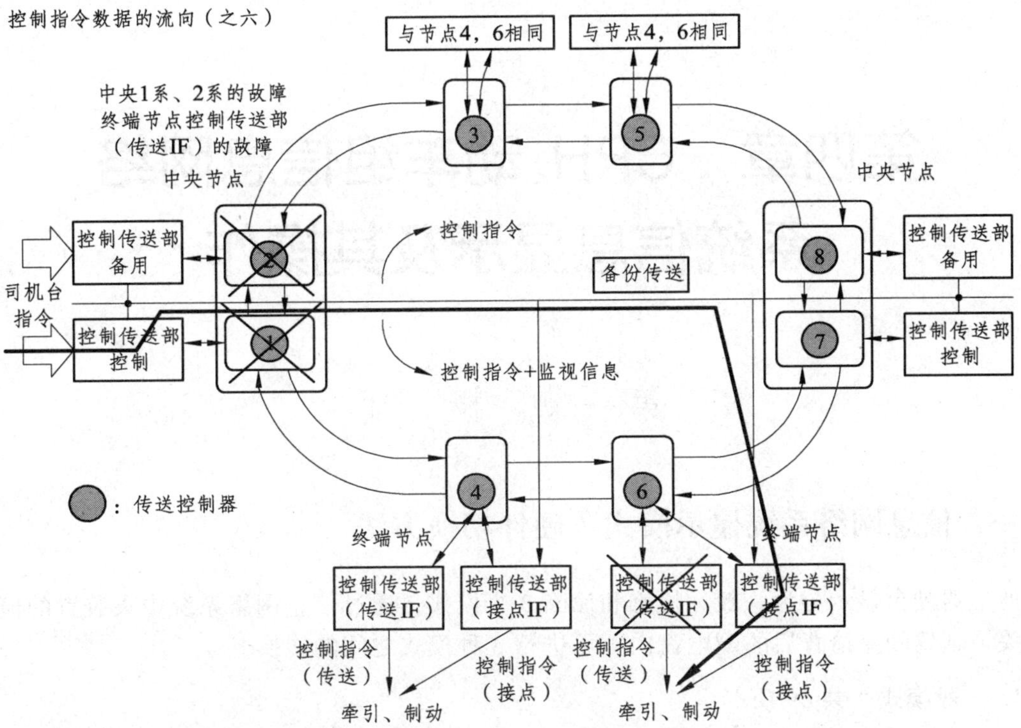

图 3-4-7　备份传送之二

复习思考题

1. CRH_2 动车组信息网络系统由哪些部分组成？
2. 简述 CRH_2 动车组信息网络系统的四大功能。
3. 试统计 CRH_2 动车组信息网络系统部分的数目。
4. 简述 CRH_2 型动车组网络系统的构成。
5. 简述 CRH_2 动车组列车总线中，光纤环网是如何构成的？自我诊断传输线是如何连接的？
6. 简述 CRH_2 动车组信息网络系统的功能具体包括哪些方面。
7. 简述 CRH_2 动车组信息网络系统的列车总线的适用规格。
8. 简述 CRH_2 动车组信息网络系统的车辆总线的适用规格。
9. 终端装置与设备之间的通信方式有什么特点？
10. 列车信息中央装置由哪些电路板组成？
11. 列车信息终端装置由哪些电路板组成？
12. 诊断信息的传输功能包括哪几个方面？
13. 列车信息显示器有哪几种显示模式？
14. 简述正常状态下信息的传输路径。
15. 正常情况下，终端 4 到终端 6 之间的信息是如何传输的？故障情况有哪些？如何实现故障情况下的信息传送？
16. 正常情况下，中央 1 到终端 6 之间的信息是如何传输的？故障情况有哪些？如何实现故障情况下的信息传送？

第四章　CRH_2动车组信息网络系统信息显示及其操作

第一节　概　述

一、信息网络系统显示模式及硬件切换方法

列车驾驶台显示分为一般、检修和诊断 3 个模式，通过信息网络系统中央装置的模式切换开关（副驾驶座椅背后的配电盘内）可进行 3 种模式之间的转换。

1. **一般模式**（共 59 项）

一般模式是司乘人员在动车组运行中使用的操作模式，分为司机模式、列车员模式和记录模式。

（1）司机模式。

在司机模式下，可以查看列车行驶状态、车辆信息、出库信息、制动信息、电源电压、配电盘信息、车门状态及车次设定等 38 项功能。

（2）列车员模式。

在列车员模式下，可以查看车门信息、空调状态、实现对服务设施、广告显示、空调模式等项目的设定等 21 项功能。

（3）记录模式。

在记录模式下，可以实现动车组正常运行及试运行信息的记录、下载等 3 项功能。

2. **检修模式**（共 42 项）

检修模式是在动车组入库或在检修基地检修时所使用的模式。主要有下列功能：

（1）实现动车组主变流器、总风管压力、常用和非常用制动试验、辅助制动试验、加压和非加压辅助电源检查以及车门开关的测试，并对检查试验的信息进行记录和存储。

（2）设定车轮直径、编组信息、车号车次、停车站等项目。

（3）查询主故障记录信息。

（4）读取和写入 IC 卡信息。

（5）设定模拟故障。

3. **诊断模式**（共 37 项）

在诊断模式下，可以实现对信息网络系统自身设备的诊断以及对传送网络的诊断。

二、各显示模式下的页面内容

1. 一般模式下显示页面（见表 4-1-1 ~ 4-1-5）

表 4-1-1　一般模式下共同页面

页面编号	页面名称	说　明
1	准备页面	到控制传输装置被初始化为止的信息显示
2	初期选择页面	司机、列车员、记录选择页面

表 4-1-2　司机用页面

页面编号		页面名称	说　明
1		司机方式菜单页面	选择司机方式的各页面以及其他方式的选择
2		行驶状态页面	显示司机必需的信息（挡位、制动、关门、单元、牵引/再生等）
3		车辆信息页面	第 1 页面显示引发紧急制动的原因以及主要设备有无故障，第 2 页面显示 CMP、EGS、无电压、MR 压的动作信息
4		故障一览页面	最多显示 20 件最新的故障记录
5		应急手册页面	针对具体事故显示应急指导
6		出库信息页面	显示各设备是否接通电源，有无异常
7		开放状态页面	显示集电器开放、VCB 开放、M 车开放、压缩器开放、空制开放、非连锁等各状态
8	（1）	制动信息页面	以数字方式显示各压力（BC 压、AS 压、MR 压、EP 阀电流、再生图形）的状态
	（2）	BC 压力页面	以条线图以及数字的方式显示各车厢的 BC 压力
	（3）	AS 压力页面	以条线图以及数字的方式显示各车厢的 AS 压力
	（4）	MR 压力页面	以条线图以及数字的方式显示各车厢的 MR 压力
	（5）	EP 阀电流页面	以条线图以及数字的方式显示各车厢的 EP 阀电流
	（6）	再生制动力页面	以条线图及数字方式显示各车厢的主变换再生制动电压
9	（1）	主变换器（编组）页面	以数字的方式显示各主变换装置的 MM 电流、直流电压、转子频率、再生制动力的状态。此外，通过键操作可以转移至显示有各信息条线图的页面
	（2）	MM 电流页面	以条线图及数字方式显示各主变换装置的 MM 电流图形、MM 电流反馈图形
	（3）	直流电压页面	以条线图以及数字的方式显示各主变换装置的直流电压图形、直流电压反馈图形
	（4）	转子频率页面	以条线图以及数字的方式显示各主变换装置的转子频率
	（5）	再生制动页面	以条线图以及数字的方式显示各主变换装置的再生制动力

续表

页面编号		页面名称	说明
10		主变换器（各车）页面	显示各车主变换装置的工作状态
11		累计电力页面	以数字的方式显示各主变换装置的累计开始日期、牵引电能、再生电能、总耗电量、累计行驶距离
12		空转打滑页面	显示各车空转、打滑的出现次数
13		电源电压页面	显示三相电压、AC 100 V（恒压）、蓄电池电压的状况
14		供电分类页面	显示 AC 400 V、DC 100 V、AC 220 V、AC 100 V、AC 100 V（恒压）等各电压的供电范围
15		车门信息页面	显示各车的车门状态信息
16		光传输状态信息	显示光传输路径状态
17		配电盘信息页面	显示各车厢的配电盘信息。此外，触摸车厢号码键后可以显示被指定车厢的配电盘信息
18	（1）	车次设定页面	不使用日常卡的情况下设定车次
	（2）	始发站选择页面	在车次设定页面设定好车次后，设定始发站
	（3）	车次设定确认	对已设定的车次、始发站内容进行确认
19	（1）	监测信息设定页面	选择设定项目（日期、时刻）
	（2）	日期设定页面	设定日期
	（3）	时刻设定页面	设定时刻
20		轴温开放页面	设定轴温开放操作
21		遥控开放页面	设定遥控开放操作
22		黏着开放页面	设定黏着开放操作
23	（1）	分合操作页面	显示合并时的状态
	（2）	合并程序页面	显示合并时的程序
	（3）	分割程序页面	显示分割时的程序
24		故障信息页面（司机）	显示故障发生时的故障信息（故障内容、保护措施、处理、注意事项）
25		故障信息页面（司机）	发生故障时，无论处在哪个页面都会在该页面的下方瞬间显示故障信息（故障内容、保护）
26		通知状态页面（司机）	发生紧急报警时或发生火灾警报时，显示紧急报警状态和火灾警报状态

表 4-1-3　列车员用页面

页面编号		页面名称	说　明
1		列车员方式菜单页面	选择列车员方式的各页面以及其他方式的选择
2		列车员信息页面	第 1 页面中显示车门、火灾警报、紧急蜂鸣器、厕所蜂鸣器、缺水等状态 第 2 页面中显示全车广播、内部灯的开/关、车厢内的各种状态
3		空调信息页面	显示总运行模式、空调减半、设定温度、室温、工作率等各种状态
4		车门信息页面	显示各车的车门信息
5		车次检查页面	显示目前已设定的类别、车次、分合、停车图形、车厢号码
6		标准温度设定页面	对各车厢的冷气及暖气温度进行设定
7		紧急文设定页面	发生车辆故障或者晚点的场合，通过此页面选择具体原因（文字），向车内显示器发送
8	(1)	列车类型设定页面	输入有关列车的类型、车次等
	(2)	停车站类型设定页面	输入有关列车的停车站类型
	(3)	分合信息选择页面	输入有关列车的分合信息
	(4)	分合站设定页面	输入有关列车的分合站
	(5)	车厢号码设定页面	输入有关列车的车厢号码
	(6)	手动设定确认页面	显示在列车类型设定/车厢号码设定页面中设定的类型、车次、停车类型、分合站、车厢号码
9	(1)	附属设备控制页面	选择空调运转方式、广播、车内显示、室内灯、自动广播（混编列车时）、关闭广播（仅限混编列车时）的控制输入
	(2)	空调运转方式设定页面	设定空调运转方式
	(3)	广播设定页面	设定整车广播的开/关
	(4)	车内显示设定页面	设定车内显示与对象车辆
	(5)	室内灯设定页面	设定整车室内灯的开/关
	(6)	广播切换设定页面	设定编组间广播的开/切换
	(7)	自动广播设定页面	进行自动广播的切换
10		广告文显示页面	最多可显示 30 条通过列车无线装置接收的广告文
11		故障信息页面（列车员）	显示故障发生时的故障信息（故障内容、保护装置、处理、注意事项）
12		故障发生信息页面（列车员）	发生故障时，无论处在哪个页面都会在该页面的下方瞬间显示故障信息（故障内容、保护）
13		通知状态页面（列车员）	发生紧急报警或火灾警报时，显示紧急报警状态和火灾警报状态

表 4-1-4　记录用页面

页面编号	页面名称	说　明
1	记录方式菜单页面	选择记录方式的各页面以及其他方式的选择
2	试运行记录页面	最多可在存储卡内记录 2 000 s 的车辆性能信息（挡位、速度、电动机电流、BC 压、行驶距离等）
3	项目设定页面	选择每个车厢记录的数字信息、模拟信息以及各信息的触发设定
4	记录数据写入/删除页面	将第 3 项记录的数据传输至 IC 卡或删除

2. 诊断模式下显示页面（见表 4-1-5）

表 4-1-5　诊断模式下显示页面

页面编号	页面名称	说　明
1	准备页面	显示控制传输装置被初始化之前的图像
2	诊断模式菜单页面	选择诊断模式功能的页面
3	ROM 诊断页面	显示中央、终端各监控装置 ROM 的版本以及检查和值
4	RAM 诊断页面	显示中央、终端各监控装置的 RAM 检查结果
5	DI/DO 诊断页面	在每辆车上显示中央、终端各监控装置中输入/输出的 DI/DO 信息
6	AI/PI 诊断页面	在每辆车上显示中央、终端各监控装置中输入/输出的 AI/PI 信息
7	光传输诊断页面	显示传输系统的传输错误次数
8	设备传输诊断页面	显示过去 10 s 内与车辆信息控制装置的对象设备间的传输错误次数
9	传输信息页面	将用于检查各对象设备之传输状况的传输数据以 16 进位方式转储并显示
10	LCD 诊断页面	在 LCD 中显示测试图（显示器检查用）
11	DSW 诊断页面	显示 CPU3、MDM8、DU 的 DSW 信息

3. 检修模式下显示页面（见表 4-1-6）

表 4-1-6　检修模式下显示页面

页面编号		页面名称	说　明
1		检修模式菜单页面	选择检修模式的各种功能
2	（1）	车上检查实行菜单页面	选择自动检查的对象机器，检查中的监控显示
	（2）	车上检查监控页面	

续表

页面编号		页面名称	说　明
3	（1）	车上检查结果菜单页面	显示自动检查的检查结果
	（2）	车上检查结果页面	
4	（1）	主故障记录信息车厢选择页面	显示引起故障指示灯亮起的故障中各元件从 −3～+2 s 的记录
	（2）	主故障记录菜单页面	
	（3）	主故障记录信息页面	
5	（1）	故障记录信息车厢选择页面	显示各车辆中记录的过去曾经发生的故障记录（发生年月日、故障名称等）
	（2）	故障记录准备中页面	
	（3）	故障记录信息页面	
6		IC 卡读取菜单页面	读取 IC 卡中的广告文数据
7	（1）	IC 卡写入菜单页面	将监控器装置内的故障、自动检查结果、空调运行记录、自检、状态监控数据等记录写入 IC 卡中
	（2）	主变换装置追踪记录车厢选择页面	
7	（3）	主变换装置追踪记录写入页面	
	（4）	故障记录写入页面	
8	（1）	监控信息设定菜单页面	设定编组号码、车轮径
	（2）	编组号码设定页面	
	（3）	车轮径设定页面	
9	（1）	记录数据删除菜单页面	将故障、自检等记录于监控装置内的数据删除
	（2）	主变换装置追踪记录删除页面	
	（3）	故障记录状态显示页面	
10		模拟故障设定页面	进行模拟故障设定

第二节　一般模式下设备控制与状态信息的显示及其操作

一、页面转换关系框图

1. 司机模式（见图 4-2-1）

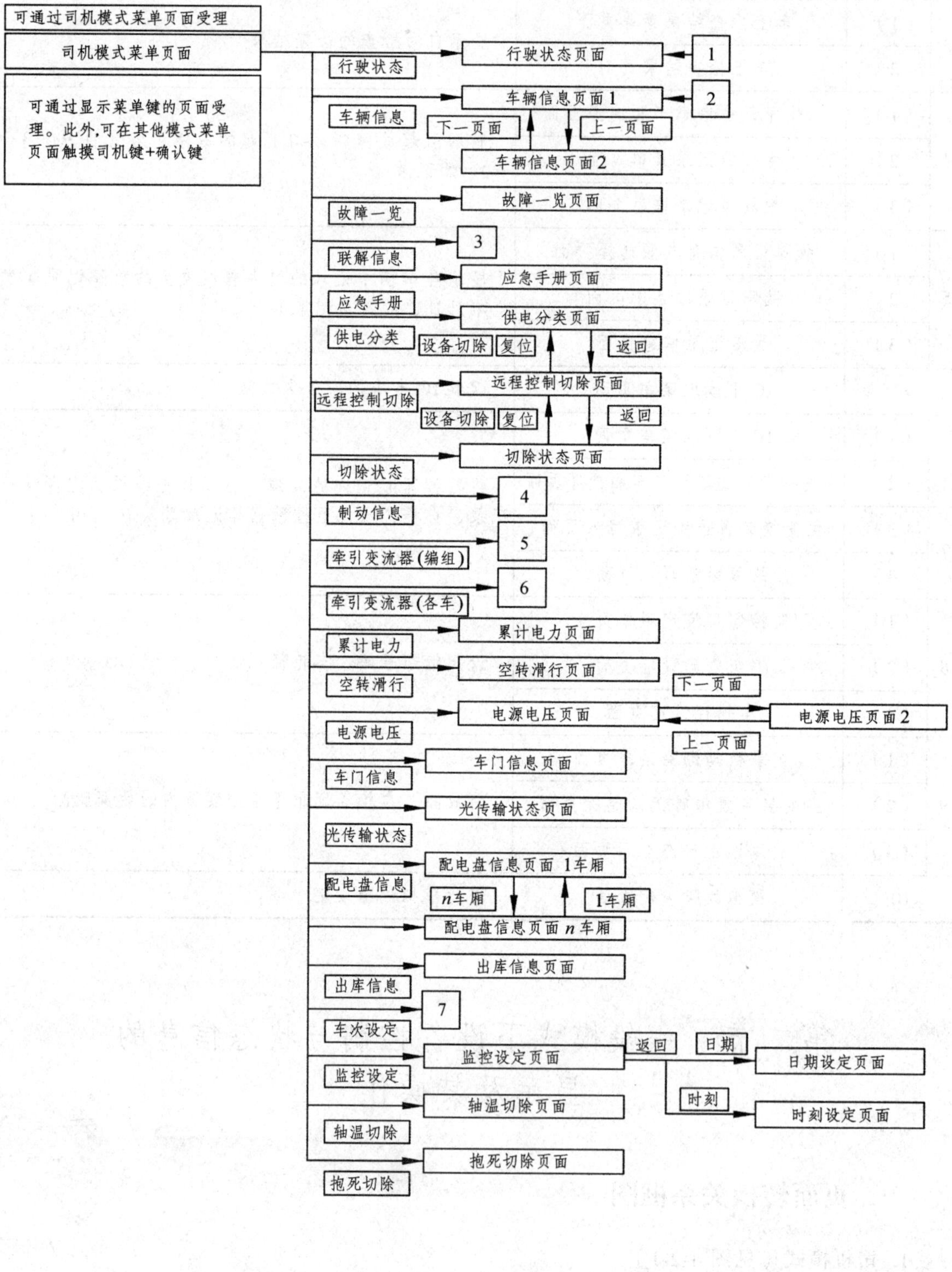
可通过司机模式菜单页面受理
司机模式菜单页面
可通过显示菜单键的页面受理。此外,可在其他模式菜单页面触摸司机键+确认键
行驶状态
行驶状态页面
1
车辆信息
车辆信息页面1
2
下一页面
上一页面
车辆信息页面2
故障一览
故障一览页面
联解信息
3
应急手册
应急手册页面
供电分类
供电分类页面
设备切除
复位
返回
远程控制切除
远程控制切除页面
设备切除
复位
返回
切除状态
切除状态页面
制动信息
4
牵引变流器(编组)
5
牵引变流器(各车)
6
累计电力
累计电力页面
空转滑行
空转滑行页面
电源电压
电源电压页面
下一页面
上一页面
电源电压页面2
车门信息
车门信息页面
光传输状态
光传输状态页面
配电盘信息
配电盘信息页面 1车厢
n车厢
1车厢
配电盘信息页面 n车厢
出库信息
出库信息页面
车次设定
7
监控设定
监控设定页面
返回
日期
日期设定页面
时刻
时刻设定页面
轴温切除
轴温切除页面
抱死切除
抱死切除页面

1,8,16车厢 显示器1

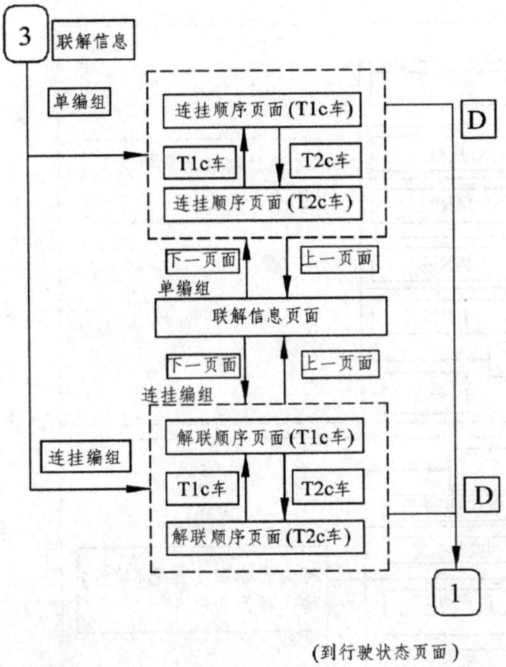

1,8,16车厢 显示器2

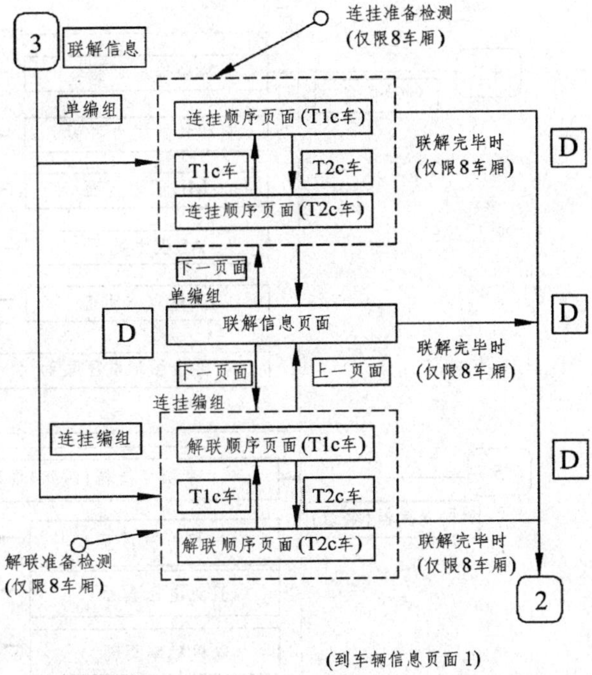

9车厢 显示器1

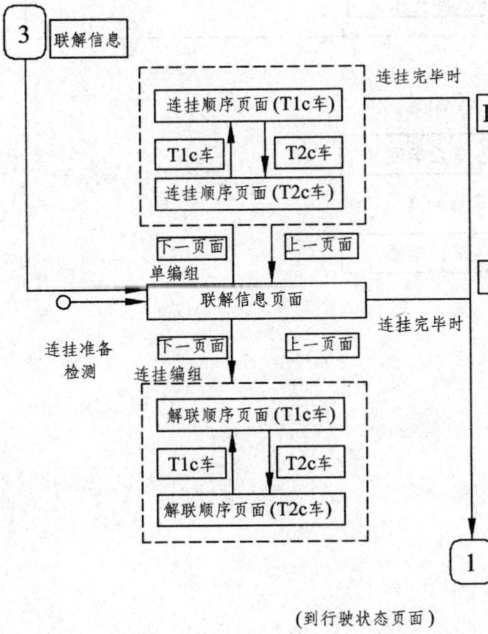

9车厢 显示器2

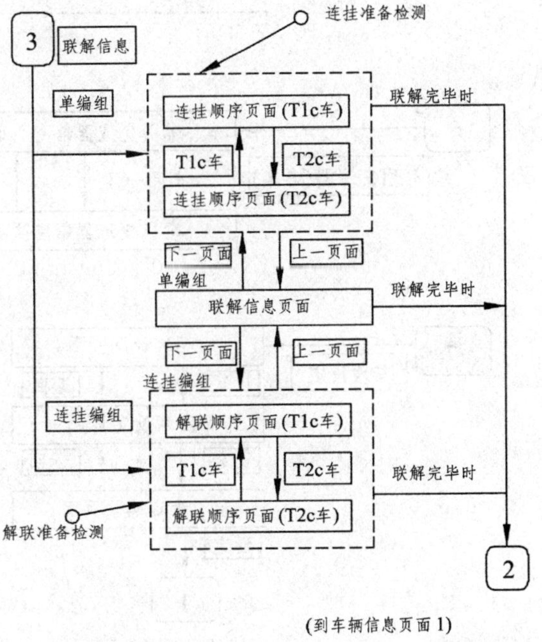

D

注1：在解联试验SW置于“合”的情况下，向连挂顺序页面转移时，应全部转移至解联顺序页。

注2：如果正在显示连挂顺序页面的过程中解联试验W变成“合”时，则会自动地转移至解联顺序页面（8，16车厢的显示器除外）。

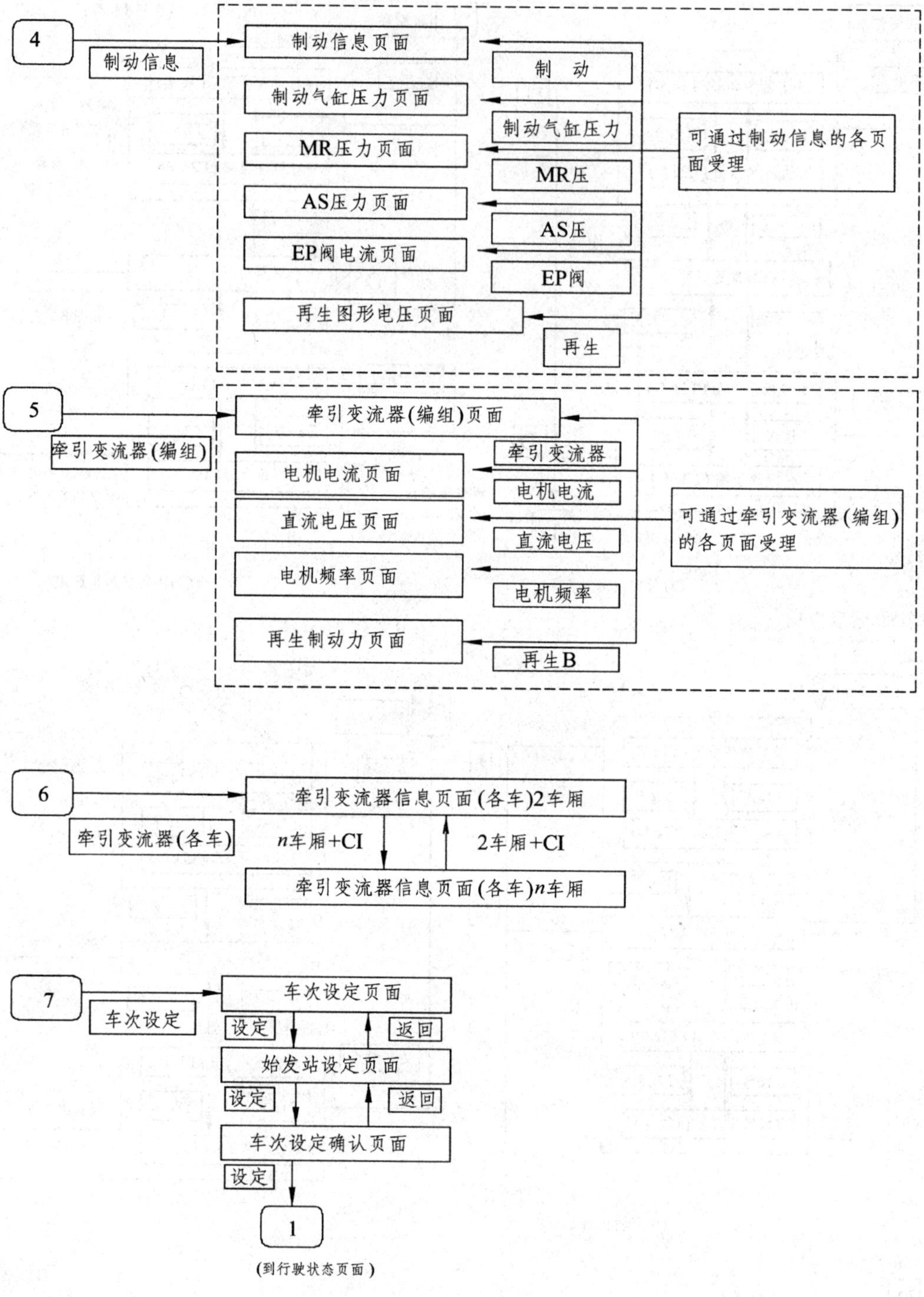
4
制动信息
制动信息页面
制 动
制动气缸压力页面
制动气缸压力
MR压力页面
MR压
AS压力页面
AS压
EP阀电流页面
EP阀
再生图形电压页面
再生
可通过制动信息的各页面受理
5
牵引变流器(编组)
牵引变流器(编组)页面
牵引变流器
电机电流页面
电机电流
直流电压页面
直流电压
电机频率页面
电机频率
再生制动力页面
再生B
可通过牵引变流器(编组)的各页面受理
6
牵引变流器(各车)
牵引变流器信息页面(各车)2车厢
n车厢+CI
2车厢+CI
牵引变流器信息页面(各车)n车厢
7
车次设定
车次设定页面
设定
返回
始发站设定页面
设定
返回
车次设定确认页面
设定
1
(到行驶状态页面)

图 4-2-1　司机模式

2. **列车员模式**（见图 4-2-2）

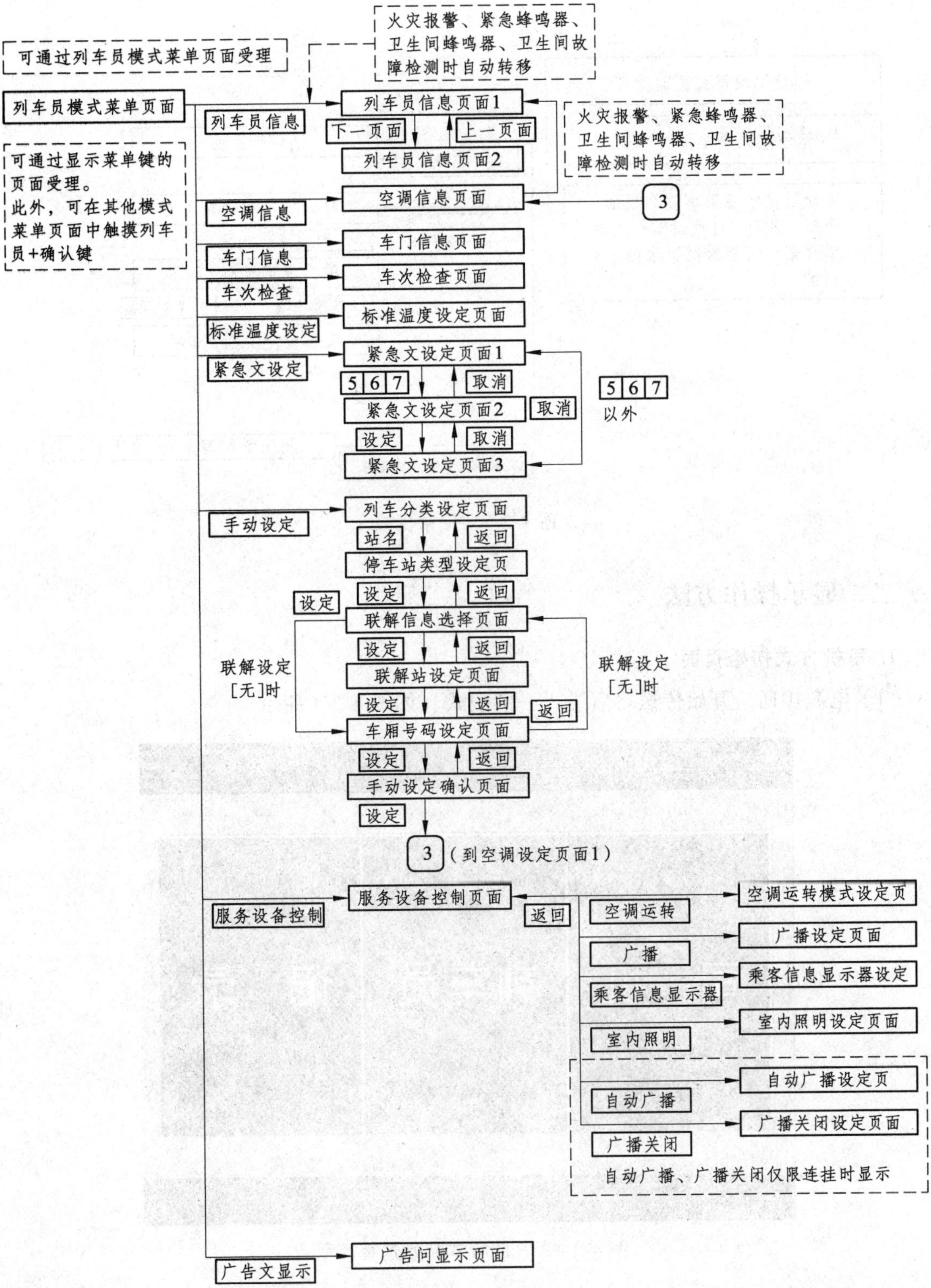

图 4-2-2　列车员模式

3. **记录模式**（见图 4-2-3）

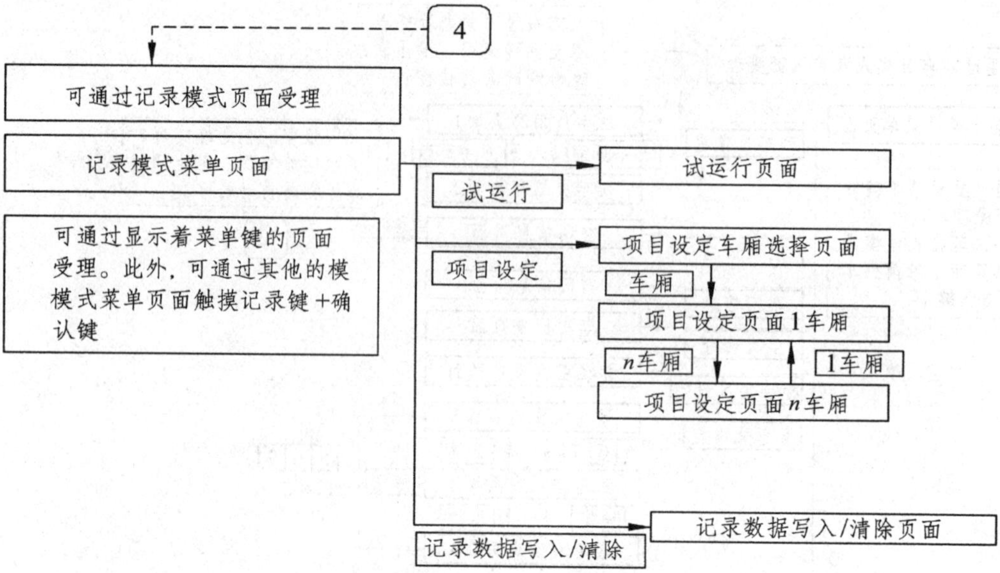

图 4-2-3　记录模式

二、显示操作方法

1. 司机方式初始页面

（1）电源接通，开始传送之后进入一般模式，如图 4-2-4 所示。

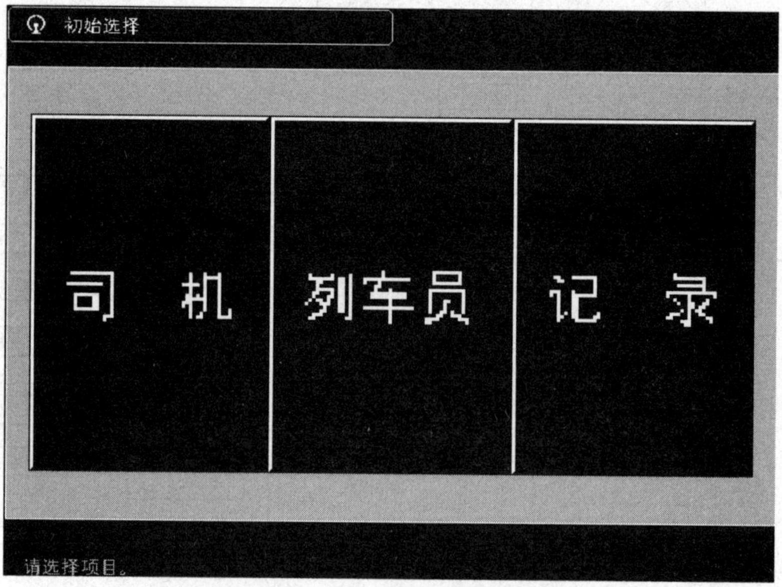

图 4-2-4　一般模式初始选择页面

（2）进入初始页面后，显示器显示司机、列车员、记录 3 个选项。直接触摸屏幕上 3 个选项对应区域，即可选择 3 种显示方式中的一种。未选中区域显示蓝底白字，选中区域显示绿底黑字。

① 触摸司机键转移至行驶状态页面（显示器 1）或车辆信息页面（显示器 2）。

② 触摸列车员键转移至空调信息页面。

③ 触摸记录键转移至记录方式菜单页面。

2. **司机方式菜单页面**（见图 4-2-5）

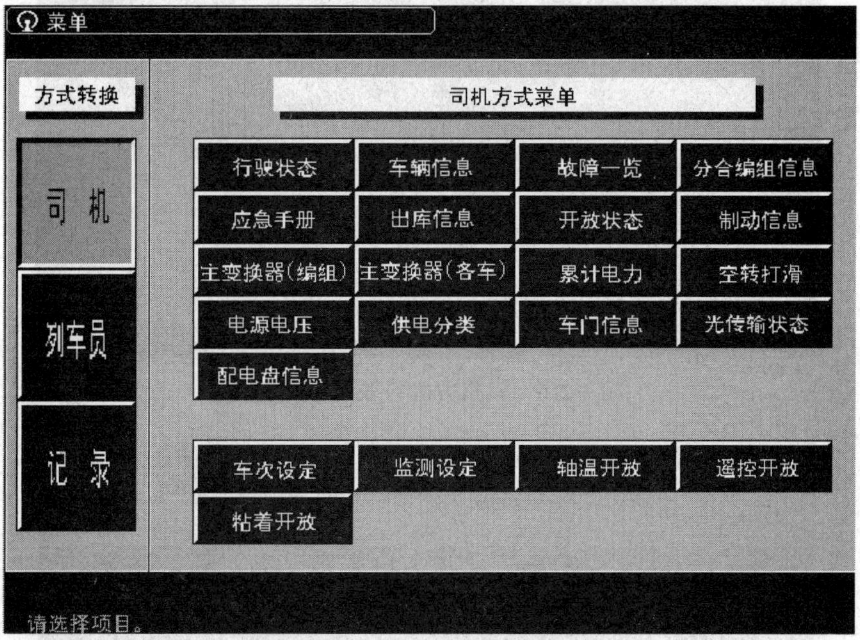

图 4-2-5　司机方式菜单页面

（1）页面切换。

① 在司机方式的各页面中触摸菜单键。

② 在列车员、记录方式菜单页面中，通过方式转换（操作中央装置前面的模式切换开关切换），触摸司机键。

（2）显示内容。

① 方式转换。

- 通过触摸列车员键转移至列车员方式菜单页面。
- 通过触摸记录键转移至记录方式菜单页面。

② 司机方式菜单。

- 通过触摸页面中显示的各键，转移至各页面。
- 遥控开放键仅在装入了主控制器的驾驶室的显示器 1、显示器 2 中显示。其他显示器已经打开遥控开放页面时，则显示“其他页面遥控开放页面显示中”，页面不转移。
- 车次设定键仅在装入了主控制器的驾驶室或两驾驶室主控制器未装入时的显示器 1、显示器 2 中显示。
- 触摸故障一览键时，如果一起故障也没有，则显示“无故障记录”，页面不转移。

3. 司机方式行驶状态页面（见图 4-2-6 和图 4-2-7）

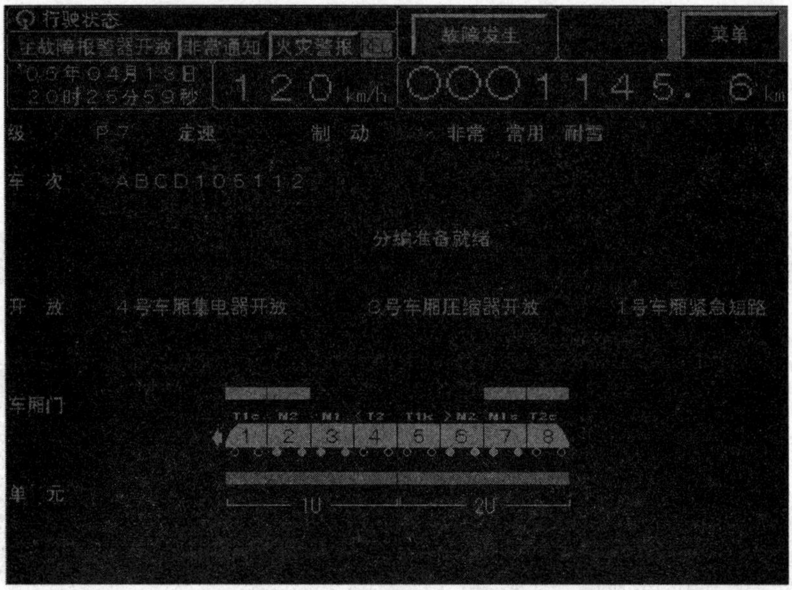

图 4-2-6　司机方式行驶状态页面 1

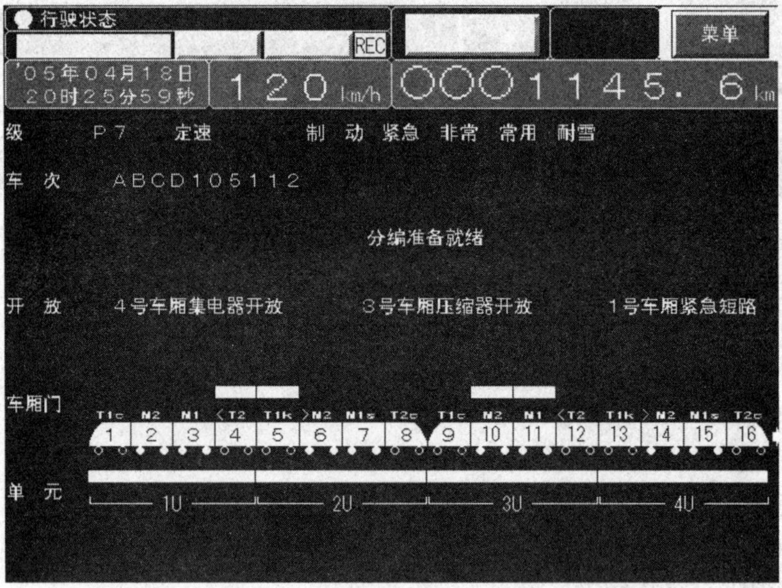

图 4-2-7　司机方式行驶状态页面 2（两个编组连挂）

（1）页面切换。

① 在司机方式菜单页面中触摸行驶状态键。

② 在车次设定页面进行车次设定。

（2）显示内容。

① 级。

牵引级：P1 ~ P10，OFF。

制动级：B1 ~ B7。

紧急制动：紧急。

② 定速：定速时显示。

③ 制动：以 UB（紧急）→EB（非常）→NB（常用）→TB（耐雪）的顺序显示。

④ 车次：显示通过相关调度选择的车次，如 ABCD105112。

⑤ 分编准备就绪：分编准备完毕时显示。

⑥ 开放：车厢显示 3 号，开放设备显示 7 号。

开放设备项目一览（优先顺序排列）：（a）× 车厢集电器开放、（b）× 车厢 VCB 开放、（c）× 车厢 M 车开放、（d）× 车厢压缩器开放、（e）× 车厢压缩器同步开放、（f）× 车厢紧急短路、（g）× 车厢不足测知短路。

⑦ 空气阻力增加装置：显示空气阻力增加装置的开闭状态。

⑧ 车厢门：黄色表示开；无显示表示闭。

⑨ 单元：红色表示有故障；绿色表示无故障；不显示表示情况不明。

⑩ 牵引/再生：通过来自主变换装置的传输数据，在 M 车单位中以色彩进行牵引/再生时的显示。

⑪ 打滑/空转：车辆的车轮处于打滑、空转时，色彩变为紫色（全面涂抹）。

⑫ 车型：在车辆上显示车型（如 T1c、M2 等）。

两个编组连挂时显示内容与单列相同，但两个编组的运行状态同时在屏幕上显示。

4. 车辆信息页面

车辆信息页面由多个页面组成。其第一个页面如图 4-2-8 所示，由于篇幅限制，其他页面参见相关资料。

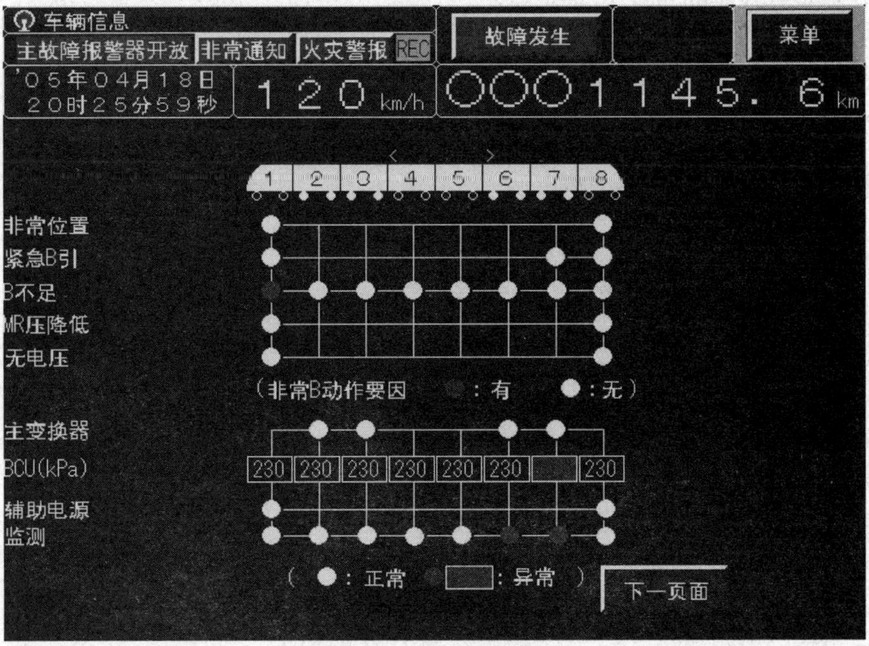

图 4-2-8　车辆信息页面

（1）页面切换。

① 在初期选择页面中触摸[司机]键后，转移至车辆信息第一页面。

② 在司机方式菜单页面中触摸[车辆信息]键后，转移至车辆信息第一页面。

③ 在车辆信息页面中触摸[下一页面]键后，转移至车辆信息第二页面，触摸[上一页面]键后，转移至车辆信息第一页面。

（2）显示内容。

① 车辆信息第一页面中显示：引发非常、紧急制动的原因以及重要设备有无故障。车辆信息第二页面中显示：各设备的工作状态。

② 引发非常、紧急制动的主要原因：

- 非常位置：制动设定器处于非常动作。
- 紧急 B 开关：根据紧急制动器牵拉动作。
- 制动不足：根据制动器制动力不足动作。
- MR 压降低：根据 MRrAPS。
- 无电压：根据 NVR 的状态显示。

③ 主要设备有无故障：

- 主变换器：显示主变换装置有无故障。
- 制动器：显示制动器控制装置有无故障。不过，正常情况下显示 BC 压。其显示范围为 0 ~ 780 kPa，分解度 10 kPa。
- 辅助电源：显示辅助电源装置有无故障。
- 监测：显示监控器的工作状态。

④ 各设备的工作状态：

- CMP：根据压缩机的工作状态显示。
- EGS：根据 EGS 的状态显示。
- 无电压：根据 NVR 的状态显示。
- MR 压：根据 MRrAPS 的状态显示。

4. 故障一览页面（见图 4-2-9）

（1）页面切换。

① 在司机方式菜单页面中触摸[故障一览]键。

② 最多显示 20 条最新的故障记录，通过触摸[上一页面]、[下一页面]键，显示上一页或下一页故障数据。

（2）显示内容。

① 故障名称：故障的名称。

② 故障码：以代码显示。

③ 发生车厢：故障发生车厢。

④ 日期：故障发生日期。

⑤ 时刻：故障发生时刻。

⑥ 速度：故障发生速度。

⑦ 距离：故障发生里程。

⑧ 车次、级、制动：故障发生时的各状态内容与行驶状态页面相同。

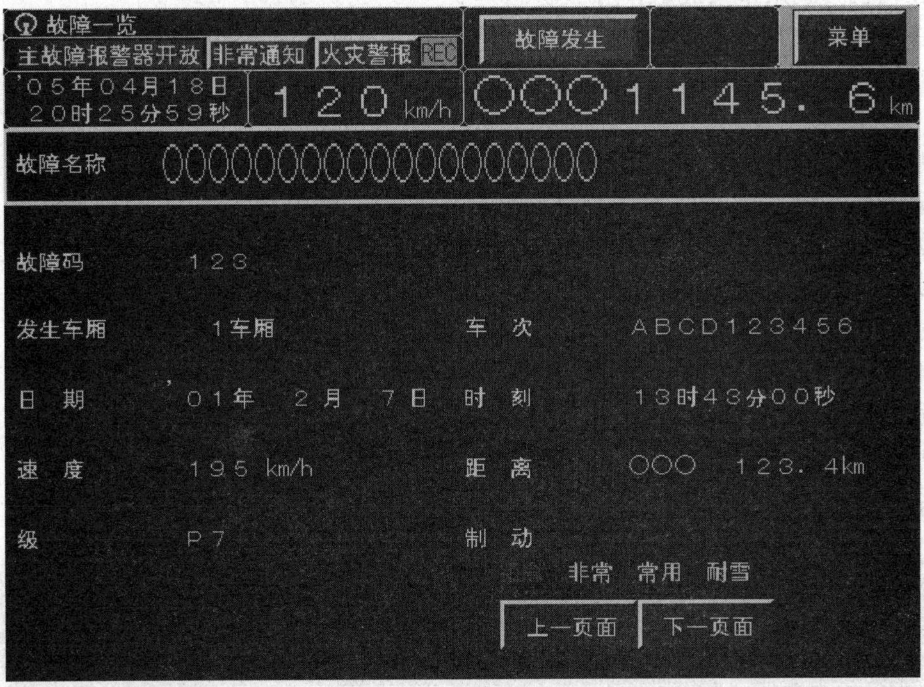

图 4-2-9 故障一览页面

5. 开放状态页面（见图 4-2-10）

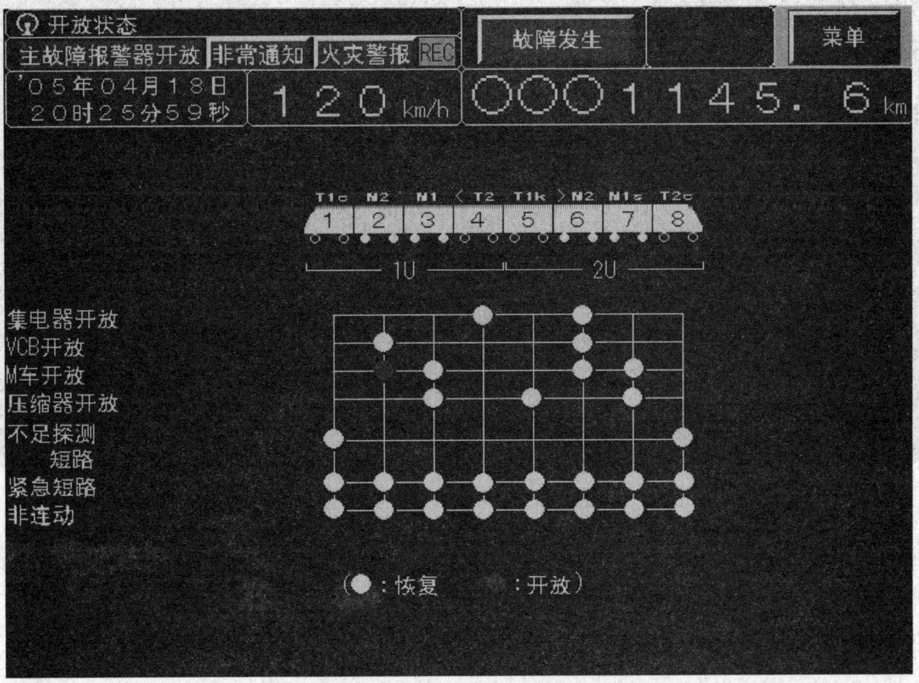

图 4-2-10 开放状态页面

（1）页面切换。

① 在司机方式菜单页面触摸开放状态键。

② 在遥控开放页面，各设备开放设定后转移，只有此时显示返回键。此外，触摸返回键后，转移至遥控开放页面。

（2）显示内容。

① 进行下列开放显示：

- 集电器开放。
- VCB 开放。
- M 车开放。
- 压缩器开放。
- 不足探测短路。
- 紧急短路
- 非连动。

6. 制动信息页面（见图 4-2-11）

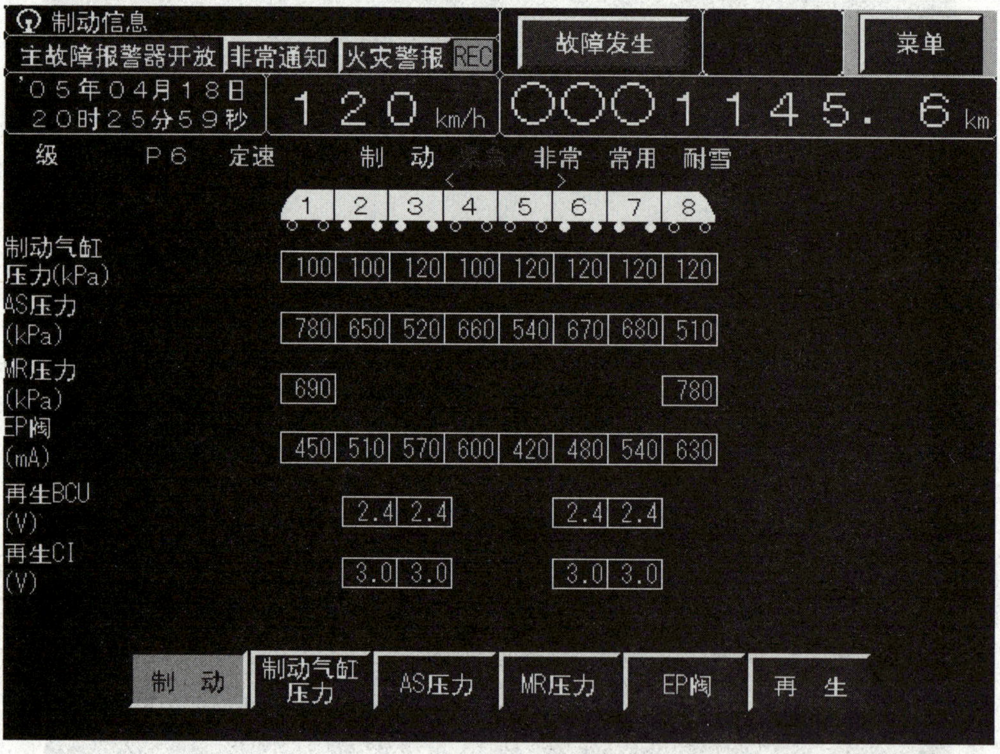

图 4-2-11 制动信息页面

制动信息由以下页面组成：制动信息、制动气缸压力、AS 压力、MR 压力、EP 阀、再生。

（1）页面切换。

① 在司机方式菜单中触摸制动信息键。

② 在制动气缸压力、AS 压力、MR 压力、EP 阀、再生等各页面中，触摸制动键。

（2）显示内容。

① 级。

② 制动：参照行驶状态页面。

③ 定速。

④ 制动气缸压力：显示范围为 0 ~ 780 kPa，分解度 10 kPa。

⑤ AS 压力：显示范围为 0 ~ 780 kPa，分解度 10 kPa。

⑥ MR 压力：显示范围为 0 ~ 1000 kPa，分解度 10 kPa。

⑦ EP 阀：显示范围为 0 ~ 700mA，分解度 1mA。

⑧ 再生 BCU：显示范围为 0 ~ 20.4 V，分解度 0.1 V。

⑨ 再生 CI：显示范围为 0 ~ 15.3 V，分解度 0.1 V。

通过触摸各页面中的[制动气缸压力]、[AS 压]等键后转移至各项目的条线图页面。

其他制动信息页面参见相关资料。图 4-2-12 所示为制动气缸压力页面，其含义不再赘述。

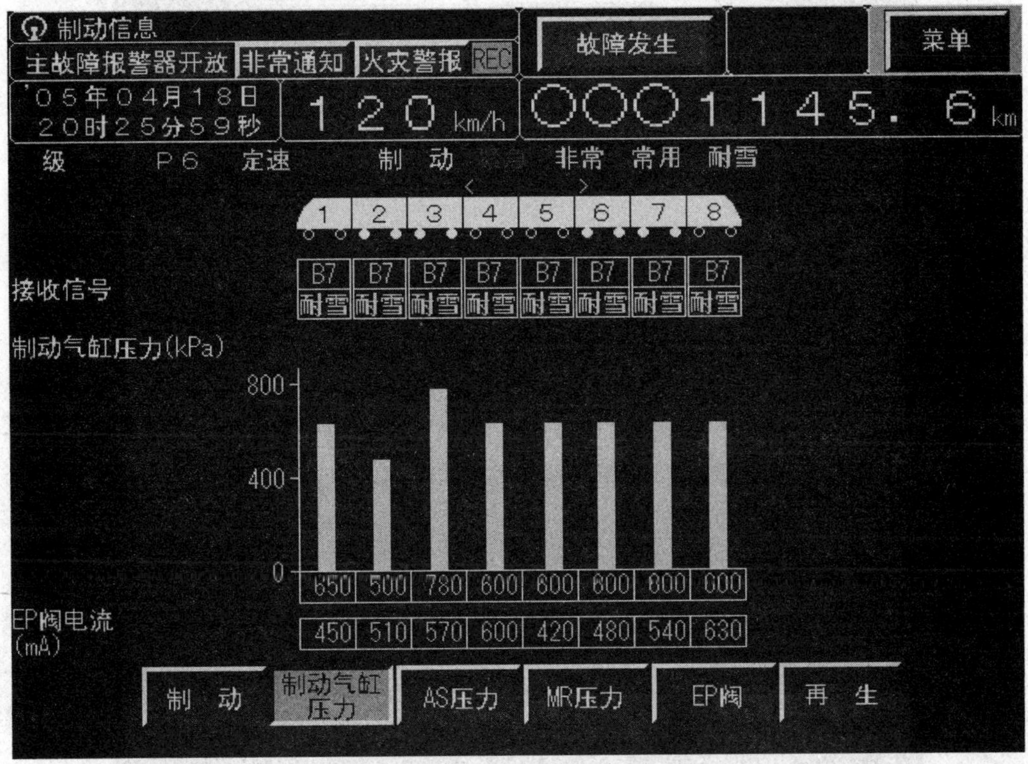

图 4-2-12　制动信息（制动缸压力）页面

7. 主变换信息页面（见图 4-2-13）

主变换信息页面由以下页面组成：主变换信息页面、电机电流页面、直流电压页面、回转器频率页面、再生制动页面。

（2）页面切换。

① 在司机方式菜单页面中触摸[主变换（编组）]键。

② 在[电机电流]、[直流电流]、[回转器 F]、[再生]等各页面中触摸[主变换]键。

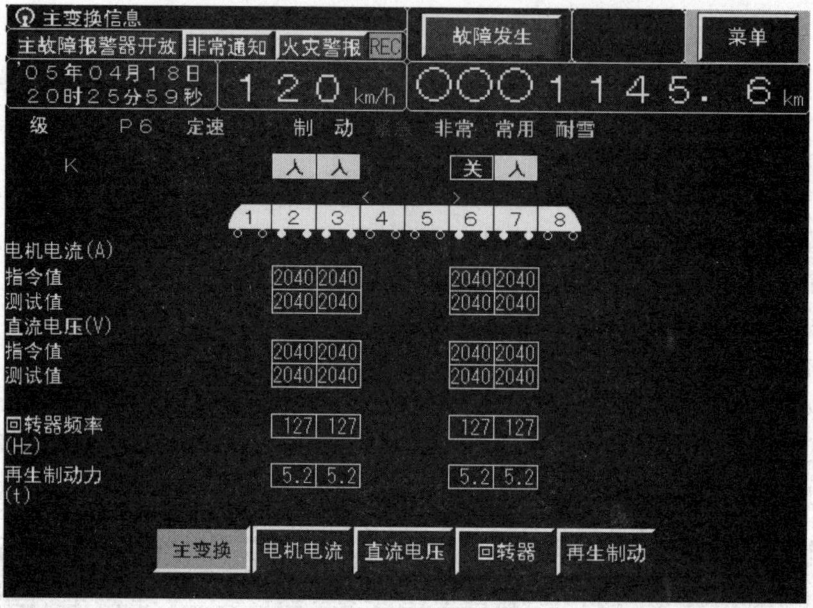

图 4-2-13 主变换信息页面

（2）显示内容。

① 级。

② 制动：参照行驶状态页面。

③ 定速。

④断流器（K）：处于“ON”状态为“入（通）”，其他状态为“关”。

⑤ 通过触摸各页面的键（电机电流、直流电压等），转移至各项目的条线图页面。

其他制动信息页面参见相关资料。图 4-2-14 所示为电机电流页面，其含义不再赘述。

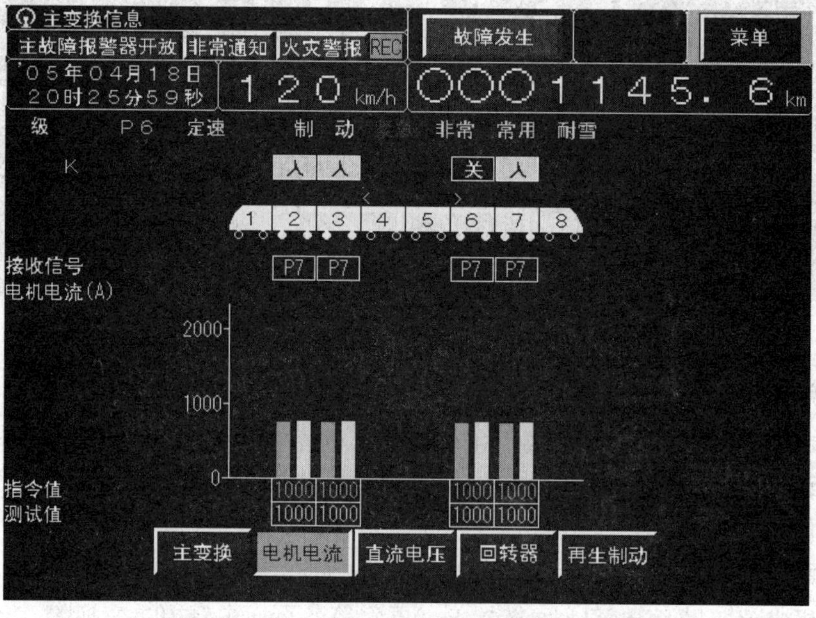

图 4-2-14 主变换信息（电机电流）页面

8. **列车员方式菜单页面**（见图 4-2-15）

图 4-2-15　列车员方式菜单页面

（1）页面切换。

① 在列车员方式的各页面中触摸菜单键。

② 在司机、记录模式页面中通过触摸列车员键进行方式转换。

（2）显示内容。

① 方式转换。

- 通过触摸司机键转移至司机方式菜单页面。
- 通过触摸记录键转移至记录方式菜单页面。

② 列车员方式菜单。

- 通过触摸页面中显示的各键转移至各页面。
- 广告文中的信息如果无法被车辆控制装置读取，则不显示广告文显示键。

列车员方式各页面的显示与操作与司机方式相似，不再赘述。

9. **记录方式菜单页面**（见图 4-2-16）

（1）页面切换。

① 在记录方式的各页面中触摸菜单键。

② 在司机、列车员方式菜单页面中触摸记录键后进行方式转换。

（2）显示内容。

① 方式转换

- 通过触摸司机键，转移至司机方式菜单页面。
- 通过触摸列车员键，转移至列车员方式菜单页面。

② 记录方式菜单。

通过触摸页面中所显示的各键，转移至各页面。

记录方式各页面的显示与操作与司机方式相似，不再赘述。

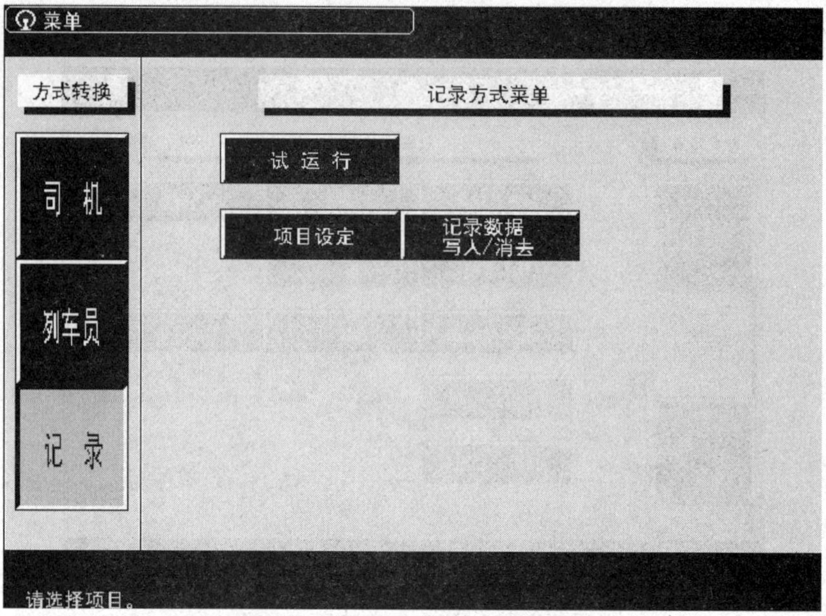

图 4-2-16　记录方式菜单页面

第三节　诊断模式下状态信息显示与操作

诊断模式下状态信息显示与操作各页面不做说明，仅列出几个典型页面（见图 4-3-1～4-3-4）。

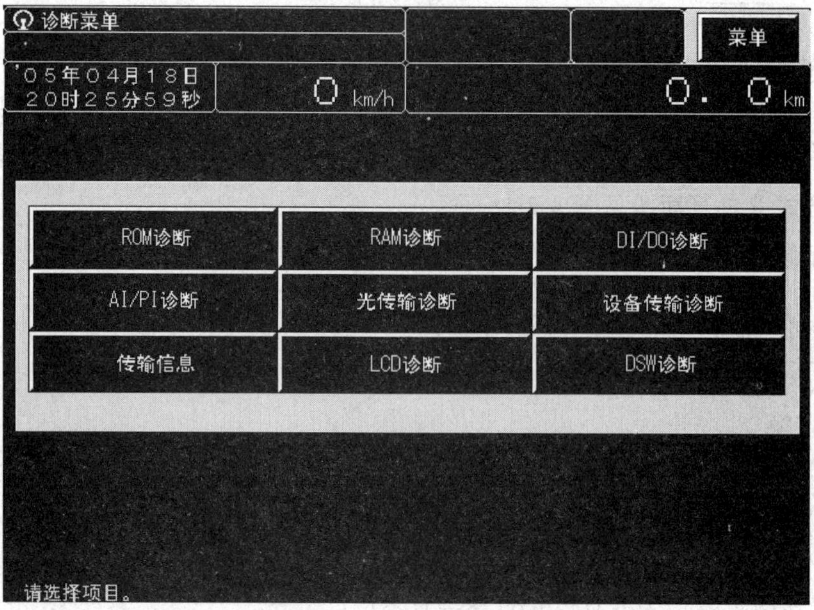

图 4-3-1　诊断方式菜单页面

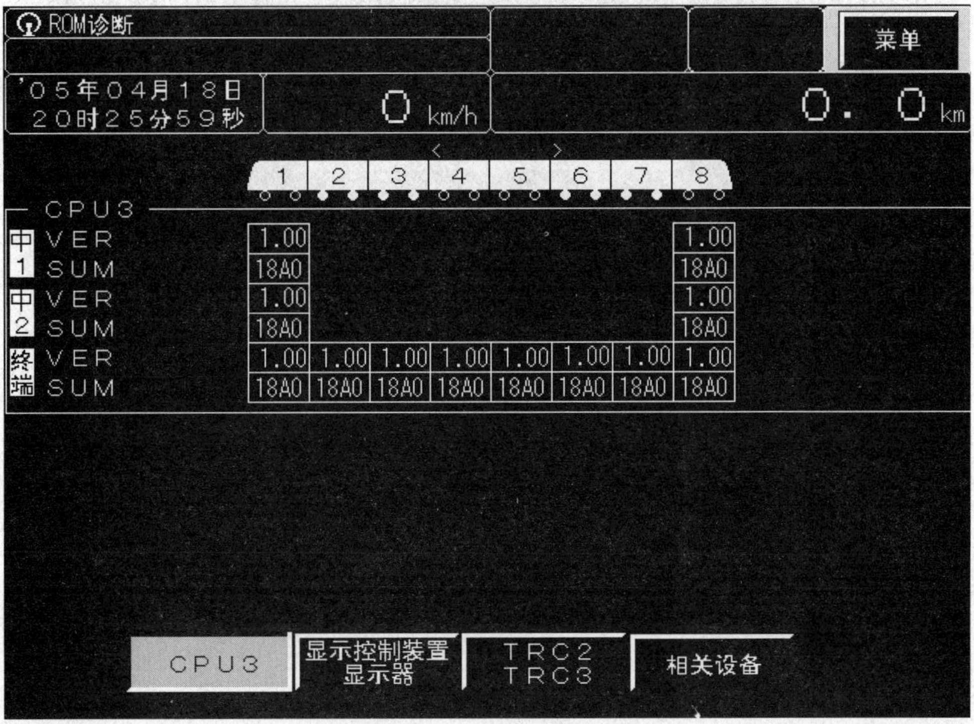

图 4-3-2　ROM 诊断页面

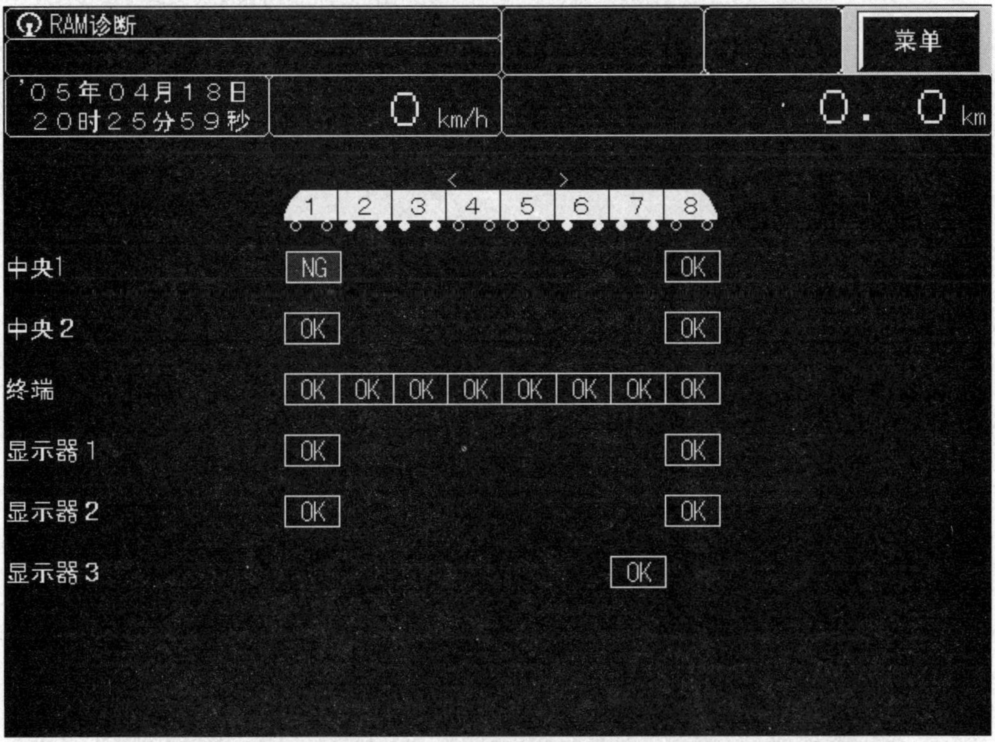

图 4-3-3　RAM 诊断页面

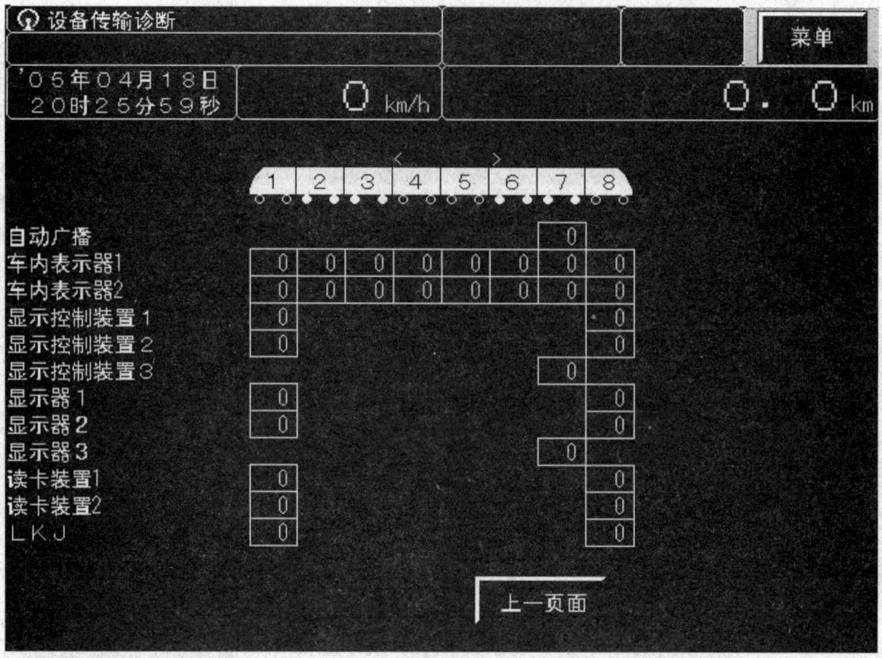

图 4-3-4 设备传输诊断页面

第四节 检修模式下状态信息显示与操作

检修模式下状态信息显示与操作各页面不做说明，仅列出几个典型页面（见图 4-4-1 ~ 4-4-5）。

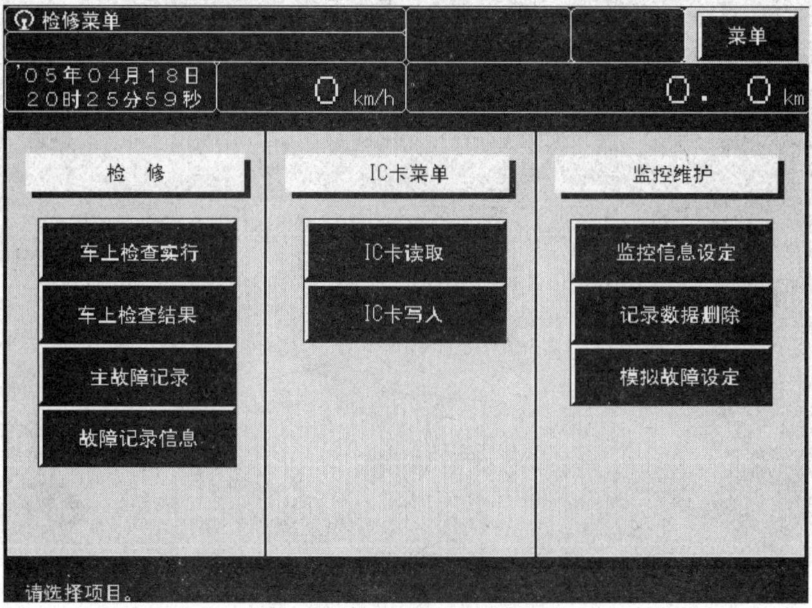

图 4-4-1 检修模式菜单页面

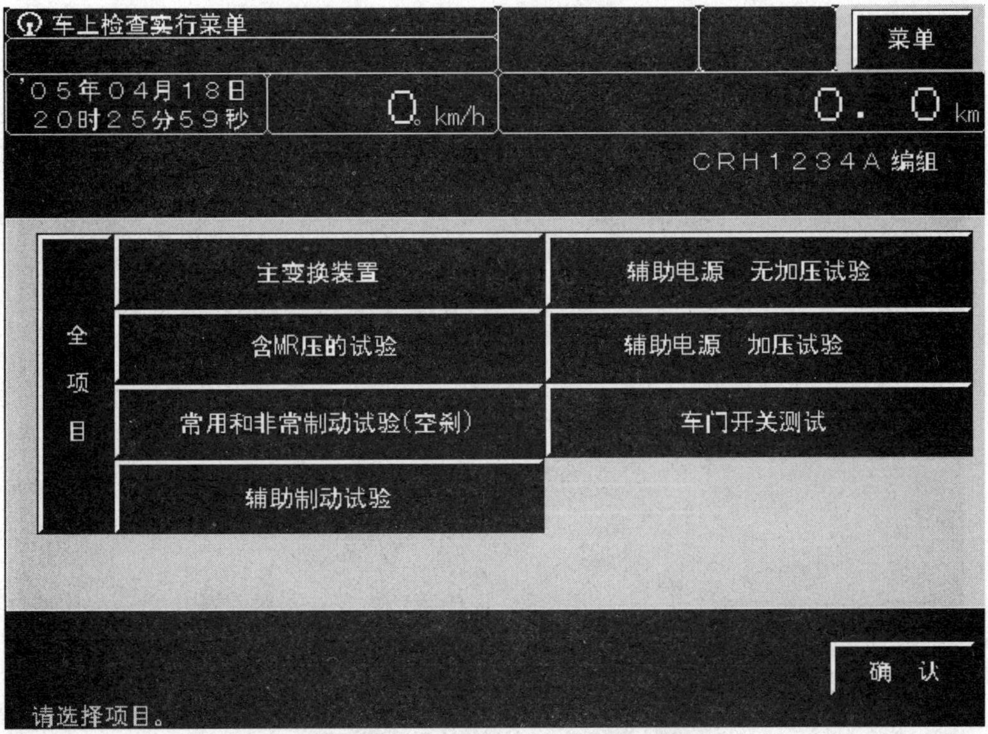

图 4-4-2 车辆检查进行页面

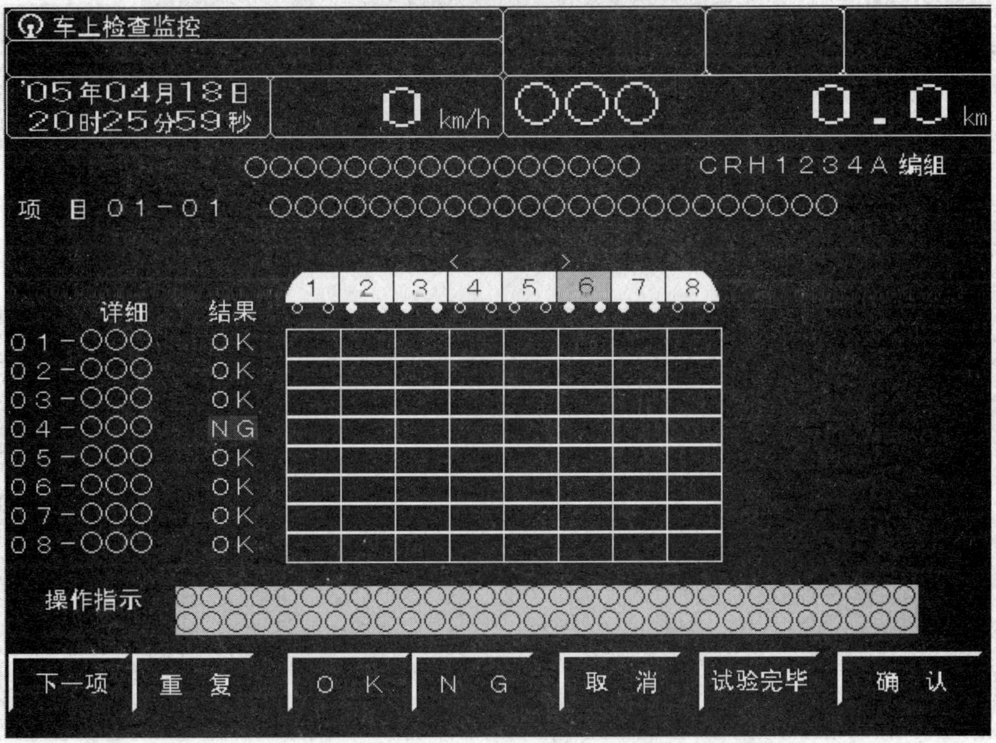

图 4-4-3 车辆检查监控页面

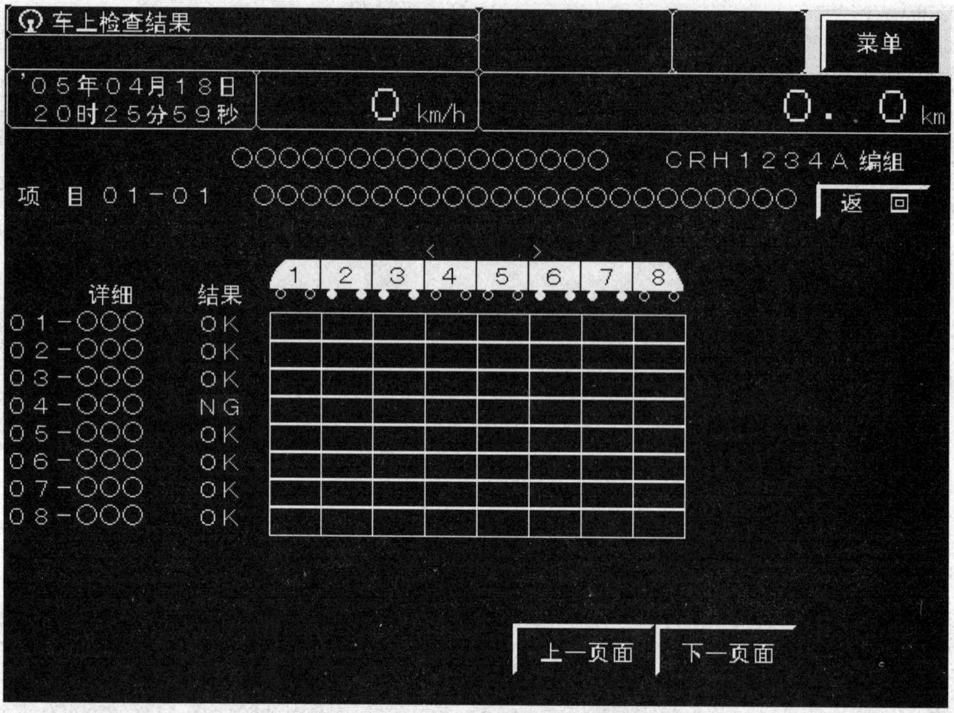

图 4-4-4　车辆检查结果查看页面

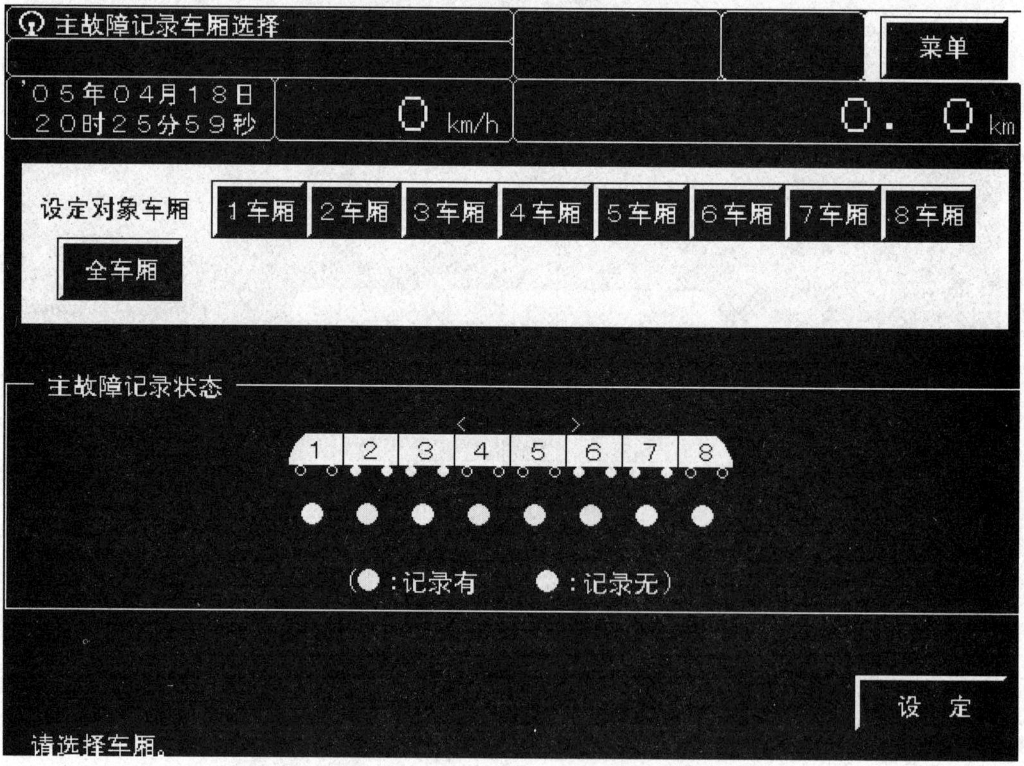

图 4-4-5　主故障记录车厢选择页面

复习思考题

1. CRH_2动车组的列车信息显示器的作用是什么?
2. 设置在司机室的列车信息显示器和设置在列车员室的列车信息显示器有什么不同?
3. 试描述显示屏中主页公共部分、信息显示区、列车状态显示区所包换的内容。
4. 列车显示器的显示模式一共有几种? 如何切换?
5. 一般模式分为哪几种模式?
6. 如何在一般模式、检修模式和诊断模式之间进行功能切换。
7. 简述一般模式下设备控制与状态信息的显示及操作。
8. 简述诊断模式下状态信息的显示与操作。
9. 简述检修模式下状态信息的显示与操作。
10. 简述一般模式下的司机模式、列车员模式、和记录模式的内容和区别。

第五章　CRH_2动车组故障信息及应急处理

第一节　CRH_2动车组故障信息

一、故障记录的目的

车载检测功能是 CRH_2 动车组列车信息网络系统的重要功能之一，该项功能能够实现列车检测自动化，实时地检测和记录列车设备状态，并且通过 CRH_2 动车组所配置的彩色液晶触摸显示装置可以方便地显示和操作。故障记录的目的主要体现在两个方面：

（1）引导动车组司机和随车机械师进行列车操纵、应急故障处理。

列车正常运行时，列车信息显示在司机台的显示器上，司机和随车机械师可以了解列车运行状态，为操纵列车提供有效的辅助帮助作用。列车设备出现故障时，通过故障报警，提醒司机和随车机械师调阅故障一览，从而掌握列车设备的实时故障状态。根据列车信息显示器提供的故障处置方案，引导司机和随车机械师及时采取措施，避免故障扩大，从而保障列车的正常运行和安全。

（2）作为地面检修的维修依据。

为了较容易地掌握车载设备的故障情况，便于车辆的维修，列车信息网络系统具有收集并记录故障的功能，对于部分故障发生前后的波形及参数具备跟踪记录数据的功能。记录信息通过 IC 卡输出到地面计算机进行分析。因此，这样可以减少维护保养工作量。

二、故障记录的功能

1. 故障记录

显示各车辆上记录的已发生的故障记录（发生的年月日、车厢、故障名称等）。

2. 主故障记录

当车辆信息控制装置检测到车辆的主要设备发生故障时，在故障车的配电柜内以设备为单位的配电柜的显示灯会点亮，同时主故障显示灯也会点亮。发生主故障时，会收集并记录司机台的信息（发生的年月日、时分秒、速度、里程等）及同一单元内各车厢的设备状态（各车配电柜显示灯亮的主要原因）、显示事故显示灯灯亮主要原因、记录故障发生时刻前后一段时间（$-3\sim+2$ s）的设备参数。

3. 牵引变流器的故障监视记录

当检测出牵引变流器故障时，会记录故障前后的牵引变流器的状态参数。记录功能有 3 种：

（1）履历记录：只记录触发时 1 点。

（2）标准记录：记录 4 线、5 线等各线的加压状态，保护动作及网压等的状态。

（3）高速记录：记录牵引变流器的变频器、变流器的状态数据。

4. 辅助电源装置的故障监视记录

当检测出辅助电源装置发生故障时，会记录故障前后的辅助电源装置的状态数据。

（1）采样周期：0.416 ms。

（2）记录长度 300 ms（触发前 200.016 ms、触发后 99.591 ms）

三、故障记录的调阅

1 .关于故障记录

（1）在检修菜单画面上点故障记录信息键。

（2）在故障记录信息车厢选择画面上，操作车厢 + 设定键后，会显示被选择的车厢上检测到的故障记录一览。

2. 关于主故障记录

（1）在检修菜单画面上点主故障记录键。

（2）在主故障记录车厢选择画面上，操作车厢 + 设定键后，会按车厢显示在车辆信息控制装置内记录的关于被选择车厢的主故障记录菜单一览。

（3）通过选择主故障编号键，会转到被选择的主故障记录的信息画面。

第二节　CRH_2 动车组故障应急处理

一、应急处理故障项目

CRH_2 动车组信息系统能记录并显示数百条故障信息，分为一般故障与主故障，分别可从故障记录信息画面及主故障记录信息画面进行查看，其中 80 项故障给出了应急处理措施，表 5-2-1 列出了应急处理故障。

表 5-2-1　应急处理故障

序号	故障名称	故障代码	保护装置
1	牵引变流器传输不良	002	
2	牵引变流器故障	004	
3	牵引变流器故障 2	005	

续表

序号	故障名称	故障代码	保护装置
4	制动控制装置传输不良	052	
5	制动控制装置故障	059	BCUF
6	制动控制装置速度发电机断线 1	060	TG1
7	制动控制装置速度发电机断线 2	061	TG2
8	制动控制装置速度发电机断线 3	062	TG3
9	制动控制装置速度发电机断线 4	063	TG4
10	辅助电源装置通风机停止	143	APUBMN
11	辅助电源装置故障	135	
12	辅助电源装置 ACVN 跳闸	146	ACVN1
13	车门关闭故障（第 1 位）	108	DIRR1
14	车门关闭故障（第 2 位）	109	DIRR2
15	车门关闭故障（第 3 位）	110	DIRR3
16	车门关闭故障（第 4 位）	111	DIRR4
17	制动不足	123	UBTR1
18	牵引变流器通风机停止	134	CIBMN
19	牵引电机通风机 1 停止	137	MMBMN1
20	牵引电机通风机 2 停止	138	MMBMN2
21	牵引变流器微机故障	139	WDTR
22	牵引变流器故障	141	CIFR2
23	主电路接地	142	GRR2
24	辅助电源装置 ATN 跳闸	148	ATN
25	抱死 1	151	FxR1
26	抱死 2	152	FxR2
27	制动不缓解	153	OBTR
28	轴温 1	154	TThRR1
29	轴温 2	155	TThRR2
30	主变压器一次侧过电流	162	ACOCR2
31	主变压器三次侧过电流	163	AOCN
32	主变压器三次侧接地	164	GRR3
33	主变压器油泵停止	165	MTOPMN
34	辅助电源装置传输不良	204	
35	辅助电源装置 ARfN2 跳闸	144	ARfN2

续表

序号	故障名称	故障代码	保护装置
36	空调装置传输不良	302	
37	空调装置 1 逆变器传输不良	308	
38	空调装置 2 逆变器传输不良	309	
39	辅助电源装置 VDTN 跳闸	166	
40	乘客信息显示器 1 传输不良	611	
41	乘客信息显示器 1 故障	617	
42	乘客信息显示器 2 传输不良	619	
43	乘客信息显示器 2 故障	625	
44	目的地显示器 1 故障	631	
45	目的地显示器 2 故障	632	
46	自动广播装置传输不良	641	
47	自动广播装置故障	646	
48	距离传感器 2 传输不良	657	
49	距离传感器 1 传输不良	661	
50	距离传感器 1 异常	665	
51	距离传感器 2 异常	666	
52	车上检查开关“开”	695、696	
53	编组间传输不良	826	
54	监控器传输不良中央 1	830，832，850，852	
55	监控器传输不良中央 2	831，833，851，853	
56	监控器传输不良终端	834～841，854～861	
57	辅助电源装置 ACVN2 跳闸	147	ACVN2
58	空调装置 1 通风机异常	114	
59	空调装置 2 通风机异常	115	
60	空调装置 1 压缩机异常	116	
61	空调装置 2 压缩机异常	117	
62	空调装置 1 高压开关动作	118	
63	空调装置 2 高压开关动作	119	
64	空调装置 1 加热器异常	120	
65	空调装置 2 加热器异常	121	
66	空调装置 1 斩波器异常	122	
67	空调装置 2 斩波器异常	124	

续表

序号	故障名称	故障代码	保护装置
68	空调装置 1VVVF 异常	125	
69	空调装置 2VVVF 异常	126	
70	空调装置 1CVCF 异常	127	
71	空调装置 2CVCF 异常	128	
72	空调装置 1 排水泵异常	362	
73	空调装置 2 排水泵异常	363	
74	辅助电源装置 ARfK 跳闸	145	
75	ACK1 接通不良	170	
76	受电弓上升位置异常	194	
77	污物槽 100%	196	
78	污物槽 80%	197	
79	分相区信号处理装置重故障	682	
80	LKJ 装置传输不良	911	

二、应急处理故障处置

由于篇幅限制，在此仅以 3 个典型应急处理故障的处置为例进行说明，其他故障处理请参阅有关资料，在此不再赘述。

列车出现故障时，列车信息显示器可以提供一个故障应急处理页面，该页面包括故障内容、涉及的保护装置、处理措施及注意事项。为了快速处理故障，保障行车安全，要求司机和随车机械师应熟悉各车厢配电盘接线原理及设备布置位置。在应急故障处理的过程中，司机和随车机械师要严密配合，严格按有关安全规定、规章执行，保障动车组的行车安全以及动车组设备的安全。各故障的处理措施会在列车信息触摸屏上显示，详细说明记录在随车故障处理手册中。

1. 牵引变流器传输不良（002）

（1）出现故障。

列车运行中出现故障，故障现象为：故障动车无法牵引和再生制动。同时，在列车信息触摸屏的主菜单页面显示（见图 5-2-1）为：

① 会闪现“故障发生”。

② 列车中 2 号车厢由“2”变为“2”，表明 2 号车厢（动车）发生故障。

③ 故障内容显示为：牵引变流器传输不良（002）;（002 为对应的故障代码）。

④ 伴有声音报警。

出现以上情况时，若想要进一步了解故障发生的详细情况和处理措施，司机可以触按主菜单页面左下方“故障详情”。

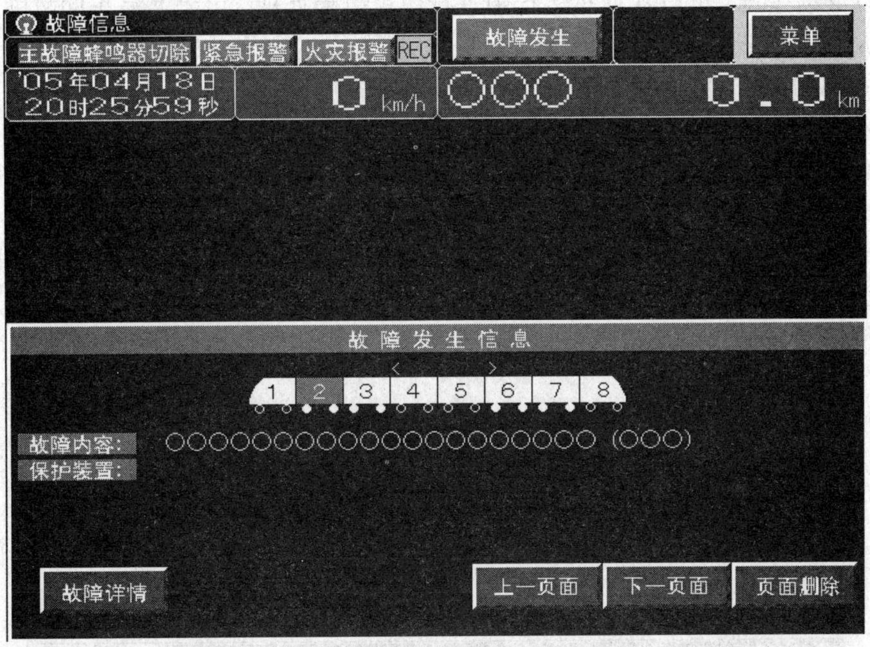

图 5-2-1　故障发生页面

（2）调阅故障详情及处理措施。

列车信息显示屏切换至“牵引变流器传输不良（002）”故障信息页面后，该页面的显示内容见图 5-2-2。

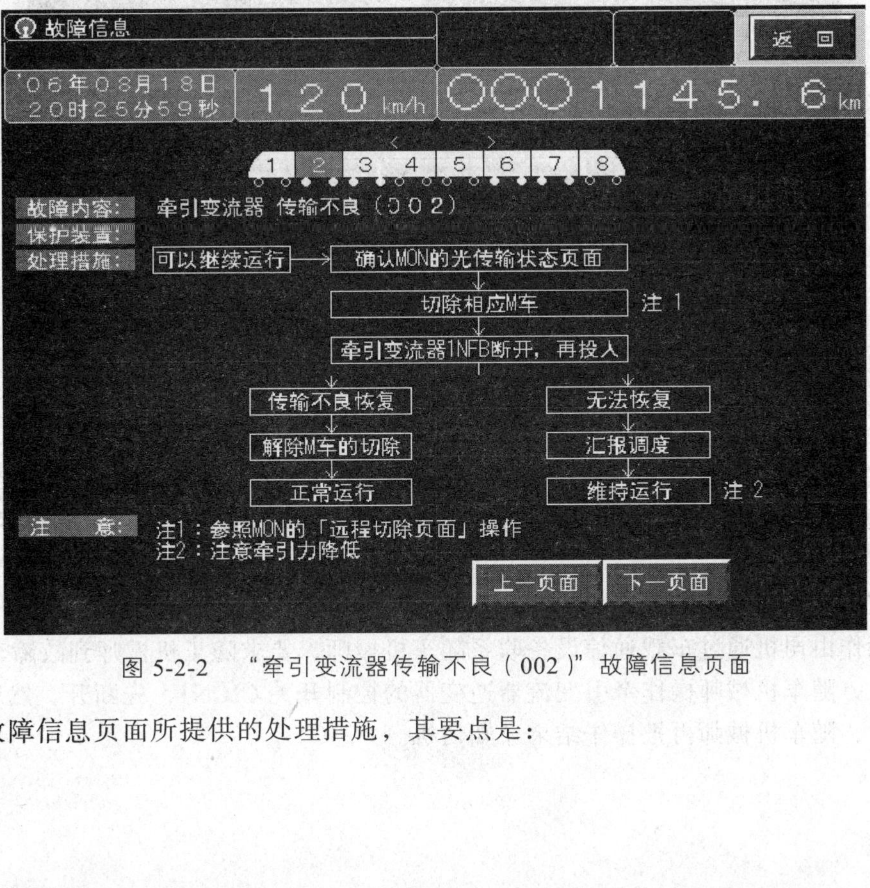

图 5-2-2　“牵引变流器传输不良（002）”故障信息页面

根据故障信息页面所提供的处理措施，其要点是：

① 可以继续运行，可以在列车运行中进行应急故障处理。由于 2 号车厢故障，列车失去 1/4 的动力，有可能影响列车的运行速度。

② 进入 MON 的光传输状态页面，确认故障车的位置。

③ 进入远程控制切除页面，由司机操作切除相应 M 车。

④ 随车机械师到故障车进行相关操作，使故障车牵引变流器逆变器的控制开关 CICN1 断开，然后再合上。

⑤ 若传输不良的故障恢复了，司机需要重新进入远程切除页面，操作触摸屏解除该 M 车的切除状态，之后，列车可以正常运行。

⑥ 若传输不良的故障无法恢复，列车只能维持故障运行。此种情况必须由司机向调度汇报。

（3）确认故障车的位置。

进入光传输状态页面，确认故障车的位置。

（4）切除相应 M 车。

此项操作由司机完成。进入远程控制切除页面（见图 5-2-3），根据故障车的位置进行操作，例如，2 号车厢故障。

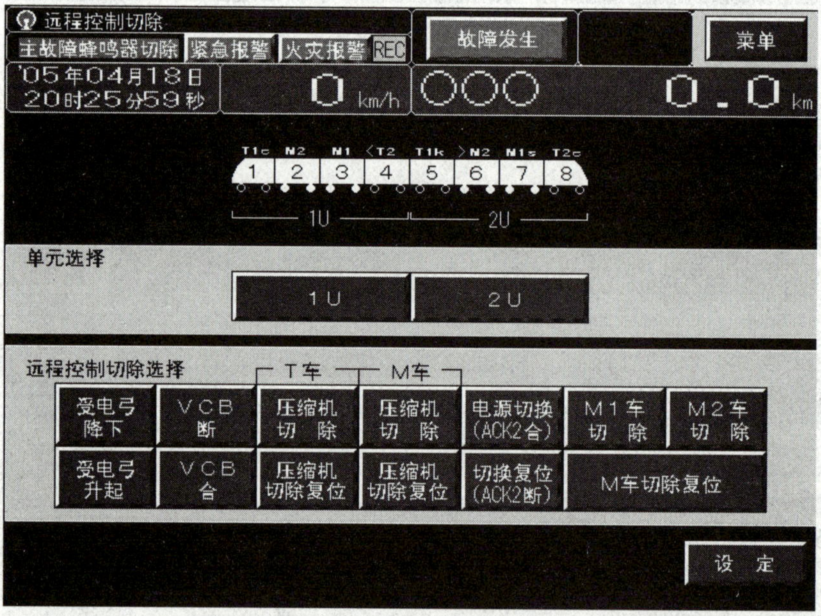

图 5-2-3　远程控制切除页面

触按“1U”键后，变为“1U”；触按“M2 车切除”键后，变为“M2 车切除”。选择完需要进行远程控制切除的切除设备后，通过触摸“设定”键，即可实现 2 号车厢的 M 车切除操作。

（5）故障车牵引变流器逆变器的控制开关 CICN1 的操作。

该项操作由司机通过车载通信设备联系随车机械师，要求随车机械师到故障车运行配电盘进行操作。随车机械师操作牵引变流器逆变器的控制开关 CICN1，先断开，然后再闭合。操作完成后，随车机械师再把操作结果通知司机。

（6）确认故障是否恢复。

重新进入光传输状态页面，确认故障是否恢复。

① 若故障恢复，远程解除 M 车的切除，正常运行。

② 若故障无法恢复，维持运行。若影响正点运行时，司机通过车载通信设备报告调度："×次动车组出现牵引变流器 002 故障，无法恢复，请求维持故障运行"。

2. **主变压器一次侧过电流（162）**

（1）故障现象。

列车运行中出现故障，故障现象为：司机操纵台故障显示灯"VCB""电气设备"灯点亮。同时，在列车信息触摸屏的主菜单页面显示为：

① 会闪现"故障发生"。

② 故障内容显示为：主变压器一次侧过电流（162）（162 为对应的故障代码）

③ 伴有声音报警。

出现以上情况时，若想要进一步了解故障发生的详细情况和处理措施，司机可以触按主菜单页面左下方"故障详情"。

（2）调阅故障详情及处理措施。

列车信息显示屏切换至"主变压器一次侧过电流（162）"故障信息页面后，该页面的显示内容见图 5-2-4。

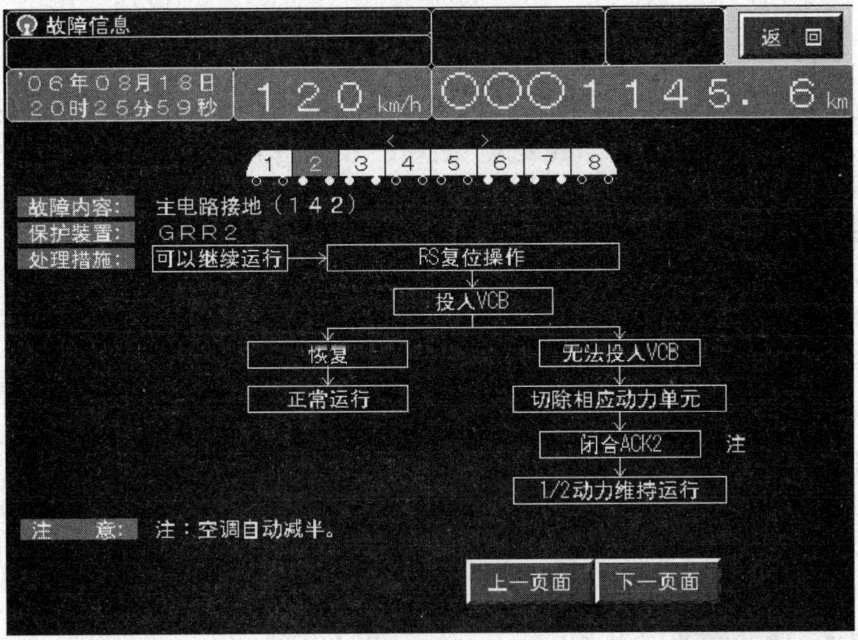

图 5-2-4 "主变压器一次侧过电流（162）"故障信息页面

根据故障信息页面所提供的处理措施，其要点是：

① 可以继续运行，可以在列车运行中进行应急故障处理。由于故障动力单元 VCB 已经跳开，列车失去 1/2 动力，同时，故障动力单元的辅助电路失压，因此必须尽快恢复。

② RS 复位操作。

③ 重新操作投入 VCB。

④ 观察 VCB 的状态。

⑤ 若故障恢复，列车可以正常运行。

⑥ 若无法重新投入 VCB，司机需要进行远程控制切除操作，切除相应动力单元。同时，闭合 ACK2，使故障动力单元的辅助电路恢复供电。列车按 1/2 的动力维持故障运行，列车的运行速度可能会受到影响，由司机向调度汇报情况。

（3）复位操作，然后投入 VCB（见图 5-2-5）。

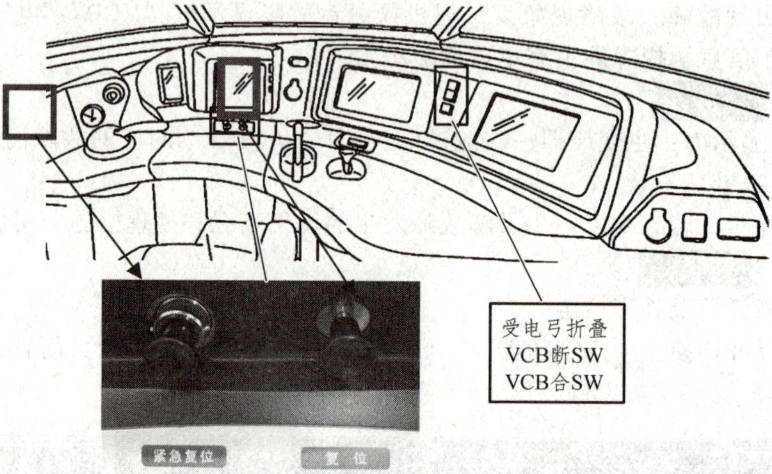

图 5-2-5　复位及投入 VCB 操作

在图 5-2-5 所示的位置操作“RS 复位”按钮，然后，操作 VCB 合 SW 按钮投入 VCB。

（4）确认故障恢复情况。

① 若故障恢复，正常运行。

② 若 VCB 无法投入，通过 MON 远程切除相应动力单元，并通过 MON 远程闭合 ACK2。司机通过车载通信设备向调度汇报：“×次动车组出现主电路接地（142）故障，无法恢复，列车按 1/2 动力维持故障运行。”

3. 车门关闭故障（第 1 位）（108）

（1）故障现象。

列车运行中出现故障，故障现象为：车侧显示灯亮灯，司机操纵台显示灯“关门”熄灭，如果是在出发前，则动车无法起动；如果是在运行中，则丧失牵引力。同时，在列车信息触摸屏的主菜单页面显示为：

① 会闪现“故障发生。”

② 故障内容显示为：车门关闭故障（第 1 位）（108）（108 为对应的故障代码）

③ 伴有声音报警。

出现以上情况时，若想要进一步了解故障发生的详细情况和处理措施，司机可以触按主菜单页面左下方“故障详情”。

（2）调阅故障详情及处理措施。

列车信息显示屏切换至“车门关闭故障（第 1 位）（108）”故障信息页面后，该页面的显示内容见图 5-2-6。

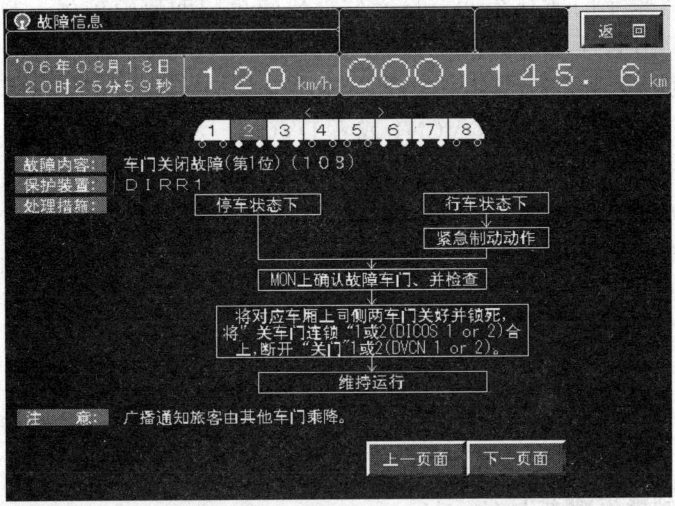

图 5-2-6 “车门关闭故障（第 1 位）（108）”故障信息页面

根据故障信息页面所提供的处理措施，其要点是：

① 停车状态下出现此故障，列车将会无法起动；列车运行当中出现此故障，将会产生紧急制动作用，最终列车停车。无论哪种情况，都会造成列车无法运行，因此必须尽快处理。

② 进入车门信息页面，确认故障车门位置。

③ 随车机械师到故障车进行检查处理，将故障车门关闭，并锁闭隔离锁。打开该车厢运行配电盘进行相关隔离操作。

④ 司机确认故障车门处理情况，维持故障运行。

（3）确认故障车门的位置。

进入车门信息页面（见图 5-2-7），确认故障车门位置。

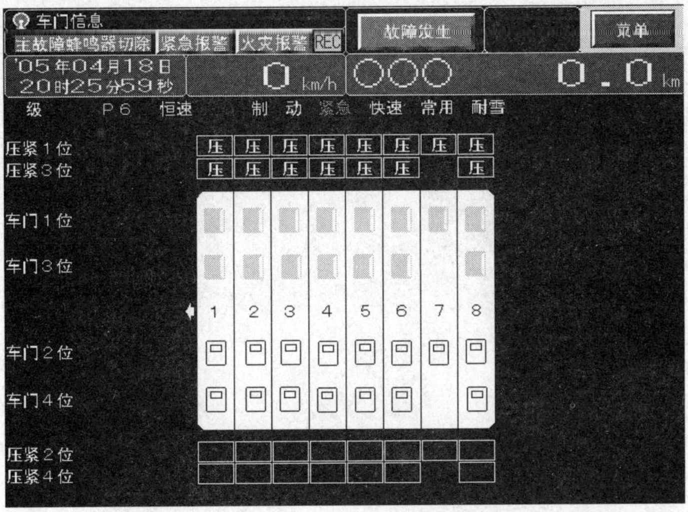

图 5-2-7 车门信息页面

（4）隔离故障车门。

此项操作由司机通过车载通信设备联系司机完成。

随车机械师到故障车门所在车厢，首先检查故障车门的故障情况，将故障车门关闭，并锁闭隔离锁，然后打开该车厢运行配电盘：

① 闭合门互锁切断开关 DICOS1 或者 DICOS2。

② 断开关门控制 1、2 NFB（DVCN1 或者 DVCN2）。

处理完毕后，随车机械师将处理结果通知司机。

（5）司机确认处理后的故障车门的状态，维持故障运行。

列车到站后注意通知乘客由其他车门乘降。

复习思考题

1. 故障记录的目的是什么？
2. 故障记录的功能有哪些？
3. 如何调阅故障记录？
4. 简述故障“牵引变流器传输不良（002）”的处理过程。
5. 简述故障“主变压器一次侧过电流（162）”的处理过程。
6. 简述故障“车门关闭故障（第 1 位）（108）”的处理过程。

第六章 其他轨道交通列车、机车的信息网络系统

第一节 CRH_1 动车组列车控制管理系统（TCMS）

CRH_1 动车组的基本编组形式采用 8 辆编组，列车由 3 种形式的车辆组成：端部动车（DM）、中间拖车（T）、中间动车（M）。这些车辆组合成基本单元，包括一到两辆动车和一辆拖车。基本单元有两种形式：DM-T-M、M-T（见图 6-1-1）。基于列车的编组方式，CRH_1 动车组的控制方式采用单元车控制系统，即列车控制管理系统（Train Control and Management System，TCMS）。

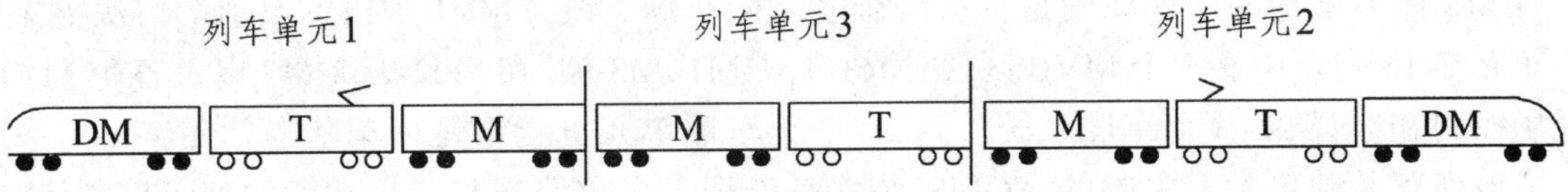

图 6-1-1　CRH_1 动车组列车编组形式

一、CRH_1 列车控制管理系统（TCMS）的结构

CRH_1 列车控制管理系统（TCMS）是对单车和整列车组进行功能控制的控制系统，由庞巴迪运输公司供应商提供。TCMS 适合 7 ~ 8 辆车编组（短编组）或 14 ~ 16 辆车编组（长编组）的列车。

1. CRH_1 列车控制管理系统（TCMS）的基本特点

TCMS 系统连接框图如图 6-1-2 所示。

CRH_1 列车控制管理系统（TCMS）具有下列特点：① TCMS 系统是分布式计算机系统，以尽量缩短电缆的连接，单元可以放置在靠近其所控制或监控的系统的地方；② TCMS 采用动态设置，以支持多个列车单元重联时的连挂和分解；③ 动车组第一节内的 VCU 应处理整列车的全部控制和监测功能；④ TCMS 系统通常不需要维护；⑤ TCMS 利用 MITRAC 硬件实现，该硬件是列车控制和监督的通用计算机系统。

列车网络控制系统通过贯穿列车的总线来传送控制、监测及故障诊断等信息，可控制并监控所有列车和车辆的相关功能。控制系统的重要部分采取冗余设计，使系统具有冗余性，排除了单一故障影响系统功能的可能性。

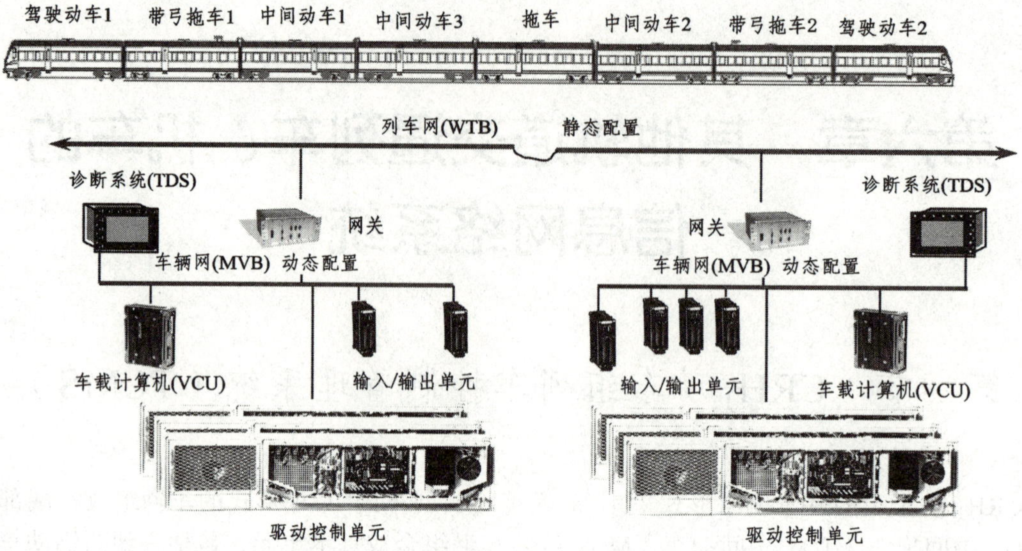

图 6-1-2　TCMS 系统连接框图

2. TCMS 的体系结构

TCMS 内的基本单元及其连接如图 6-1-3 所示。

TCMS 体系结构的设计原则是具有配合多功能车辆总线（MVB）段的灵活的解决方案。在 8-车厢 CHE 列车中有 3 个 MVB 区段：Mc1-Tp1-M1，M3-Tb 和 Mc2-Tp2-M2 以及各个 MVB-段现场控制和监督 2～3 个车厢系统。这 2～3 个车厢单元也看作是列车基本单元。

当地列车基础单元上主要的 TCMS 装置是处理大多数控制和监控功能的列车控制 CCU（TC CCU）。

列车 MVB 区段之间以及列车间的所有通信通过网关硬件（GW）和列车布线总线（WTB）进行。为了使通信能够以有效的方式进行，TCMS 内采用现场-主机概念。

TCMS 系统是分布式计算机系统，中央单元是列车控制 CCU。需要的所有 I/O 通过 MVB 连接，由 TC CCU 控制。MVB 由 TDS CCU 管理。

列车基本单元之间的通信由 TC CCU 通过网关单元（GW）进行。本身备用的通信在列车布线总线（WTB）上，由位于激活的驾驶室内（即驾驶员所在地）的 GW 管理。

3. TCMS 内的基本单元

TCMS 控制/监督列车的下述系统：

（1）列车控制中央控制单元（TC CCU）。

监控列车应用软件整体功能的列车计算机是 TCMS 系统中的主要软件，几乎所有其他系统的监督和控制（如 HVAC、制动、门、灯）由 TC CCU 控制。TC CCU 应用软件在车辆控制单元（VCU-Lite）硬件装置中运行，硬件装置位于 8-车厢列车的 Mc1、Mc2 和 Tb 车厢内。

（2）列车诊断系统中央控制单元（TDS CCU）。

列车诊断系统中央控制单元（TDS CCU）是为了在列车上存储诊断数据和与智能显示单元进行通信而设计的。TDS CCU 应用软件在 VCU-Lite 硬件装置中运行，硬件装置位于 8-车厢列车的 Mc1、Mc2 和 Tb 车厢内。TDS CCU 也用作多功能车辆总线（MVB）的主管理器。

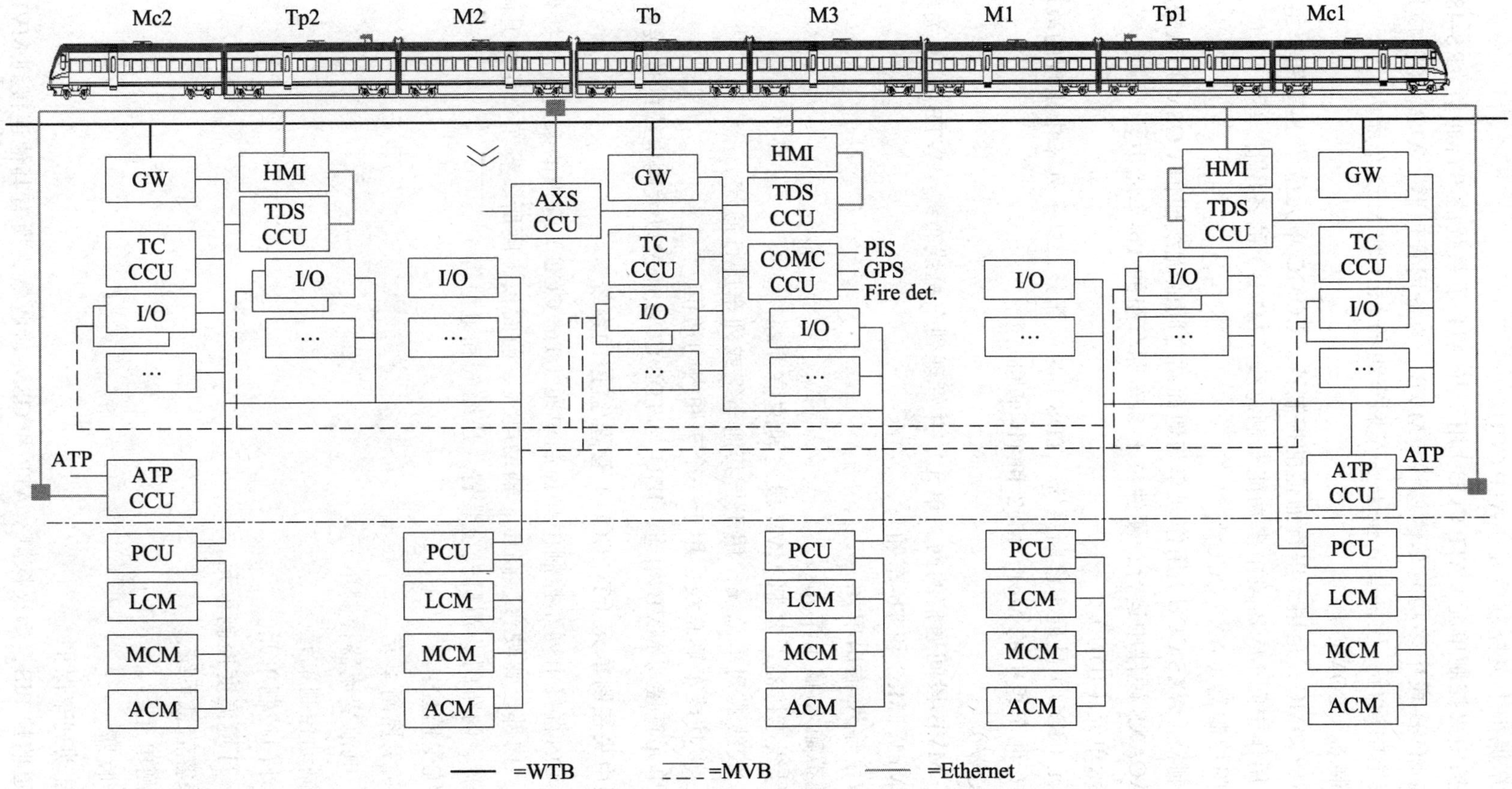

图 6-1-3　TCMS 系统结构总图

（3）自动列车保护中央控制单元（ATP CCU）。

自动列车保护中央控制单元（ATP CCU）用于与ATP子系统的串行通信（RS-485）。ATP CCU也用作末端MVB-段中多功能车辆总线（MVB）的备用管理器。ATP CCU应用软件在VCU-Lite硬件装置中运行，硬件装置位于8-车厢车组的Mc1和Mc2车厢内。

（4）通信控制器（COMC）。

通信控制器（COMC）是用于串行通信的控制器。COMC单元位于8-车厢车组中的Tb-车厢。COMC也用作中间MVB-段中多功能车辆总线（MVB）的备用管理器。

（5）远程访问控制器（AXS CCU）。

远程访问控制器（AXS CCU）用作列车与地面站之间的无线通信（GSM）。AXS CCU应用软件在MITRACAXS硬件中运行，硬件位于8-车厢车组的Tb-车厢中。

（6）智能显示单元（IDU）。

智能显示单元（IDU）是列车诊断系统（TDS）的一部分，显示列车中出现的故障/事件。IDU单元位于8-车厢车组中的Mc1，Mc2和Tb-车厢。

（7）网关（GW）。

GW是处理MVB-段间通信的网关单元，并管理列车总线布线（WTB）。网关单元位于8-车厢车组中的Mc1，Mc2和Tb-车厢。

（8）DX：数字输入/输出单元。

（9）AX：模拟输入/输出单元。

（10）BC：母线连接器，复制MVB段之间的信号。

（11）WTB：绞线式列车总线，用于与其他车组或列车进行通信。

（12）MVB：多功能车辆总线，用于一个车厢内的通信。

上述列出的单元直接与MVB相连，IDU与TDS CCU通过以太网电缆的连接除外。

4. 列车控制中央控制单元（TC CCU）管理/监控的系统

列车基本单元内直接由列车控制中央控制单元（TC CCU）管理的系统（包括列车诊断系统、自动车钩、内部、驾驶台、高压、辅助电气、前面板、厕所、餐车、轮椅升降机、后视镜、轴温探测器、内车门、司机安全装置、压缩气和电池等）。

下列外部系统受监控：

（1）PCU：牵引控制单元。

（2）BCC/I：电池变流器控制单元。

（3）BCU：制动控制单元。

（4）DCU：外门控制单元。

（5）HVAC：环境温度控制单元。

（6）PIS：乘客信息系统。

（7）烟火探测单元。

（8）GSM接收器。

（9）ATP：自动列车保护。

通过串行通道监控PIS、烟火探测、ATP和GSM接收器，所有其他连接到MVB。

5. 列车中有 4 种不同类型的通信频道

（1）绞线式列车总线（WTB）在车组的基本单元之间传输数据，并进一步与其他车组传输数据。该通信由列车中作为列车主机的网关单元（GW）管理。

（2）多功能车辆总线（MVB）在列车基本单元之间传输数据，如果有第二主站，也传输车组中其他列车基本单元之间的数据。该通信由各个基本列车单元中的 TDS CCU 单元现场管理。

（3）以太网通信传输 IDU 和 TDS CCU 之间的数据，作为将信息传递给 MVB 的桥梁。

（4）4 个串行链接，1 个（RS485）在通信控制器（COMC）和 PIS 系统之间，1 个（RS485）在通信控制器（COMC）和烟火探测单元之间，1 个（RS232）在通信控制器（COMC）和 GSM 接收器之间，1 个（RS485）在 ATP CCU 和 ATP 系统之间。

二、智能显示器（IDU）的激活顺序

1. IDU（智能显示器）的功能

IDU（智能显示器）也就是司机室显示器，主要功能是：① 作为列车各种系统的数值和状态的主要显示仪表；② 向 TCMS 系统输入指令；③ 警报的显示和确认。

列车有多个 IDU，当列车运行时，所有 IDU 全部启动，但可用信息和指令的显示能力因 IDU 的状态模式不同而不同。

2. IDU 的激活顺序

列车的电池接触器闭合时，IDU 自动激活。列车通常的激活顺序和具体的 IDU 激活顺序描述为状态机。

IDU 和列车控制 CCU（TC CCU）互相影响运行模式，TC CCU 控制和启动不同状态模式。IDU 激活顺序的最终结果将运行模式设置为从属机或者主机。

IDU 激活顺序与菜单、登录和验证相关。状态模式按照其激活时的顺序列出如下：

① Off（断开）模式。

Off（断开）模式是 IDU 启动模式以及其失效时（即驾驶员钥匙转到零位时）的模式。背光切断，只有几个系统信号受监控。为了激活 IDU，用户可以轻敲屏幕或转动驾驶员钥匙以启动列车。

② 登录模式。

登录模式是用户已经轻敲屏幕或转动驾驶员钥匙启动了列车时的模式。该模式之下，用户必须输入有效的识别代码以访问 IDU。验证之后，用户将分为驾驶员、车组人员或维护人员。

③ 从属模式。

这种模式下，列车配置存在，而且主机存在。用户能够通过菜单导航，但是将只能访问有限的信息。

④ Master（主控站）模式。

该模式只能在激活的驾驶室设置。激活的驾驶室中的 IDU 作为主机 IDU 配置，列车中其他的 IDU 作为从属机配置。根据是否用户识别为驾驶员或维护人员，则具有访问 IDU 不

同菜单系统的全部权力。在 Master（主控站）模式下，将显示事件信息，并能够确认事件。也可访问列车中任何车厢的设置、访问系统和信息。

IDU 启动顺序成功完成后，才可以使用 IDU 的显屏功能和各种菜单。为了尽快地浏览到所选的信息，系统中的菜单被设计为树形结构。

3. 驾驶员、车组人员或维护人员菜单功能的区别

根据 IDU 主控模式或从属模式的不同，菜单的树形结构也有不同。其中，提供给司机使用的菜单具有菜单结构的核心功能，依用户登录的级别不同，功能也有差异。

（1）司机可以使用列车操作所需的所有功能。

（2）列车员可以使用相当于从属模式下司机可以操作的所有功能，但不能选择运行或车站菜单。

（3）维护人员拥有列车司机的所有权限加一些额外的功能。

三、TCMS 系统功能

1. 司机室激活

（1）插入司机钥匙。

当司机插入司机钥匙时，能被 TCMS 硬件侦察到，系统自动配置 GW 或 WTB，产生一个列车主控 CCU。

（2）登录。

人机接口（HMI）是一带中文字幕的触摸式终端显示屏（IDU），能显示登录菜单。司机在 TCMS 的 IDU 上输入其识别编号。列车运行中，TCMS IDU 能向司机显示所发生的不明事件（如列车故障情况），以便于司机及时获得信息，采取有效措施。

（3）TCMS 系统现在可以正常运作。

2. 触摸式显示屏

触摸式显示屏的工作模式分为以下情况：

（1）处于工作状态的司机室。

在处于工作状态的司机室，司机能看到相关的现行故障和故障史、牵引系统的概况、门的状态和列车情况。司机可以进行制动试验等。

（2）非工作状态的司机室。

在非工作状态的司机室，乘务员可以看到相关的现行故障和故障史。乘务员也能输入故障信息。

（3）乘务室。

在乘务室，乘务员能看到相关的现行故障和故障史。乘务员也能输入故障信息。

（4）维修人员。

维修人员除了上述功能外，还能看到以下数据：更低级别的时间和软件的版本等。

3. 列车诊断系统（列车诊断功能）

（1）从不同系统来的事件都会存储在 TDS。每一个事件都有事件记录和环境数据（如列车速度等）。所有的事件都会按不同的优先次序（如主要的和次要的）和不同的目录（如门和制动）进行分类。

（2）列车状况（如关门次数、行程千米数、运行时间）每天都会进行总结，并存储在 TCMS 系统的每日栏目里。

（3）故障输入功能使得司机和乘务员能对列车的故障在 TCMS 系统中进行文字存储。

（4）与司机有关的故障和事件应显示于在用司机室内的 IDU。司机、乘务员和服务人员应有可能在列车上的任何一个 IDU 上看到全车发生的故障和事件。

（5）TDS 还应存储不同系统的其他诊断数据，如操作时间和操作次数。

（6）还应有可能将存储的诊断数据向车下系统进行远程传送。

4. 远程加载功能/在线功能

（1）列车诊断数据通过 GSM 从列车远程加载到在线系统。

（2）所有的事件（包括发生的时间和环境数据）都从列车加载到在线系统存储。

（3）每日记录装置里的数据也都将从列车加载到在线系统存储。

（4）在线系统有中文显示工具，可显示和分析从列车加载的事件数据。

（5）在线系统有中文工具将每日记录装置的数据总结成为列车的状况数据。

5. 线下的功能

（1）列车诊断数据通过 GPRS/GSM 从列车远程上载到线下系统。

（2）所有的事件（包括发生的时间和环境数据）都从列车上载到线下系统存储。

（3）每日栏目里的数据也都将从列车上载到线下系统存储。

（4）线下系统有显示中文的工具，能显示和分析从列车上载过来的数据。

（5）线下系统有中文工具将每日栏里的数据总结成为列车的状况数据。

第二节　CRH_5 列车控制管理系统（TCMS）

一、CRH_5 列车控制管理系统（TCMS）概述

列车控制管理系统（Train Control and Monitoring System，TCMS）是一个安装在列车上的计算机局域网络系统，负责对整列车各部分信息的采集与传递，对整列车进行控制、监测、故障诊断以及为旅客提供信息服务。

CRH_5 型动车组列车控制与监控系统采用符合 IEC61375-1 标准的 TCN（Train Communication Network）网络系统，主要包括列车总线（WTB）和车辆总线（MVB 和 CAN）。该系统通过贯穿全列的列车总线来传送控制、监测及故障诊断等信息，可以记录、存储车内设备的数据信息，以便于进行故障诊断与处理。

该系统是一套分布式计算机控制系统，系统重要部件采取冗余设计，排除了单一故障影响系统功能的可能性。同时列车控制与监控系统采用模块化结构，且控制功能完善。

二、TCMS 控制系统的组成

CRH5 动车组的列车网络控制系统由网关 GW、微处理器单元 MPU、远程输入/输出模块 RIOM、中继器 REP、TS/TD/LT 监视器等硬件构成

（一）网关 GW

1. 网关 GW 的功能

CRH_5 型动车组应用的是符合 UIC 标准的冗余 WTB/MVB 网关，UIC 网关除了执行 UIC 映射外，还执行数据路由与转换等功能，如过程数据重组（PDM）、E 报文路由。网关一般不执行复杂的运算、采集与控制，因此，网关可以看作是专门的数据转换装置。在列车编组发生变化时，系统可以自动重新配置 WTB 总线上的节点，在 MC1 车和 MC2 车的 QRK 柜中分别安装有一组冗余的 WTB/MVB 网关。

2. 网关 GW 的组成

图 6-2-1 所示为 CRH_5 型动车组上应用的网关 GW。

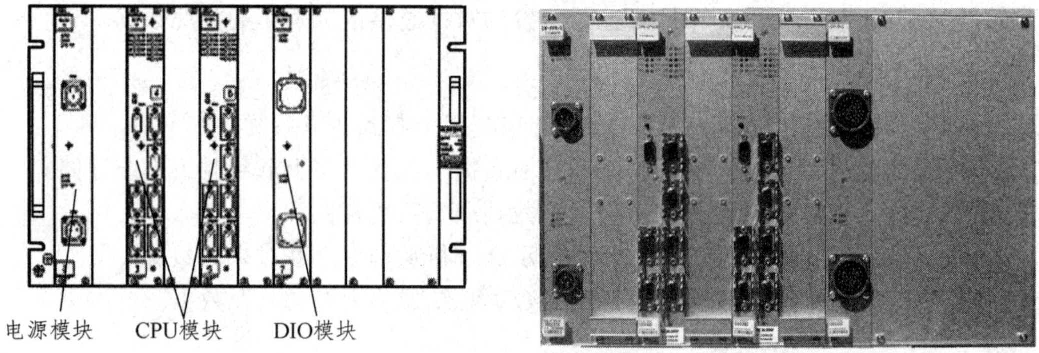

图 6-2-1　CRH_5 型动车组网关 GW 的组成

该网关由 1 个电源模块（GW-PWR/E）、2 个冗余的 CPU 模块（GW-CPU/A）和 1 个 DIO 模块（GW-DIO/A）组成。其中，电源模块负责为网关内部的所有电路板供电，CPU 模块用于处理在 WTB 和 MVB 总线上交换的数据，并且执行列车总线的配置和初始化，DIO 模块是数字量输入/输出模块。

3. 网关 GW 各子模块指示灯的显示

（1）电源模块指示灯（见表 6-2-1）。

表 6-2-1　电源模块指示灯含义

名　称	颜　色	释　义
GW-PWR 前面板指示灯		
PWR	绿色	电源有效
ERR	红色	电源模块故障
GW RUN	绿色	网关激活信号

（2）CPU 模块指示灯（见表 6-2-2）。

表 6-2-2 CPU 模块指示灯含义

名　称	颜　色	释　义
GW-CPU 前面板指示灯		
BAT	绿色	当前电池电压正常
SLP	绿色/绿色闪烁	正常运行/睡眠模式
NDF	红色	节点故障
HFW	红色 C	WTB 硬件故障
HFM	红色	MVB 硬件故障
WNA	黄色闪烁	WTB 通信激活
MNA	黄色	MVB 通信激活
WMS	黄色	节点是 WTB 主控，TCN 节点地址是 1
MBA	黄色	MVB 总线管理器节点被激活，节点被配置为总线管理器
RIS	黄色/黄色闪烁	节点数据库 NSDB 故障
A1T	黄色	WTB-A1 确认
A2T	黄色	WTB-A2 确认
B1T	黄色	WTB-B1 确认
B2T	黄色	WTB-B2 确认
A1D	红色	WTB-A1 总线被干扰，帧错误，偏移
A2D	红色	WTB-A2 总线被干扰
B1D	红色	WTB-B1 总线被干扰
B2D	红色	WTB-B2 总线被干扰
END	黄色	端部节点设置
INT	黄色	中间节点设置
FA2	绿色	A2 线激活
FB1	绿色	B1 线激活

（3）DIO 模块指示灯（见表 6-2-3）。

表 6-2-3 DIO 模块指示灯含义

名　称	颜　色	释　义
GW-DIO 前面板指示灯		
PWR	绿色	电源有效
ERR	红色	电源模块故障

（二）主处理单元 MPU

1. 主处理单元 MPU 的功能

主处理单元 MPU 是车辆总线 MVB 的控制单元，用于动车组的控制和通信。所有连接到列车通信网络的智能和非智能单元都通过车辆总线 MVB、列车总线 WTB 与 MPU 取得通信。MPU 中含有车辆控制应用程序，应用程序是应用 MATLAB/SIMULINK 编写的。

2. 主处理单元 MPU 的类型

CRH5 型动车组应用两种微处理器单元：MPU LT 和 MPU LC。

（1）MPU LT。

MPU LT 用于牵引和信号子系统的控制、诊断和监视。

（2）MPU LC。

MPU LC 应用于空调、塞拉门等其他辅助系统的控制、诊断和监视。

3. 主处理单元 MPU 的安装位置

每个带司机室的动车的 QRK 柜门板上安装有一对冗余的 MPU LT1 和 MPU LT2，在 QRK 柜内部安装有一对冗余的 MPU LC1 和 MPU LC2。

4. 主处理单元 MPU 的组成

MPU 模块由不同的 LO.RE 子模块组成如表 6-2-4 所示，其外形及组成如图 6-2-2 所示。

表 6-2-4 主处理单元 MPU 的组成

描 述	电源模块	Lorecan	RS232	MVB-1	MVB-2	CAN-1
MPU LT	24 Vcc	X	X	X	X	
MPU LC	24 Vcc	X	X	X	X	X

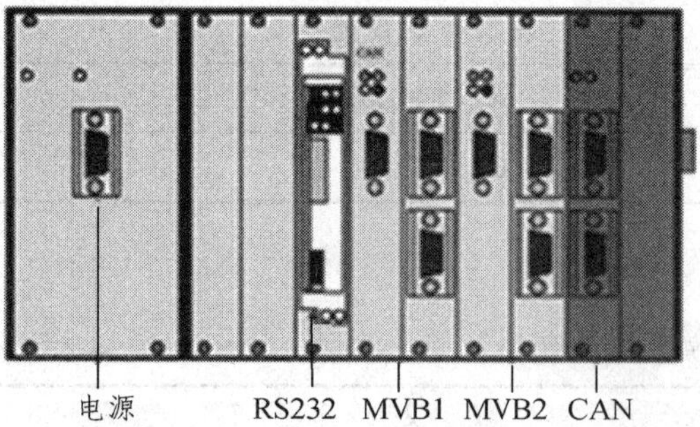

图 6-2-2 主处理单元 MPU 的组成

5. 主处理单元 MPU 的显示

（1）电源子模块指示灯（见图 6-2-3 和表 6-2-5）。

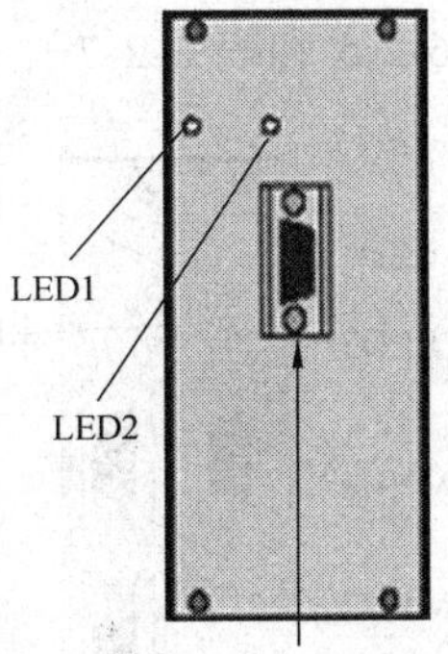

图 6-2-3　电源子模块指示灯

表 6-2-5　电源子模块指示灯含义

名　称	颜　色	说　明	亮	灭
LED1	黄色	输入电源 24 V	输入电源有效	无输入电源
LED2	黄色	输出电源 5 V	有 5 V 电源	无输出电源

（2）RS232 子模块指示灯（见图 6-2-4 和表 6-2-6）。

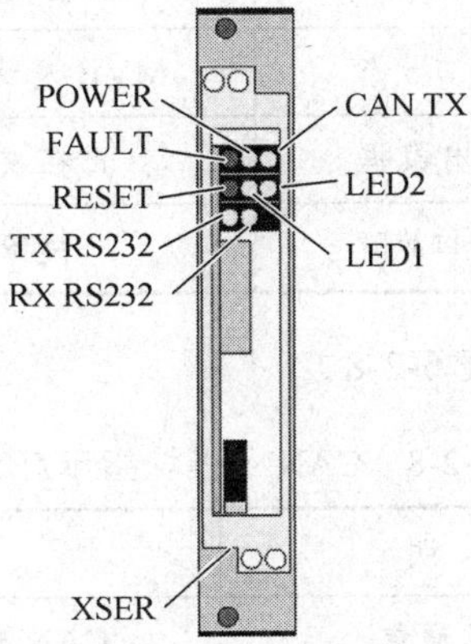

图 6-2-4　RS232 子模块指示灯

表 6-2-6　RS232 子模块指示灯含义

名　称	颜　色	说　明	亮	灭
CAN TX	黄色	LORECAN 发送	CPU 板发送	无发送
POWER	黄色	CPU 板电源	有 5 V 电源	板未通电
FAULT	红色	单稳态故障信号	未刷新	已刷新
RESET	红色	复位信号	复位有效	复位无效
LED1	黄色	提示用 LED 1	取决于固件	取决于固件
LED2	黄色	提示用 LED 2	取决于固件	取决于固件
TX RS232	黄色	TX RS232	CPU 板正在发送	无信号
RX RS232	黄色	RX RS232	CPU 板正在接收	无信号

（3）MVB 子模块指示灯（见图 6-2-5 和表 6-2-7）。

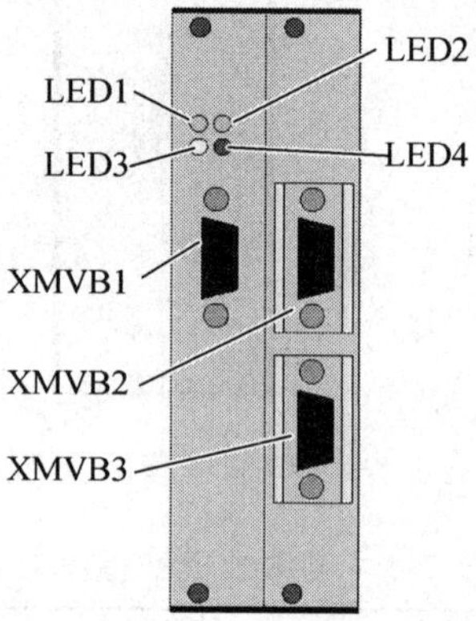

图 6-2-5　MVB 子模块指示灯

表 6-2-7　MVB 子模块指示灯含义

名　称	颜　色	说　明	亮	灭
LED1	绿色	CPU 状态	正在运行	复位中或未通电
LED2	绿色	MVB 接口状态	MVB 总线接通	与 MVB 线路隔离
LED3	黄色	发送输出数据	正在发送	未发送
LED4	红色	MVB 接口故障	故障	无故障

（4）CAN 子模块指示灯（见表 6-2-8）。

表 6-2-8　CAN 子模块指示灯含义

名　称	颜　色	说　明	亮	灭
LED1	黄色	CAN 通信	CAN 通信正常	无 CAN 通信
LED2	黄色	CAN 数据发送	正在发送	未进行发送

（三）远程输入/输出模块

1. 远程输入/输出模块的功能

分布在列车不同位置的远程输入/输出模块用于采集分散的输入量和通过输出量控制列车中分散的设备。该模块具有故障判断报警功能。当模块刚接通电源时，模块进行自检，当完成自检后，模块转入正常工作状态，可以对其进行数据的读或写。如果发生电源或通信故障，输出被禁止，报警继电器投入工作。

2. 远程输入/输出模块的组成

根据应用位置的不同，RIOM 模块组成的子模块的数量和种类也相应变化，表 6-2-9 所示为各种 RIOM 模块的组成方式。图 6-2-6 所示为 RIOM 模块的外形图。

表 6-2-9 RIOM 模块的组成

名　称	电源模块	INDI32 模块	INDI16 模块	USDR16 输出模块	A/D 模块	BMVB 桥模块	USDR8 输出模块	PT100 模块
RIOM A 司机室	1	2	1	2		1	1	
RIOM B 司机室	1	2	1	2		1	1	
RIOM A MC1/MC2	1	3		1	1	1	1	1
RIOM B MC1/MC2	1	3		1		1	1	
RIOM B M2S/MH	1	2	2		1	1		1
RIOM B M2S/MH	1	2		2		1		
RIOM A TP-TPB	1	3		3		1	1	
RIOM B TP-TPB	1	3		3		1	1	
RIOM A M2	1	2		2	1	1		1
RIOM B M2	1	2		2		1		
RIOM A T2	1	2		2		1		
RIOM B T2	1	2		2		1		

图 6-2-6 RIOM 模块外形图

（1）INDI16/32 模块。

用于采集 16/32 位数字量输入信号。模块前面板上有 3 个指示灯，信号意义如下：

M1，红色 LED：故障；

M2，黄色 LED：通电；

M3，黄色 LED：CAN 总线通信正常。

（2）USDR8/16 模块。

用于 8/16 位继电器输出的控制，运行时执行自检，并可以给出外部故障信号，启动时通过控制开/关继电器自动进行检测。面板指示灯与 INDI 模块上指示灯的作用相同。

（3）BMVB 桥模块。

用于 MVB 总线与模块内部 CAN 总线的数据转换，运行时执行自动检测，有对 MVB 总线继电器的控制功能。其指示灯的作用如图 6-2-7 所示。

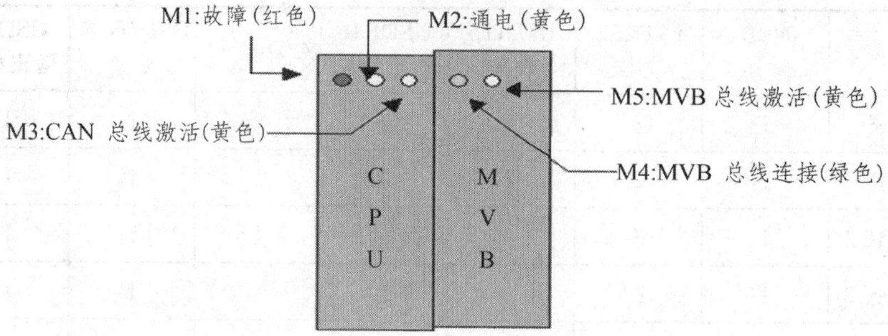

图 6-2-7　BMVB 桥模块指示灯

（4）PT100 模块。

可以采集 4 路用模拟量表示的温度值。

（5）A/D 模块。

可以将 8 路模拟量输入信号滤波后转换为数字量，实现与 RIOM 模块内 CAN 总线的通信，根据需要可以计算出输入信号的峰值、平均值和均方根值。

（四）监视器

1. 监视器的功能

主要用于显示所有连到总线上的系统状态、列车的基本运行数据、列车状态信息和故障诊断信息，同时也可根据实际情况通过监视器切除系统中的故障设备。

2. 监视器的类型

图 6-2-8 所示为监视器外形图。

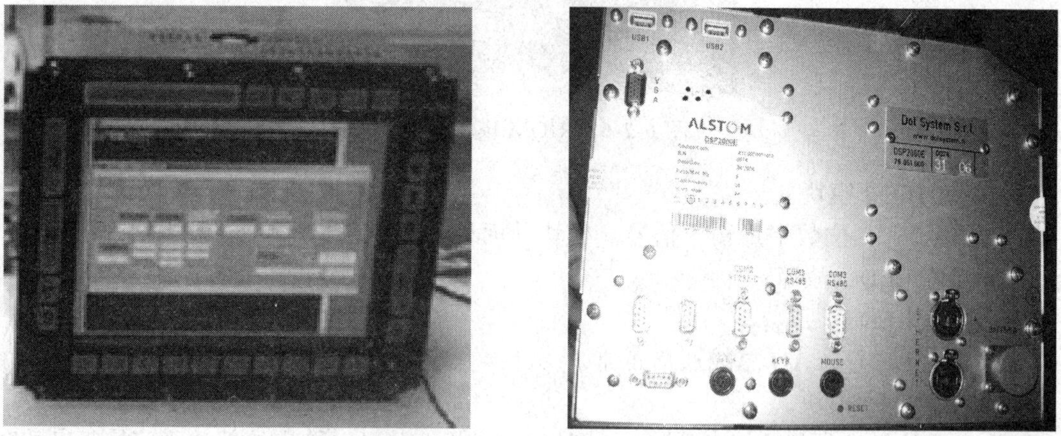

图 6-2-8　监视器外形图

司机台监视器（TS、TD）、车长室本地监视器 LT 通过 MVB 总线和 MPU 相连，均为相同型号的彩色液晶显示器，采用 Windows CE 操作系统、应用软件及故障数据均存储在闪存卡（CF 卡）中。

（1）仪表监视器 TS（见图 6-2-9）。

仪表监视器通过仪表盘的形式向司乘人员显示重要的模拟量信息（包括列车运行速度、牵引力/电制力、网压、总电流、制动管压力及总风管压力等）。

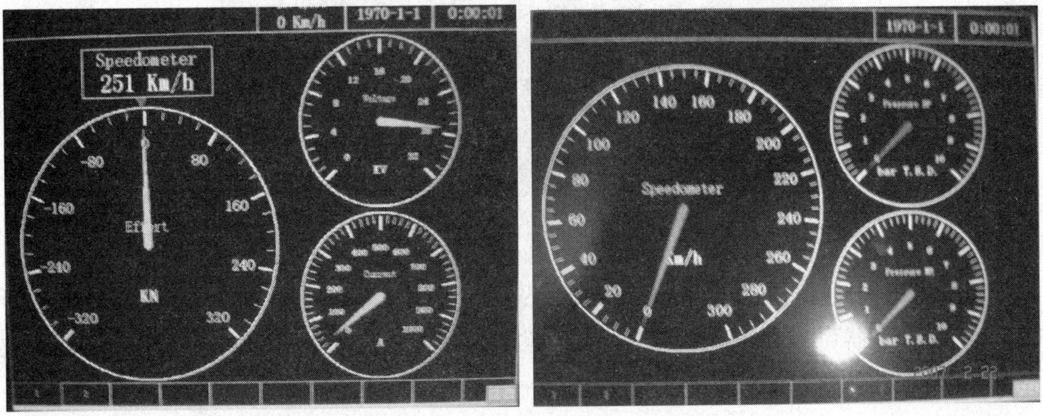

图 6-2-9　仪表监视器 TS

（2）诊断监视器 TD（见图 6-2-10）。

诊断监视器主要用于向司机显示动车组的设备状态，设备故障时根据故障类别的不同，实时显示在诊断监视器上，通报司乘人员。

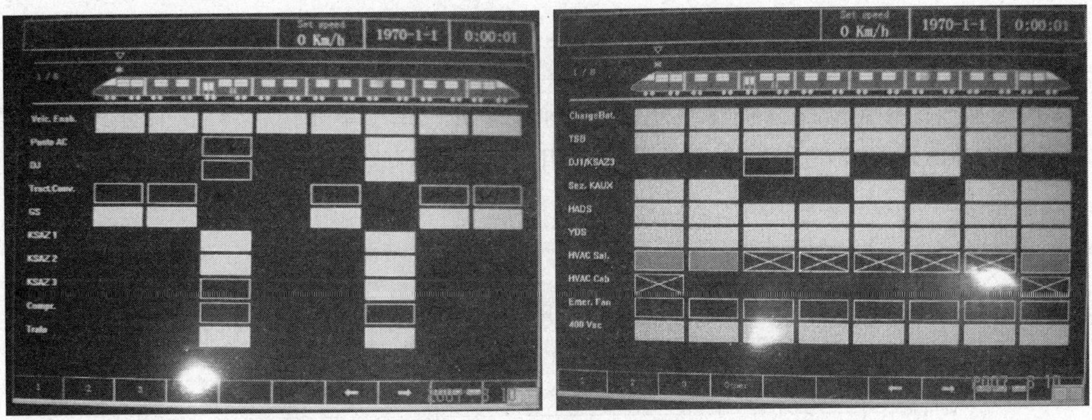

图 6-2-10　诊断监视器 TD

（3）本地监视器 LT。

本地监视器上显示的信息与诊断监视器基本相同。

（五）中继器 REP

冗余 MVB 中继器 REP 满足 IEC61375-1 标准中关于 MVB 总线中继器设备的要求，用于放大和对 MVB 总线信号进行处理，消除干扰，提高 MVB 总线的长度和连接到 MVB 总线上设备的数量。中继器安装在 M2S/MH 车 QRK 柜内。中继器外形图如图 6-2-11 所示。

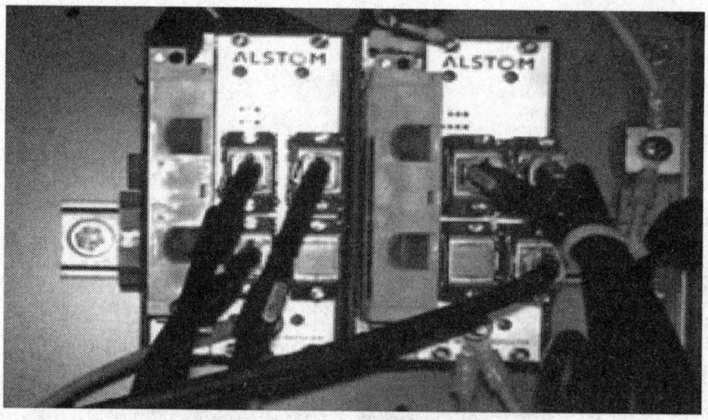

图 6-2-11　中继器外形图

LO.RE MVB 中继器属于 LO.RE 系统产品平台，用于连接两段电气中距离 MVB 总线。LO.RE MVB 中继器可以在单一模式和冗余模式下工作。当其以冗余模式工作时，可以交替工作或者一个处于激活状态，另一个作为热备。两个 LO.RE MVB 中继器通过内部的微小母板连接器连接到一起。在单一模式和冗余模式下，LO.RE MVB 中继器都能够管理管理 MVB 总线，当检测到总线故障时能够自动切换到正常工作的中继器，当总线恢复后还可自动转换回去。

三、网络控制系统工作原理

（一）CRH_5 列车控制管理系统（TCMS）总体结构

CRH_5 动车组根据功能性将列车分为两个牵引单元，每个单元包含 4 节车辆。列车网络控制系统 TCMS 将两个冗余 UIC 网关分别应用于两个牵引单元，如图 6-2-12 所示。

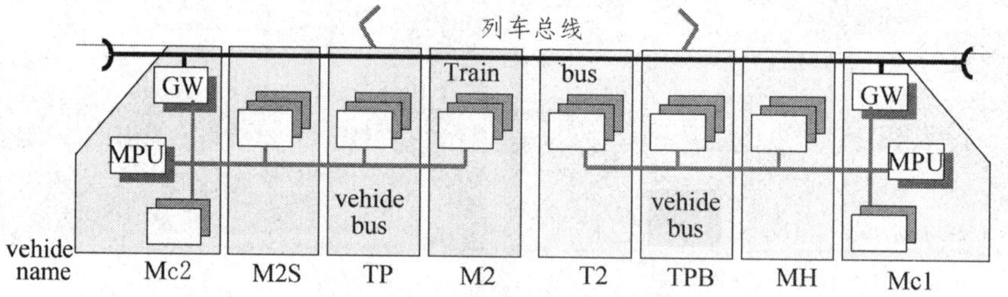

图 6-2-12　CRH_5 列车控制管理系统（TCMS）总体结构

（二）CRH_5 列车控制管理系统（TCMS）拓扑结构

CRH_5 动车组每个动力单元使用两个冗余的 MPU LT 模块和两个冗余的 MPU LC 模块。两个动力单元通过网关 GW 实现动力单元间和连挂列车间的通信。其中，车辆级总线 MVB 分为牵引总线、信号总线和服务设施总线，牵引总线和信号总线由 MPU LT 管理，服务设施总线由 MPU LC 管理。此外还有一条 CAN 总线，用于其他设备的诊断。列车控制与监控系统拓扑结构如图 6-2-13 所示。

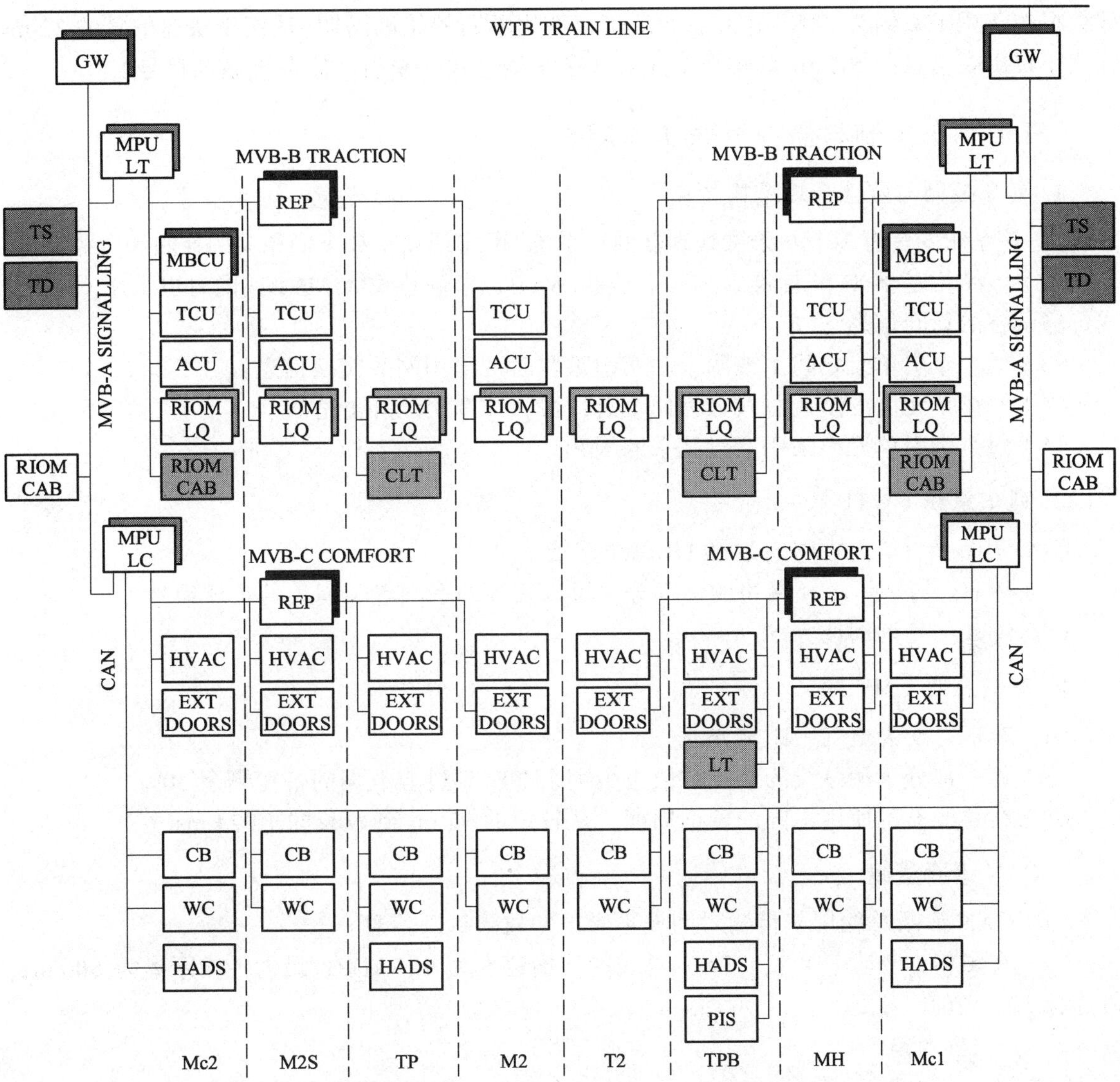

GW：网关　　　　　　　　　　TCU：牵引控制设备
MPU：主处理单元　　　　　　ACU：辅助控制设备
REP：中继器　　　　　　　　RIOM：远程输入/输出模块
DDU：驾驶员显示设备　　　　HVAC：空调系统
BCU：制动控制设备　　　　　PATH：通道指示器

图 6-2-13　列车控制与监控系统拓扑结构图

两个动车组之间的连接通过穿过头车自动车钩的“WTB”（列车总线）型冗余链路来实现。此总线是 TCN 网络的一部分，它在长度因挂钩/摘钩操作而发生变化时可以实现网络的动态重组（网关重新编号）。该总线使用具有可控阻抗的冗余介质，其传输的信息速率约为 1 Mb/s。传输距离为 860 m，22 个节点，有 4 个备用节点。车辆总线为 MVB（多功能车辆总线）EMD 类型（电气介质距离）。该总线使用具有可控阻抗的冗余介质，其传输速率约为 1.5 Mb/s，最大传输距离为 200 m，有 32 个节点（设备）。备用节点至少每段为 20%。用于处理数据的备用带宽约为 30%。在此总线上可以使用不同的轮询周期：从用于快速信息的 32 ms 到用于较次要信息的 512 ms。每个单元有 3 条车辆总线：牵引、服务设施和信号。

（三）列车控制与监控系统工作原理

1. 列车控制与监控系统结构特点

（1）该系统安装有多个基于微处理器的子系统，可实现列车和车辆相关的控制和监控功能。

（2）该结构基于 TCN 标准，列车总线为 WTB，车辆总线为 MVB，同时也采用 CAN 总线传输设备的诊断信息。

（3）两个牵引单元之间（或两个动车组重联时）采用网关交换信息。

（4）一个单元内的车辆总线分为两个总线段，即牵引线和舒适线。

（5）每个牵引单元内采用两对冗余的 MPU。

2. 列车总线（WTB）

（1）两个牵引单元之间通过 WTB 总线连接。

（2）WTB 总线是 TCN 网络的一部分，可以实现动态配置（网关的重新编号）。

（3）网关的轮询周期为 50 ms。

3. 车辆总线（MVB）

（1）车辆总线为电气中距离介质。

（2）每一部分车辆总线的节点数值至少剩余 20%，过程数据的带宽剩余 30%。

（3）在总线上可使用不同的轮询周期，从较短的 32 ms 到较长的 1 024 ms。

4. CAN 诊断总线

（1）CAN 诊断总线用来传输时间较不紧迫的故障诊断信息。

（2）在 CRH_5 型动车组上，CAN 总线的传输速率为 125 kb/s，最大传输距离为 500 m，可连挂 32 个节点。

5. 显　示

（1）司机台显示器。

在每一个司机台上有两个显示器（TS 及 TD 显示器），该显示器安装有加热装置和风扇，应用的温度范围较大。显示器具有节电模式，并可显示中文。

TS 显示器主要用来显示车辆运行信息（如网压、网流等），司机可通过显示器周围的按键进行不同显示内容的切换。

TD 显示器用来显示设备的状态信息和故障诊断信息，同时可实现设备的切除工作。

（2）列车长室显示器。

在列车长室安装有本地显示器，用来显示整列车的故障信息和报警信息，维修人员可通过从本地显示器下载故障信息，以帮助故障的快速诊断和维修。

6. 冗余和故障管理

列车控制与监控系统中所有重要的部件均采取冗余设计。

（1）网关冗余。

正常工作时，只有一个网关工作，另一个处于等待模式。当工作的网关故障时，处于等待的网关转换为工作状态。为了实现这项功能，两个网关间采用 CAN 总线进行通信。

（2）MPU 冗余。

MPU 是热冗余，在正常情况下，只有一个 MPU 作为主，但是，两个 MPU 读入同样的输入并执行同样的任务。当一个 MPU 故障时，另外一个接替原来的继续工作。

（3）RIOM 冗余。

为了实现冗余功能，冗余 RIOM 模块的输出继电器通常以并行方式连接。当一个输出失效时，其继电器将释放。相应的功能由冗余模块的输出来实现。当模块供电故障或 MVB 接口故障时，该模块的所有输出继电器将释放，在这种情况下，相应的功能由冗余的 RIOM 模块输出来保证。

（4）显示器冗余。

司机台显示器冗余：TS 和 TD 互为冗余。当一个显示器出现故障时，司机可通过显示器周围的按钮进行切换，使可用的显示器工作在 TS 或 TD 状态。这个冗余不是自动实现的，需要司机进行干预。

本地监视器冗余：因为诊断信息存储在 MPU 的内存中，当本地监视器故障时，操作者可通过司机台的显示器获得诊断信息。

（5）中继器冗余。

正常时一个中继器工作，另一个中继器备用。当一个出现故障时，另一个自动处于工作状态。

7. 故障诊断

司机诊断信息可在司机台上的两个显示器上显示，包括设备诊断信息、相关的司机操作以及所有设备及子设备的状态信息（打开、关闭、故障、故障切除等）。在操作过程中或故障需要司机干预时，报警信息将自动显示，并给出操作说明。

列车长诊断信息可从本地显示器上获得。通过显示器，列车长可观察列车的信息并可通过预先设定的表格手动输入故障信息。

TCMS 系统收集智能设备和非智能设备的信息，用于动车组的维护保养。保养的相关信息从本地监视器上获得，获得保养信息时，需要输入密码。对每一条诊断信息，操作人员可获得相关的指导帮助他们解决问题。

诊断信息存储在 MPU 的内存中，遵从先入先出的原则，既当内存存储的数据达到最大存储值时，当新的故障数据到来时，先前的故障将被删除。

第三节　地铁列车通信控制系统（TCC）

一、概　述

列车通信控制系统是将列车的各个子系统及相关外部控制电路的信息进行读取、编码、通信传递、数据逻辑运算及输出控制的一个计算机网络系统。该系统就好比人类的神经系统，能通过手和眼睛对自身所处的状态、外部环境进行感知和控制，并对不同情况做出一定反映。而在列车上，该系统则是对列车的供电状况、速度、列车运行模式等状态信息进行实时监控和识别，并根据读取到的列车驾驶人员发出的指令信息对列车上各个子系统发出相关控制指令，进而使各子系统产生相应的调整控制，以符合设定的功能要求，则实现了对列车的有效控制。

二、列车通信控制系统结构

1. 列车通信控制系统（TCC）的总体结构

深圳地铁一期工程列车采用由两个完全一样的单元车组对称编组而成，每个单元编组又由 1 节拖车、2 节动车构成。对应于列车编组结构，其列车通信控制（TCC）系统也采用同样的结构方式：每个拖车（A 车）设置一个列车控制单元（VTCU），两个单元的 VTCU 采用列车级数据总线（WTB）进行通信。在单元车组内部，则采用列车多功能总线（WTB）连接进行通信，该总线又分为两级，第一级为贯通单元车组的 MVB，即 TRAFO MVB 总线，并直接与 VTCU 进行通信。第二级则为直接与单节车内各功能模块通信的 MVB，即 OPTO MVB 总线，连接的设备如各类输入/输出单元（I/O）、制动控制单元（EBCU）、牵引控制单元（DCU）等子系统控制单元。而这两级 MVB 又通过总线耦合器进行信号的转换与传递。其结构示意图如图 6-3-1 所示。

2. TCC 详细连接结构

对于每单元车组，其 TCC 通信网络结构按 A、B、C 三节车分别由 3 种连接结构，其详细连接结构如图 6-3-2（A 车）、图 6-3-3（B 车）、图 6-3-4（C 车）所示。

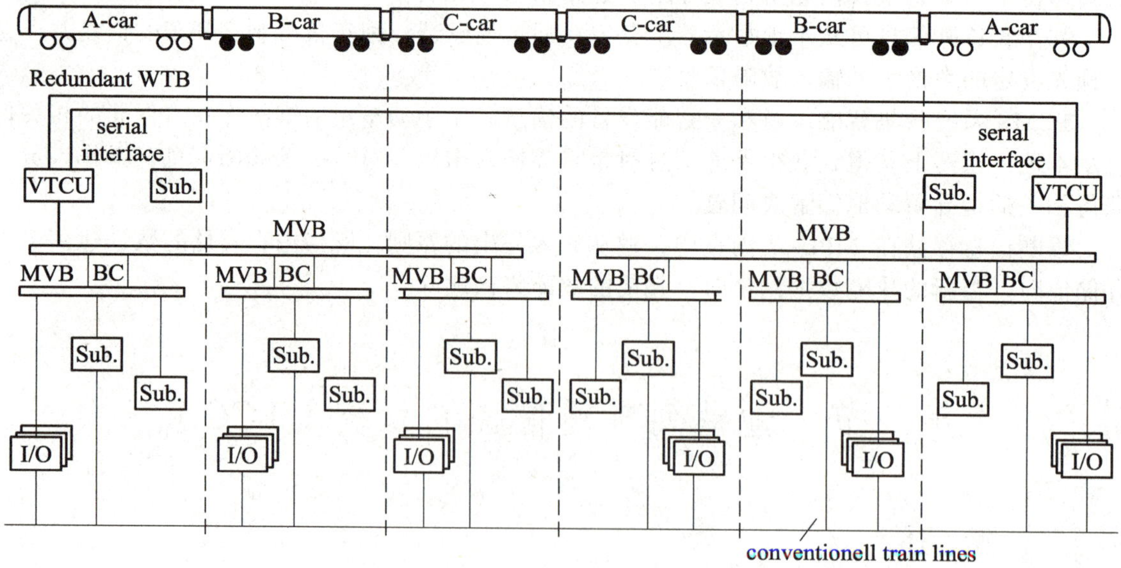

图 6-3-1　TCC 系统结构示意图

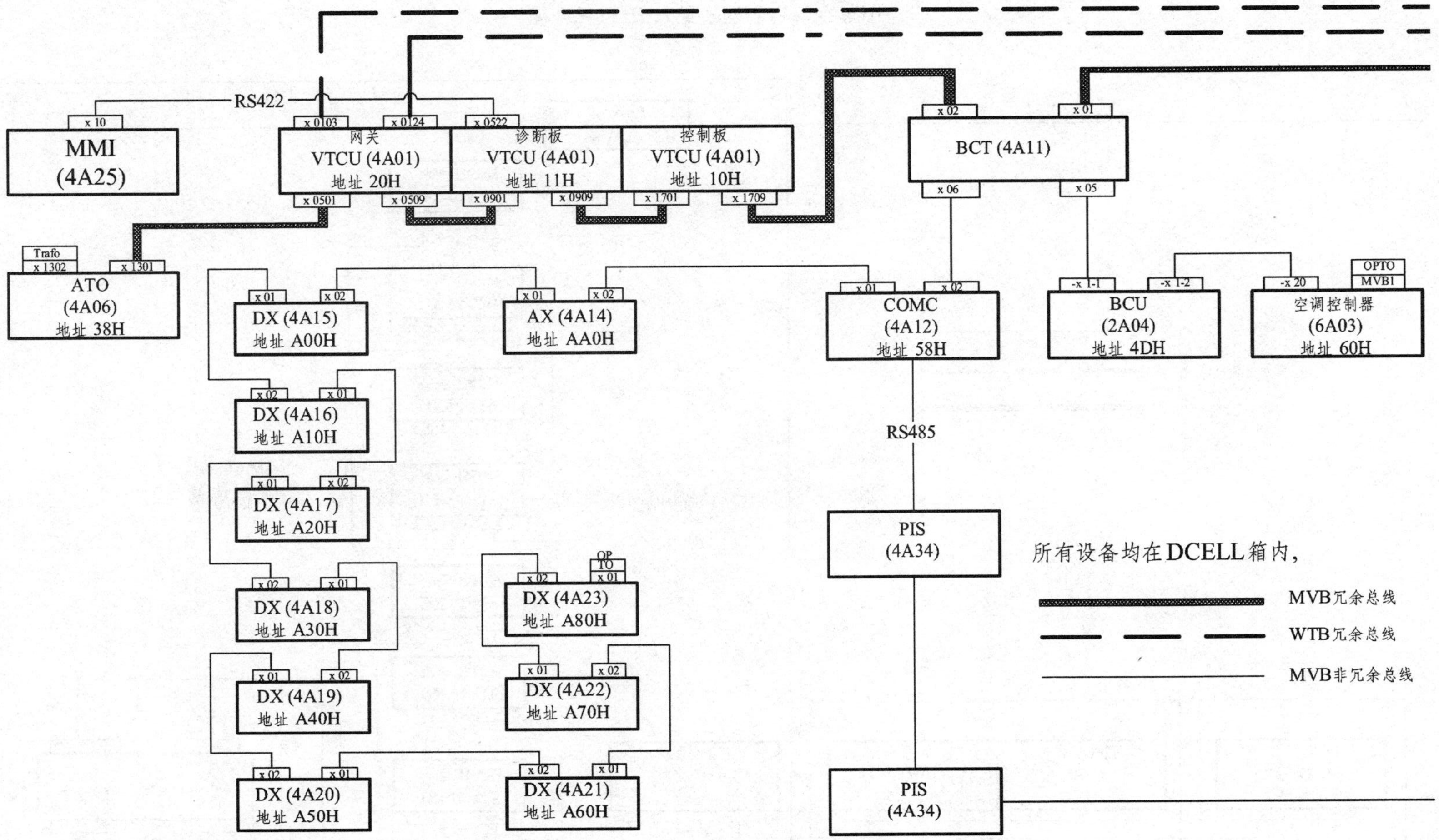

A车总线结构图

图 6-3-2　A 车通信网络结构示意图

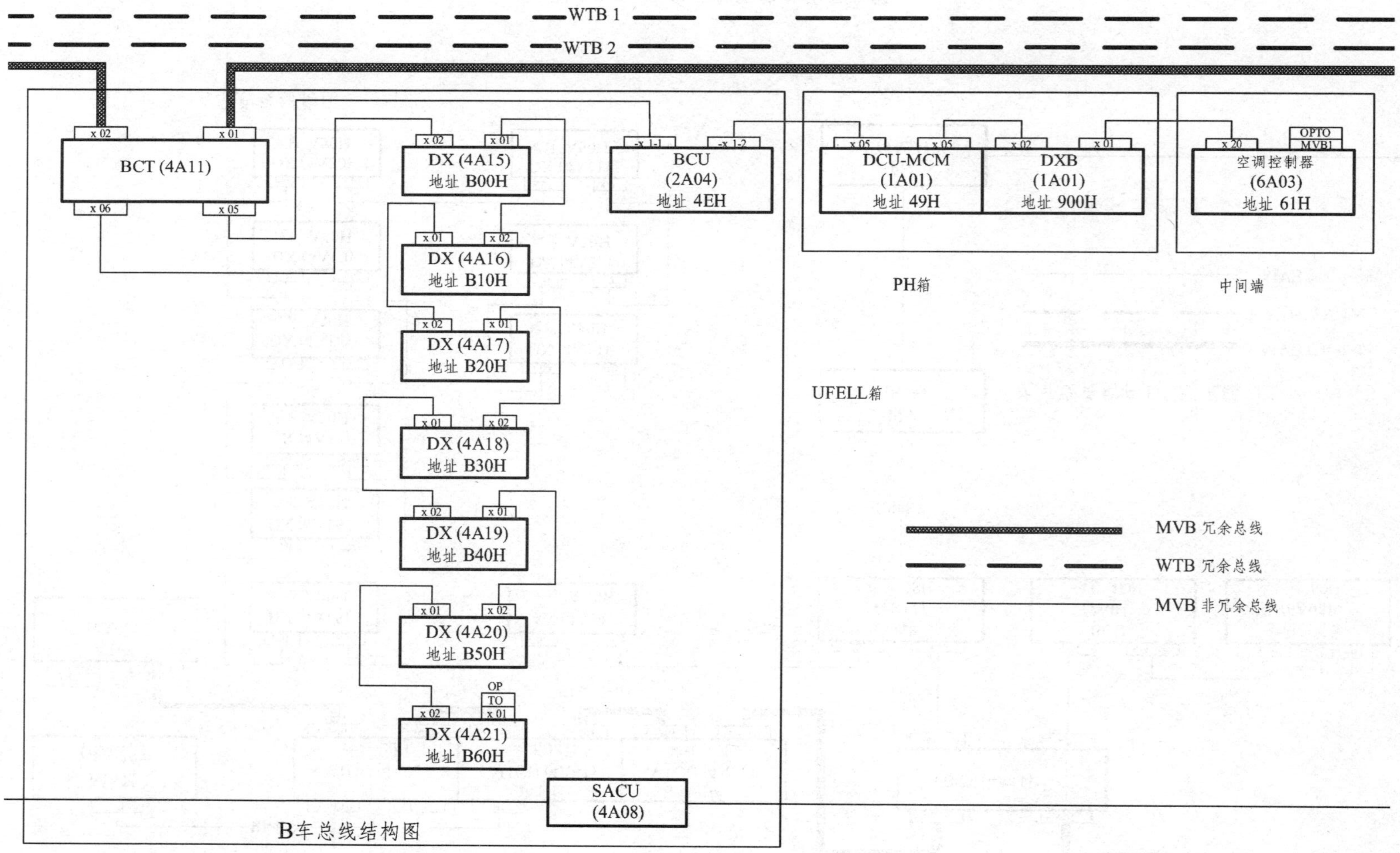

图 6-3-3　B 车通信网络结构示意图

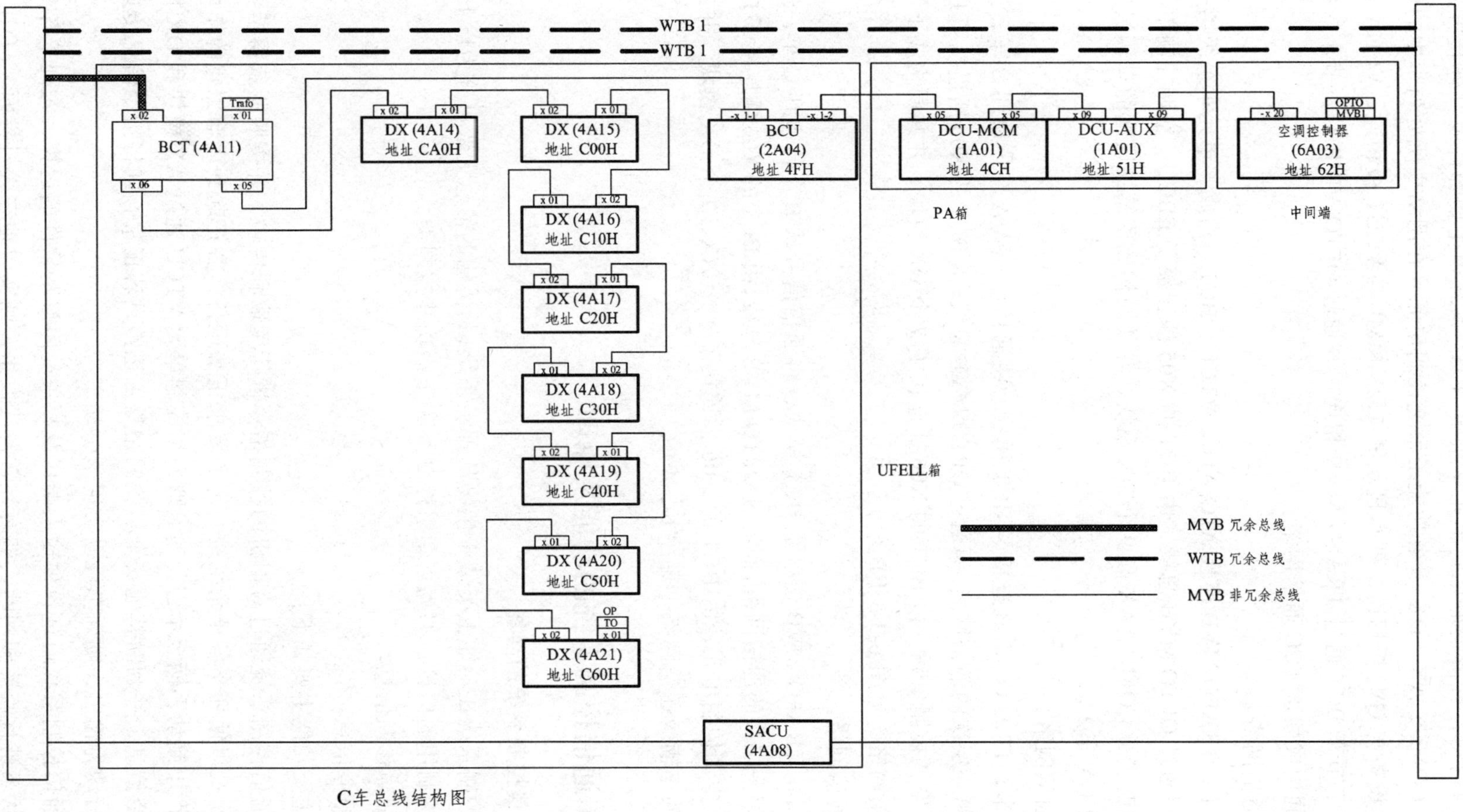

图 6-3-4　C 车通信网络结构示意图

通过以上结构图，可清晰地见到单元车组中 TCC 系统中主要部件及其连接方式，如 VTCU、BCT、COMC、AX、DX 及各功能子系统控制单元等在网络中所处列车中的位置，其中 ATO/ATP 设备与 GW 板相连，列车显示屏 TMS-MMI 与 VCUT 板相连，VCUA 板与 A 车 BCT 相连。三节车 BCT 通过 TRAFO MVB 相连，并通过 OPTO VlVB 与每节车的各控制模块相连，共同构成列车 TCC 通信网络。

（1）A 车通信网络。

对应于 A 车，TRAFO MVB 连接 ATO/ATP、VTCU、BCT，构成了单元车组级第一层次的通信网络，而通过 OPTO MVB 总线，由 BCT 的 X05 插连接了 EBCU、空调控制单元，由 BCT 的 X06 插连接了 COMC、AX 和 9 个 DX 模块，并共同构成了第二层次的车辆级通信网络[见图 6-3-2（A 车）]。

（2）B 车通信网络。

对应于 B 车，TRAFO MVB 连接了 BCT 模块，将通信信号从 A 车传递到 B 车，进而构成单元车组级第一层次的通信网络，而通过 OPTO MVB 总线，由 BCT 的 X05 插连接了 EBCU、MCM、DXB、空调控制单元，由 BCT 的 X06 插连接了 7 个 DX 模块，并共同构成了第二层次的车辆级通信网络[见图 6-3-3（B 车）]。

（3）C 车通信网络。

对应于 C 车，TRAFO MVB 连接了 BCT 模块，将通信信号从 B 车传递到 C 车，进而构成单元车组级第一层次的通信网络，而通过 OPTO MVB 总线，由 BCT 的 X06 插连接了 EBCU、MCM、ACM、空调控制单元，由 BCT 的 X06 插连接了 1 个 AX、7 个 DX 模块，并共同构成了第二层次的车辆级通信网络[见图 6-3-4（C 车）]。

三、列车通信控制系统的功能及原理

1. 列车通信控制系统的功能

列车通信控制系统在功能上类似于生物的神经系统，其传输的信息大致可分为以下 3 类：

（1）车辆控制用的信息，如列车牵引控制类和车辆功能控制类。

（2）列车故障诊断信息。

（3）乘客服务信息。

其实现的主要功能主要如下：

（1）列车通信控制系统通过对司机的控制指令进行读取和传输，并按照所获得指令信息进行相应的输出，以使列车各子系统按一定的要求正常运行，真正起到运输工具的作用。例如，当司机推牵引/制动手柄至牵引位时，则列车控制单元 VTCU 通过 AX 模块和 DX 模块读取相关牵引指令信息，并判断其他安全相关回路是否正常，若正常，则将指令信息传递该牵引逆变器，进行动力输出，则列车可以实现牵引动车。

（2）列车通信控制系统通过各种输入端口及相关故障诊断软件的运算，对列车各类子系统的实际运行状态进行监控和判断，如有异常情况发生，则实时地在人机界面（MMI）进行显示，相关数据也同时进行记录和存储，以便司机和车辆维修人员及时观察到异常情况，并能做出应急处理措施，以保证列车运行安全。

（3）向乘客发送相关服务信息（如站名、提示等），以方便乘客的出行。

2. 列车通信控制系统的工作原理

依据通信系统数据传输原理，列车通信控制系统传输的数据可分为3类：过程数据（PV）、信息数据（MD）条件数据（CD）。

（1）过程数据名包括全部有关能找到该变量的数据。

① 存储器的号码。

② 端口内地址的偏移量。

③ 过程变量的类型和长度。

④ 校验位的偏移量。

其过程数据的主要特点如下：

① 数据实时传输。

② 数据长度短。

③ 反映车辆的运行状态。

④ 周期性更新。

⑤ 格式固定。

⑥ 不需被确认。

（2）信息数据状态数据能在列车范围内按一般的传输协议（开放式系统互联参考7层模型）在两个设备间进行交换，各装置、功能组群能被赋址，其传输方式依照呼叫/回复结构，且较大的信息能自动地分割到数据包并以确认的方式传输。其主要特点如下：

① 没有实时的要求。

② 不限制长度。

③ 表述一个事件。

④ 需要给出确认。

（3）条件数据则主要指列车本身的基本外设参数，如时钟信息、列车轮径数据等。

四、列车通信控制系统部件

1. 列车控制单元（VTCU）

深圳地铁一期工程列车一单元车组就配备一台VTCU，装配于司机驾驶室副司机台后面的电子柜中。而对于一整列车来讲，在激活司机驾驶室的VTCU则为主控单元（OWN），另一台则为从控单元（REMOTE）。VTCU是列车通信控制系统的核心部件，相当于列车的大脑。它直接负责列车的牵引制动相关控制运算，对列车的实际运行状态进行监控，并及时判定各子系统的状态，将异常部件的故障信息及时反馈到司机室的人机界面上，让司机和技术维护人员快捷地掌握列车的实际工作状态。VTCU的接口结构如图6-3-5所示。

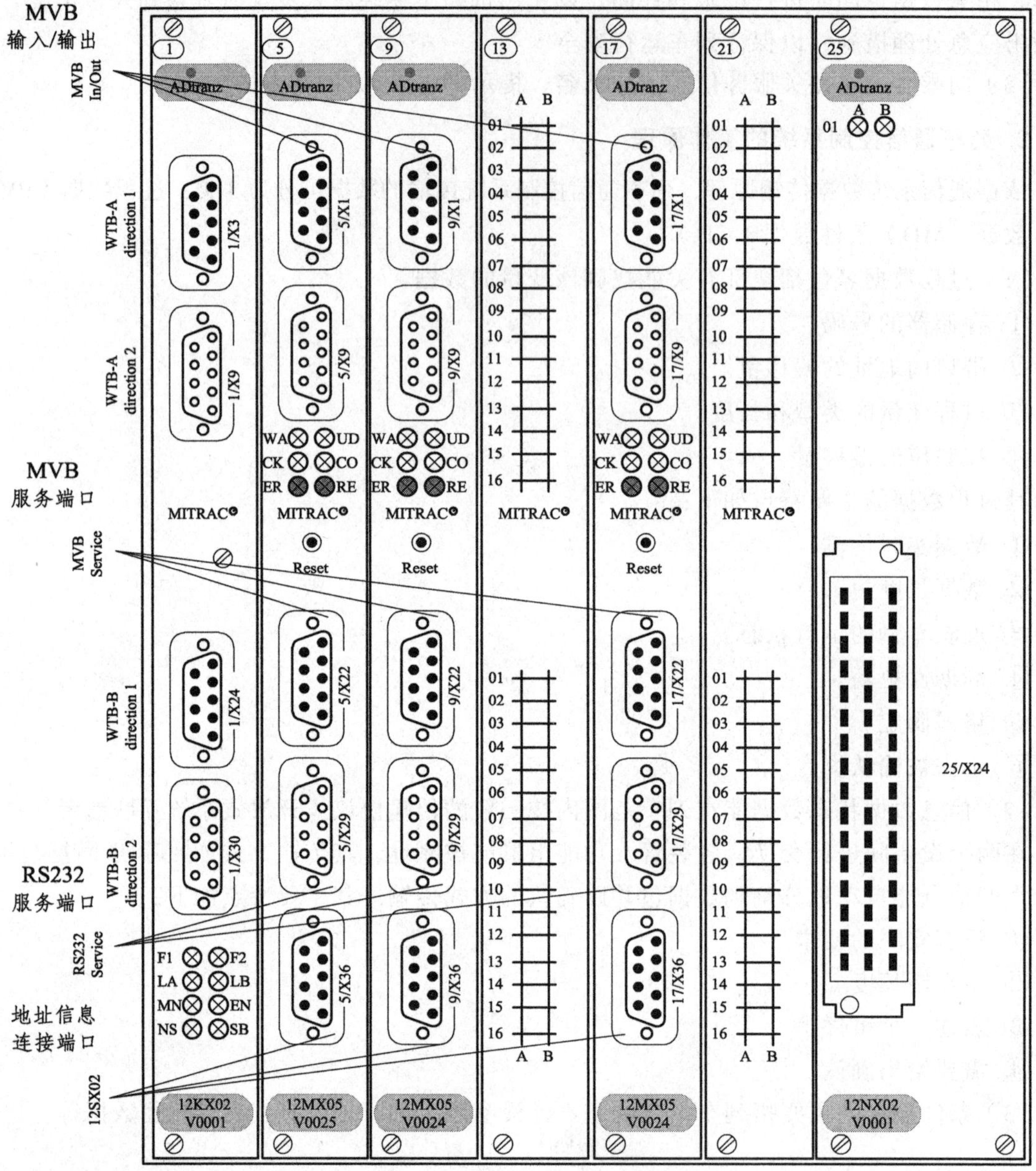

图 6-3-5　VTCU 接口结构图

图 6-3-5 所示的结构从左至右分别是：

第一层为列车总线连接板，序号为 1，连接和管理两条 WTB 总线，进行串行数据的编码和解码。该板具备线路冗余和线路熔合的功能，还配备了状态显示灯，其所表示的含义如图 6-3-6 所示。

第二层为网关板，序号为 5，连接 MVB 总线，用于转换列车总线 WTB 和车辆总线 MVB 两个总线系统之间的数据。MVB 的电位隔离是通过 DC/DC 变压器转换器实现的。

第三层为 VCUT 板，序号为 9，连接 MVB 总线及 MMI 的串行接口 RS422/RS232，MVB 总线接口与网关板相同。串行接口是通过光耦合器和 DC/DC 转换器实现电位隔离。该板的功能是进行列车故障诊断和故障信息数据记录，并与 MMI 进行通信，将故障信息在 MMI 上进行显示。

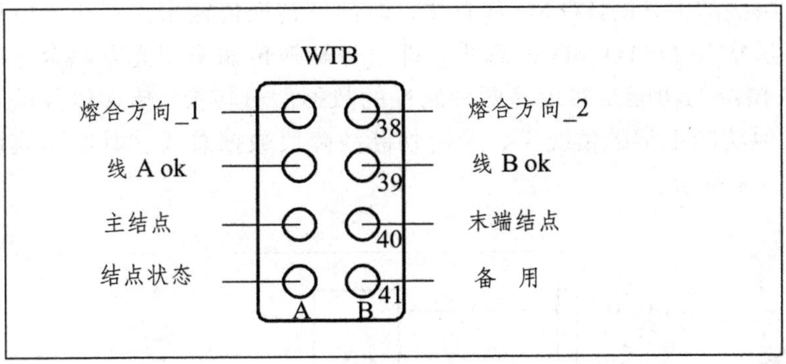

图 6-3-6 列车总线连接板状态指示灯

第四层空置。

第五层为 VCUA 板，序号为 17，连接 MVB 总线及串行通信接口，连接 MVB 总线及串行接口 RS422\RS232，MVB 总线接口与网关板相同。串行接口是通过光耦合器和 DC/DC 转换器实现电位隔离。该板的功能是进行列车牵引制动等应用功能方面的运算和控制。

第六层空置。

第七层为电源板，输入为 DC 110 V。该板上有 A、B 指示灯，正常工作时，A、B 灯均常亮。

VTCU 的每个面板中部还有 6 个 LED 指示灯，显示 VTCU 的当前状态，如图 6-3-7 所示。

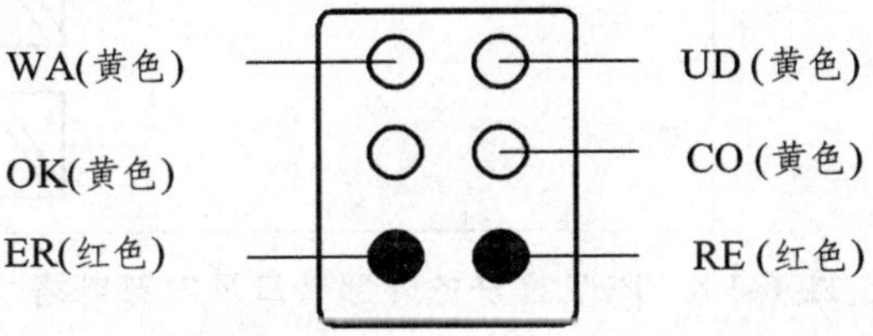

图 6-3-7 VTCU 面板状态指示灯

其中每个指示灯的意义如下：

WA：警告。

UD：用户定义。

OK：系统完好。

CO：MVB 通信。

ER：错误。

RE：重新设置。

其中 OK 灯闪亮，CO 灯常亮，其他灯不亮，则该部分工作正常。

GW 板、VCUA 板、VCUT 板的 X36 插均接一个地址信息插，其对应的地址编码分别为 20H、10H、11H。

2. BCT 模块

深圳地铁列车通信控制系统的 MVB 总线根据应用的层次不同，采用了两种属性的数据传输方式：车组层次的为 TRAFO MVB 总线，即信号转换传输采用变压器电压隔离方式的数据总线；单节车层次为 OPTO MVB 总线，即信号转换传输采用光电耦合电压隔离方式的数据总线。而 BCT 模块的功能是实现这两种属性的数据信号转换、传递以及信号中继再生等功能，并在保持其他功能正常的情况下，及时切断故障段数据总线。其实际模块接口及内部电路示意图如图 6-3-8 所示。

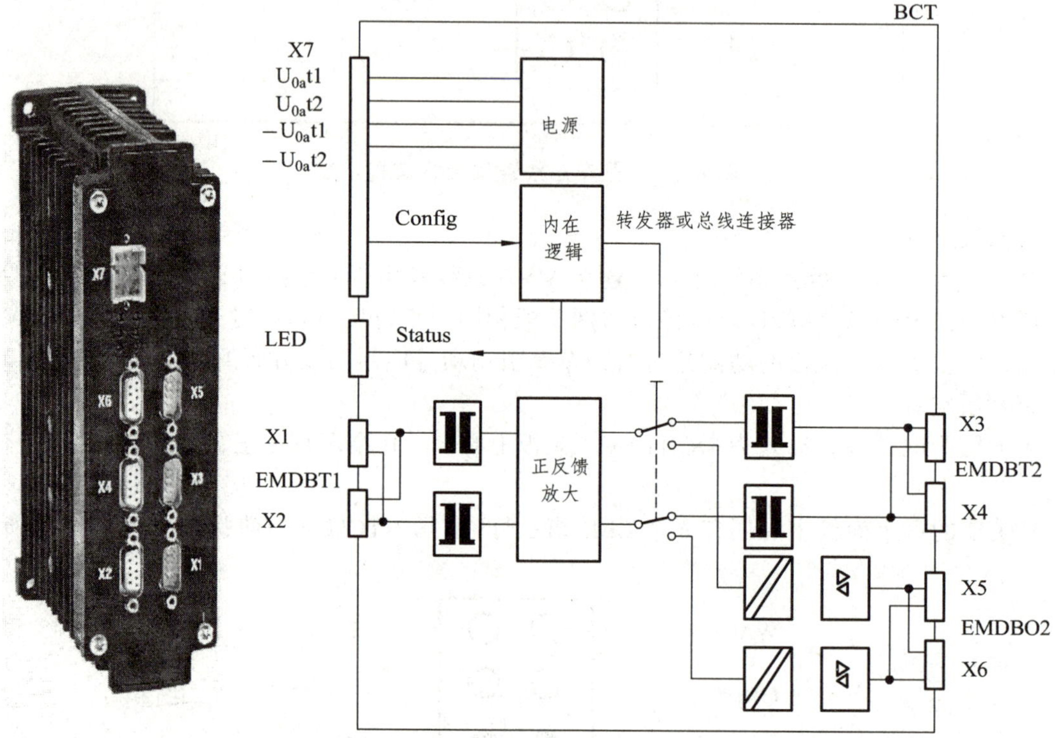

图 6-3-8　BCT 模块的外部接口及内部电路

在车辆实际应用中，车组层级的 TRAFO MVB 总线连接可分为 3 部分（与车载信号系统的连接除外），从 VTCU 至 A 车 BCT 的 X2 插为第 1 段，A 车 BCT 的 X1 插到 B 车 BCT 的 X2 插为第 2 段，B 车 BCT 的 X1 插到 C 车 BCT 的 X2 插为第 3 段，而在 BCT 模块内部 X1 插至 X2 插是直接导线相连，这样通过这 3 段 TRAFO MVB 总线，分别将 VTCU 及 3 节车的 BCT 模块串联，进而构成车组级数据信息传输通道。车辆级的 OPTO MVB 总线则分别通过每节车 BCT 模块的 X5 插和 X6 插连接，构成两条并联的数据信息传输通道，直接与车辆各子系统控制单元进行通信，其中 X6 插与 COMC、各类输入/输出模块相连，而 X5 插与 EBCU、DCU 等子系统控制单元相连，进而构成一个完整的列车通信控制网络。

当列车通过合 03S01 开关被激活后，通过 TCC 接通继电器 02K22 得电吸合，列车 DC 110 V 电直接输入到每节车 TCC 系统各模块，列车 TCC 系统即进入工作状态。按已设定的内部配置逻辑，BCT 控制其内部通道选择开关，使开关连通 X5 插和 X6 插，并使 TRAFO MVB 总线与 OPTO MVB 总线建立正常的通信状态。同时将其工作状态信息反馈到面板的指示灯，正常时，面板 4 个黄灯均为常亮。在故障状态下，对应指示灯则不亮。其具体表达的含义如图 6-3-9 所示。

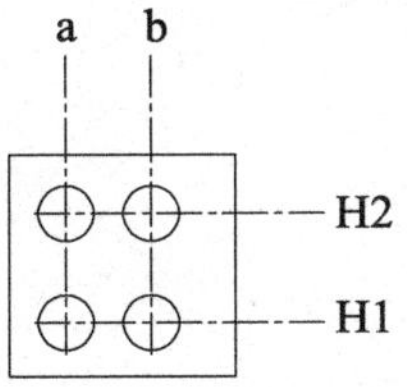

H1a	亮黄	EMDB T2 or O2 端至 EMDB T1 端方向数据传输正常
H1b	亮黄	EMDB T1 端至 EMDB T2 or O2 端方向数据传输正常
H2a	亮黄	内部电源 DC 5 V 正常
H2b	亮黄	TFAFO MVB 总线驱动正常（没有因过温而关断）

图 6-3-9　BCT 状态指示灯及含义

3. **数字式输入/输出模块**（DX）

深圳地铁一期工程列车的数据输入/输出模块可分为两种类型，即 DX 模块和 AX 模块，其中 X 表示输入/输出，D 表示数字型，A 表示模拟型。它是一个独立的模块，可以直接安装，不需要机架支持系统。坚硬的机械外壳保证了 DXH 可以在高温（70 °C，没有通风情况下）、EMI 影响和强烈振动的恶劣环境下进行安装。其外形如图 6-3-10 所示。

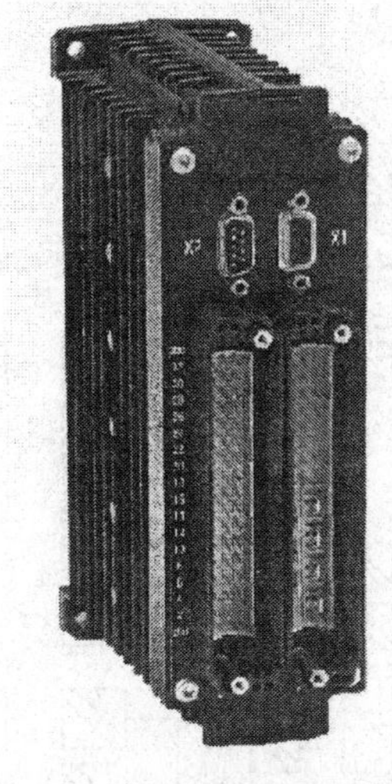

图 6-3-10　输入/输出模块的端口

与 MVB 网络的连接包括了两个 9 针 D-sub 连接器——X1 和 X2。同样针的分布，接口类型相反。这样分布是为了通过从单元上拔下电缆并把它们互相连接的方式来旁路单元。每个与 MVB 网络连接的单元都有一个唯一的 12 位地址。地址位 4 到位 11 被内部上拉电阻强加 + 5 V 的电压，这意味着设备地址位有一个默认值 1′。通过使用外部桥，地址位（4 ~ 7）可以选择连接逻辑地。0 ~ 3 为总是接在逻辑地，也就是不允许跨接使用。终端插不为 OPTO MVB 线提供任何终端电阻。总线段必须终端连接包含有终端电阻的外部连接器插销。使用终端/偏置插是为了具备 120 Ω的线路阻抗，其外形如图 6-3-11 所示。

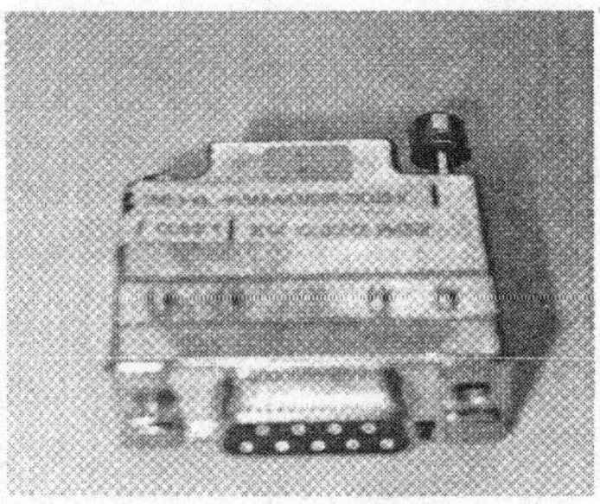

图 6-3-11　终端插

DX 模块的特性：

（1）最佳工作电压范围为 48 ~ 120 V 电池电压。

（2）10 个二进制数字输入（数字输入信号与连接器 X4 上的针相连接）。

（3）6 个二进制数字输出（连接器 X4 内部实现）。

（4）1 个报警终止继电器（输出与连接器 X3 的连接位置）。

其内部电路示意图如图 6-3-12 所示。

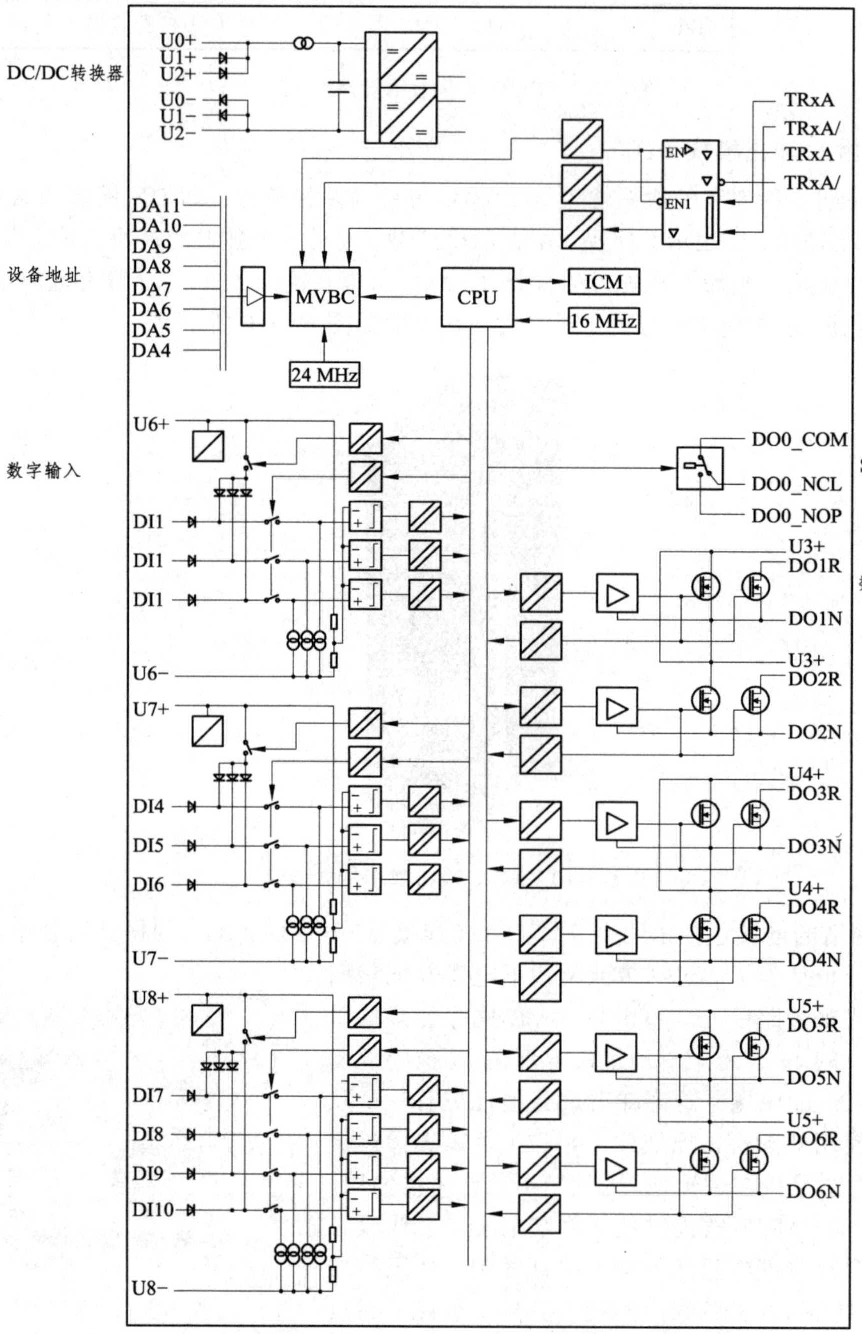

图 6-3-12　DX 模块的内部电路示意图

4. **模拟式输入/输出模块（AX）**

AX 模块的外形与 DX 模块相同，其总线连接方式及插头结构均同于 DX，但其所对应的输入/输出变量为模拟量，可以是电压，也可以是电流，其具体特性如下：

（1）12 位分辨率（1%～2%的精度）。

（2）4 个模拟输入（输入通常用来测量输入 DC 信号，但是它也可以用来测量频率在 16～50 Hz 的 AC 信号）。

（3）2 个普通模拟输出（它们被连接到 X4 连接器的针上）。

（4）1 个报警终止继电器（警告终止继电器，在故障状态下首先被使用，然而它有好几种用途，在故障状态下，SAR 用来切断电源，输出与连接器 X3 的连接位置）。其模块内部电路的示意图如图 6-3-13 所示。

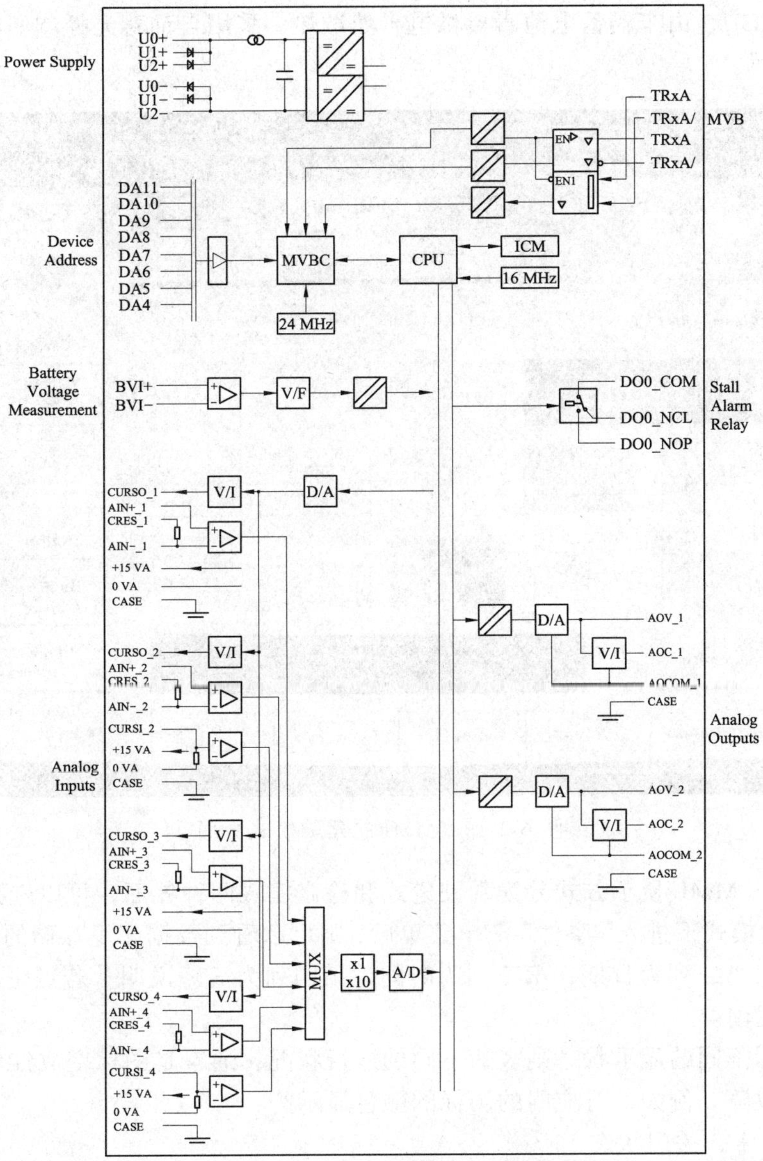

图 6-3-13　AX 内部电路示意图

5. **人机界面（MMI）**

MMI 系统的工作框图如图 6-3-14 所示。

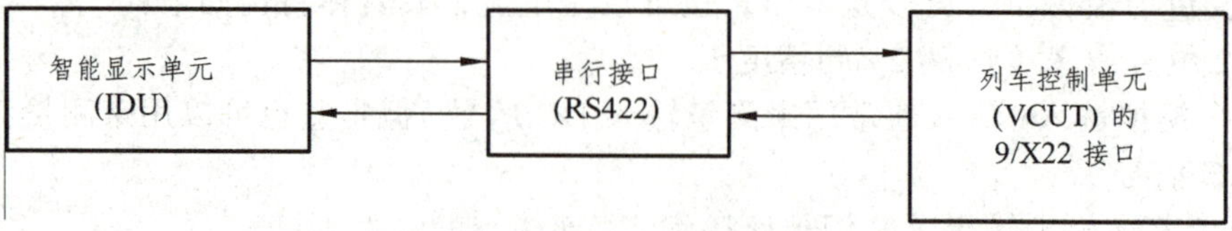

图 6-3-14　MMI 连接示意图

其中 IDU 为彩色液晶、全图解触摸式显示屏，并配备 64M CF 存储卡。其操作系统为 OS/LINUX，全图像化 10.4″ VGA 显示，带触摸屏的彩色液晶显示器，基于奔腾 I 的计算机，RS422 连接 VTCU，由车辆蓄电池直接供电自然散热，采用自动背光控制。其常用工作界面如图 6-3-15 所示。

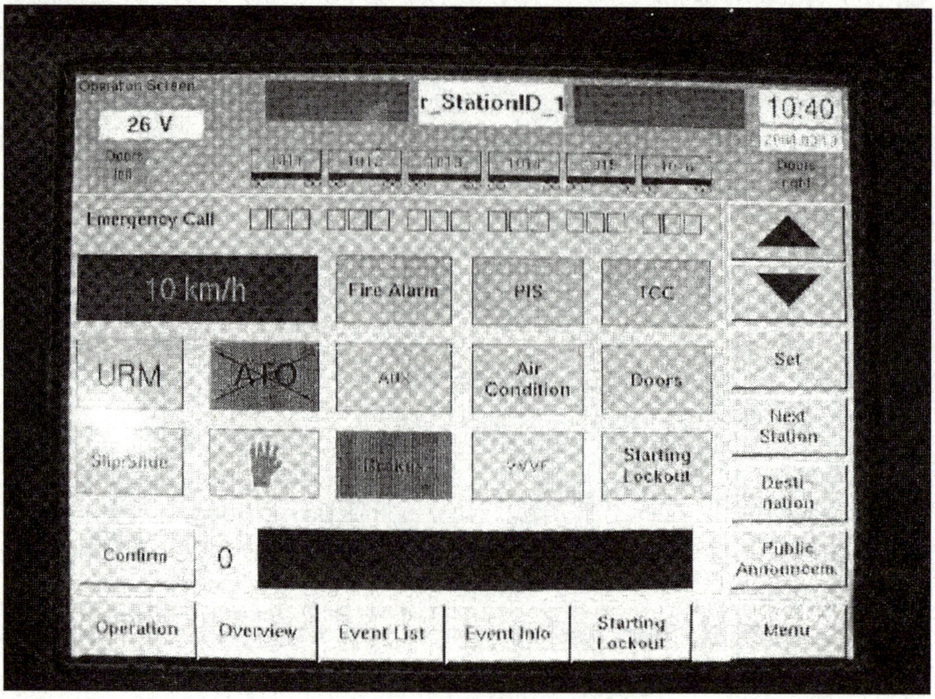

图 6-3-15　MMI 的驾驶模式界面

司机室列车 MMI 显示方式分为驾驶模式和检修模式两种界面，可以选择中文或英文语言环境。在驾驶模式下进入“事件”清单菜单后，则可以看到数据库里存储的故障信息：第一列为事件分类，第二列为日期，第三列为时间，第四列为简短说明。若点击“Activity”，则进入故障处理指南。

另外，图标不同的显示状态则表达不同的运行状况，通常是图标变成红色，则表明对应的子系统发生故障。例如，对应门的图标的颜色显示为：

灰蓝——正常，关门状态。

闪烁的灰蓝——正常，开门状态。

黄色——门切除状态。

红色——功能失效。

黑色——紧急开门。

若旁路出现重大故障，还需密码输入，以强调安全性。在进入检修模式时也需输入密码。

MMI 的外部接口端子如图 6-3-16 所示。

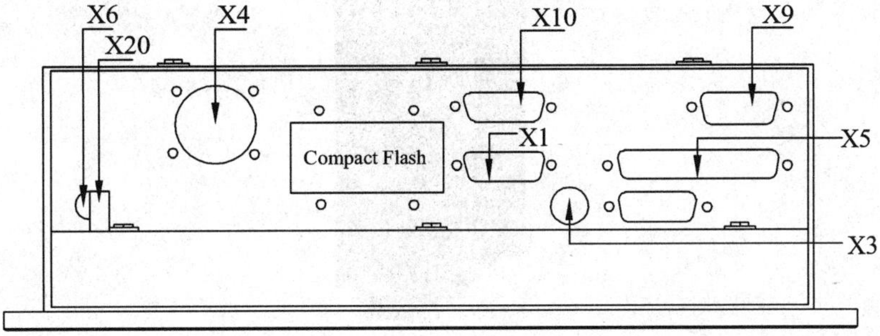

图 6-3-16　MMI 外部接线端口示意图

在 X4 与 X10 中间的盖板下为 CF 卡（对应图标为 Compact Flash）插槽，而 CF 卡配置容量为 64 Mb，其主要存储 MMI 所要显示的故障信息及相关控制软件。其他对应端口的作用见表 6-3-1。

表 6-3-1　对应端口的作用

端　口	作　用
X1	不用
X3	厂家维修用
X4	电源端子（6-pin 插针）
X5	不用
X6	厂家维修用
X9	蜂鸣器接口
X10	RS422 信号接口（连 VCUT 板 9-pol DSUB，male）
X20	接地螺栓（M6）

6. 通信控制器（COMC）

通信控制器（COMC）是 MITRAC 牵引控制系统中的一个标准单元，可作为在第三类设备与 MVB 的接口转换器。COMC 在列车中主要负责数据信息在不同制式接口之间转换。其实物外观如图 6-3-17 所示，具体功能如下：

（1）DC 24 ~ 120 V 工作电压。

（2）2 条 RS485 通信通道（连接器 X3）。

（3）1 条可在 RS485 和 RS422 之间转换的通信通道（连接器 X3）。

（4）3 个 RS232 通信通道（1 个在连接器 X3，2 个在连接器 X4）。

（5）5 个状态灯：ER 红灯亮表示故障；WA 黄灯亮表示报警；MVB 绿灯不亮，则 MVB 激活。S－CO 绿灯灭，则串行通信激活；OK 绿灯灭，则系统在运行状态。

图 6-3-17　通信控制器（COMC）

通信控制器（COMC）模块端口及内部电路如图 6-3-18 所示。

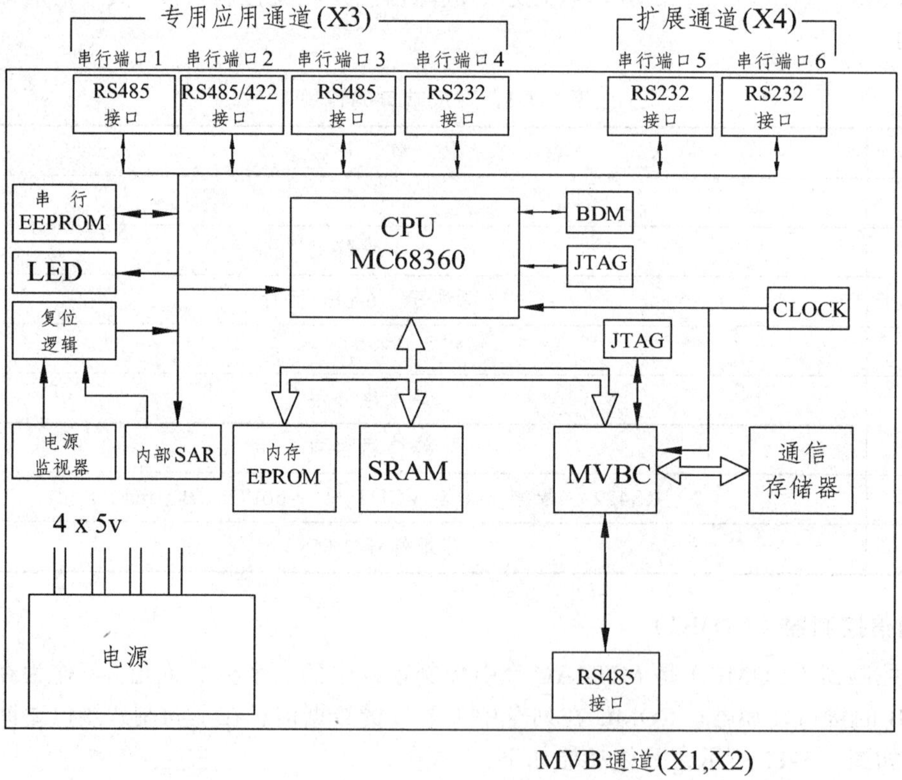

图 6-3-18　通信控制器（COMC）模块端口及内部电路示意图

在某地铁一期工程列车中，该模块主要负责 MVB 总线与 PIS 系统控制单元的数据转换，即将总线数据信息转换到 X3 通道的 RS232 串行数据通信，直接输入 PIS 系统控制单元。

五、列车通信控制系统与其他系统的接口关系

（一）TCC 系统输入/输出单元接口

1. 输入/输出单元与 A 车各子系统的接口关系

（1）04A14（AX）模块。

① 输入信号（模拟）：ATO 牵引/制动指令参考值，司机控制器牵引/制动指令参考值。

② 输出信号（模拟）：速度表控制。

（2）04A15（DX）模块。

① 输入：事件记录仪停止，运行方向，牵引、制动控制相关信号，警惕按钮报警信号，列车控制激活信号。

② 输出：列车牵引使能，司机室风扇控制，列车汽笛控制。

（3）04A16（DX）模块。

① 输入：ATP 切除开关，紧急牵引，慢行模式，紧急停车按钮状态，折返模式，警惕按钮状态，灯测试，所有停放制动缓解，充电机工作状态。

② 输出：旁路所有停车制动，旁路所有气制动，02S03、02S04 指示灯，02S16 指示灯。

（4）04A17（DX）模块。

① 输入：紧急疏散门状态，左/右侧门关好，左/右侧开、关门按钮。

② 输出：02S01/2 指示灯。

（5）04A18（DX）模块。

① 输入：A 车 10 个门的门切除开关状态。

② 输出：04A34-X11/07 端口输出。

（6）04A19（DX）模块。

输入：左侧 5 个门的门状态信号。

（7）04A20（DX）模块。

① 输入：右侧 5 个门的门状态信号。

② 输出：开门使能控制。

（8）04A21（DX）模块。

输入：所有停放制动旁路（02S10），所有气制动旁路（02S14），所有门旁路（02S13），A 车停车制动施加/缓解，A 车常用制动施加/缓解，所有制动缓解，A 车空调开。

（9）04A22（DX）模块。

输入：列车紧急环线状态，列车零速继电器状态，主风缸压力旁路信号，A 车 R 压力开关状态，主风缸压力监测继电器状态，门控单元电源状态。

（10）04A23（DX）模块。

输入：DC 110 V 欠压保护，ATP 模式控制开门。

2. 输入/输出单元与 B 车各系统的接口关系

（1）04A15（DX）模块。

① 输入：左/右开门信号，牵引/制动指令信号，受电弓位置，高速断路器合，高速断路

器分，车间电源插座盖板状态，逆变器/制动电阻冷却风机供电状态，50%紧急牵引/制动指令，火灾报警回路信号。

② 输出：停车制动缓解（02K55）旁路，旁路所有的制动（02K54），列车 1 500 V 环线开关控制，逆变器/制动电阻冷却风机供电回路控制。

（2）04A16（DX）模块。

输入：B 车停车制动施加/缓解，B 车常用制动施加/缓解，所有制动缓解，ATP 牵引安全信号，所有门关闭信号，A/B 线火灾报警，火灾报警 A/B 线故障。

（3）04A17（DX）模块。

输入：受电弓升弓信号，车间电源插座盖板状态，列车 1 500 V 环线开关控制状态，空调开信号，左/右侧门关好。

（4）04A18（DX）模块.

输入：B 车 10 个门的门切除开关状态信号。

（5）04A19（DX）模块。

输入：左侧 5 个门的故障诊断信号。

（6）04A20（DX）模块。

① 输入：右侧 5 个门的故障诊断信号。

② 输出：开门使能控制。

（7）04A21（DX）模块。

输入：主风缸压力状态，门控单元电源状态。

（8）DXB（DX）模块。

① 输入：HSCB1/2 的状态，网压检测，Q1/Q2 位置，车间电源供电状态。

② 输出：HSCB1/2 闭合控制，HSCB1/2 合保持控制。

3. 输入/输出单元与 C 车各系统的接口关系

（1）04A14（AX）模块。

输入：ATO 牵引/制动指令参考值，空压机主风缸压力值。

（2）04A15（DX）模块。

① 输入：压缩机供电控制继电器 03K19、03K20 状态，空压机主风缸压力开关状态，列车 380 V 环线开关状态，半自动车钩连挂/解钩继电器状态，逆变器制动电阻冷却风机/空压机供电状态，本 3 车单元绝缘塞位置。

② 输出：停车制动缓解旁路（02K55），旁路所有的制动（02K54），逆变器/制动电阻冷却风机/空压机供电回路控制。

（3）04A16（DX）模块。

① 输入：C 车停车制动施加/缓解，C 车常用制动施加/缓解，所有制动缓解，零速监控反馈，EBCU 故障事件反馈。

② 输出：零速监控控制，空压机启动控制。

（4）04A17（DX）模块。

输入：左/右侧门关好。

（5）04A18（DX）模块。

输入：C 车 10 个门的门切除开关状态信号。

（6）04A19（DX）模块。

输入：左侧 5 个门的门故障诊断信号。

（7）04A20（DX）模块。

① 输入：右侧 5 个门的门故障诊断信号。

② 输出：开门使能控制。

（8）04A21（DX）模块。

输入：主风缸压力状态，门控单元电源状态。

（二）列车通信控制系统与车载 ATO/ATP 系统的接口关系

车辆与车载 ATO/ATP 系统的通过列车通信总线 MVB 以及各相关子系统的控制导线进行直接控制信号的传递，其接口关系如下：

1. 车辆对车载 ATO/ATP 系统的输入信号（DC 110 V）

司机台钥匙开关，ATO 释放，紧急制动，门关闭，ATO 启动按钮，强行开门按钮。RM 模式按钮，紧急制动时继电器状态，自动折返等。牵引，制动，ATO 模式（警惕按钮被短接），左/右开门按钮，折返运行，ATO 启动显示灯，自动折返灯）。

2. 车载 ATO/ATP 系统对车辆的输入信号（DC 110 V）

紧急制动，左/右开门使能，自动开门控制，ATO 牵引/制动指令（模拟信号 0 ~ 20 mA），ATP 安全信号，牵引使能。

3. 车载 ATO/ATP 系统与车辆通过 MVB 传输电文的协议接口

（1）ATO/ATP→VTCU：时间，车次，起始站，终点站，下一站，停车区域，当前速度，下一次开门侧，到下一站的距离，列车速度限制。

（2）VTCU→ATO/ATP：列车重量，开/关门按钮信号，车辆防滑/防空转，列车编号，车轮直径。

第四节　HXD_3 机车控制监视系统

一、概　述

HXD_3 型交流传动货运电力机车控制监视系统，采用标准化、模块化设计原则，是在东芝公司的机车控制监视系统方面成熟的软件、硬件、控制模式和系统思想的基础上研制的。机车控制监视系统（简称 TCMS）的核心任务是：根据司机指令完成对主变流器及异步电动机的实时控制、辅助变流器的实时控制、牵引/制动特性控制、传动系统的时序逻辑控制，显示机车运行状态，具备完整的故障保护、故障记忆及显示功能，并具有一定程度上的故障自排除、自动切换和故障处理指导功能。

二、机车控制监视系统

1. 系统的构成

机车控制监视系统在硬件上主要由电源模块、逻辑运算控制部分、数字量输入/输出部分、模拟量信号采集部分、通信部分等组成。主控制单元采用 32 位 CPU，并在配置上采取冗余、双机热备措施，以提高系统的可靠性。该系统的构成如图 6-4-1 所示，机车控制监视系统机箱的外形结构如图 6-4-2 所示。

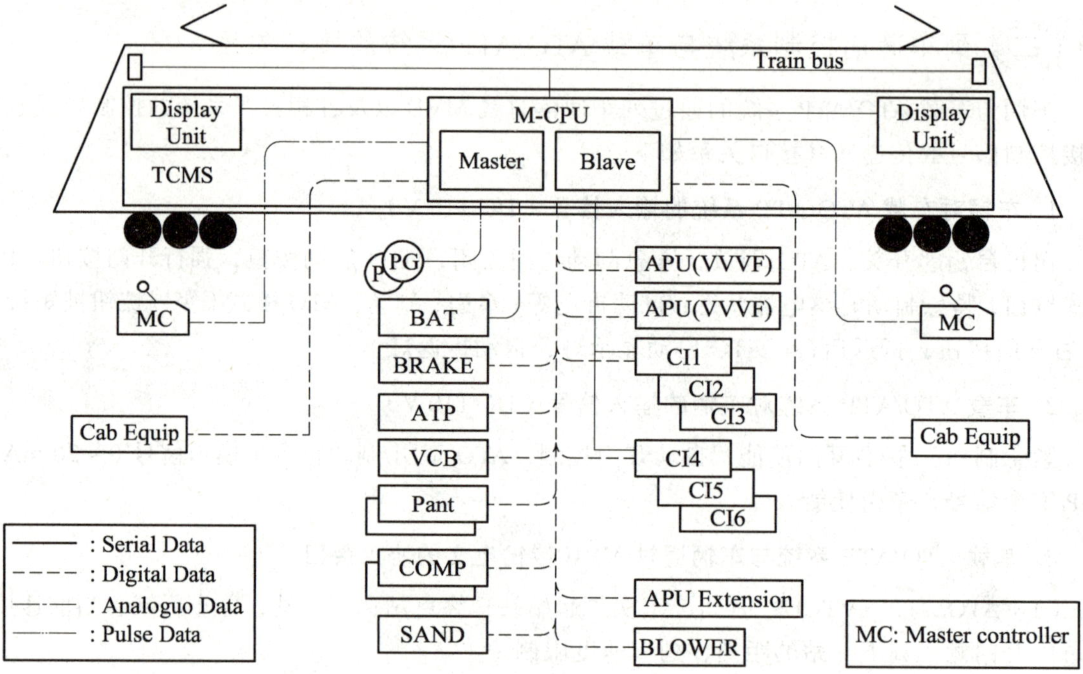

图 6-4-1　微机系统构成示意图

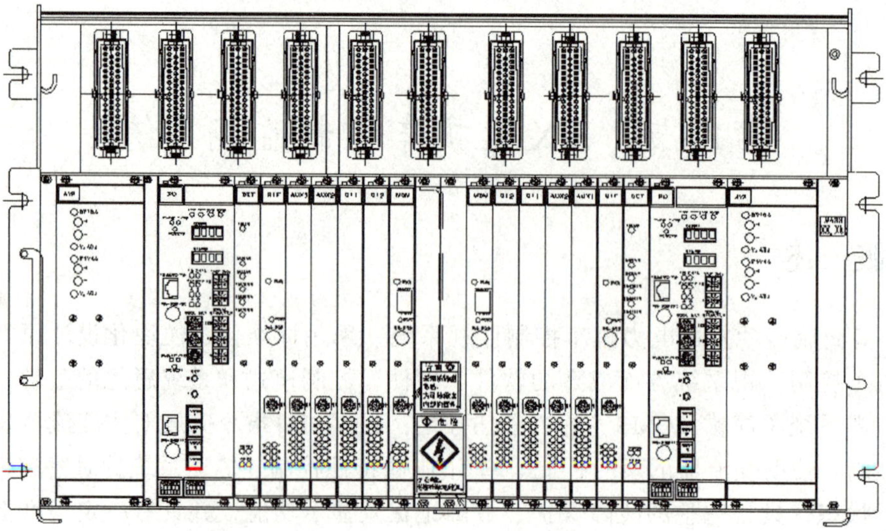

图 6-4-2　机车控制监视系统机箱外形结构

机箱内包括 AVR 电源模块，为 TCMS 提供工作所需的各种直流电，如 24 V、± 15 V、5 V；PUZ 处理器单元，包括 CPU、软件以及与显示屏通信的接口；DET 检测模块，检测主控制系统是否存在故障，以便在主系统发生故障时立即进行主辅系统的切换；SIF 串行通信接口，完成 TCMS 与两个主变流器和辅助变流器之间的通信；DI 数字量输入模块，将接收到的各种开关信号处理后传送给处理器单元；AUX 辅助模块，具有数字量输出、模拟量输入及脉冲量输入的功能，实现对各辅助继电器的控制及特殊信号的输入功能；MDM 重联控制模块，将本车的信息通过以太网传往他车，并将收到的他车信息传送给处理器单元，实现机车的重联功能。

2. **系统的功能**

TCMS 在整个机车控制中起主导作用，其工作正常与否直接决定了机车能否安全、正常地运行。TCMS 主要完成以下工作：通过人机接口接收所有输入指令，采集各种反馈信号，进行相关运算，生成相应控制命令，将命令以通信方式发送给主变流器、辅助变流器，将计算结果、故障信息、有关参数送显示屏显示，并在重联时将重联命令通过网络传送给重联机车。在主控制系统出现故障时，双机热备的机制将自动切换到辅控系统。其结构形式如图 6-4-3 所示。

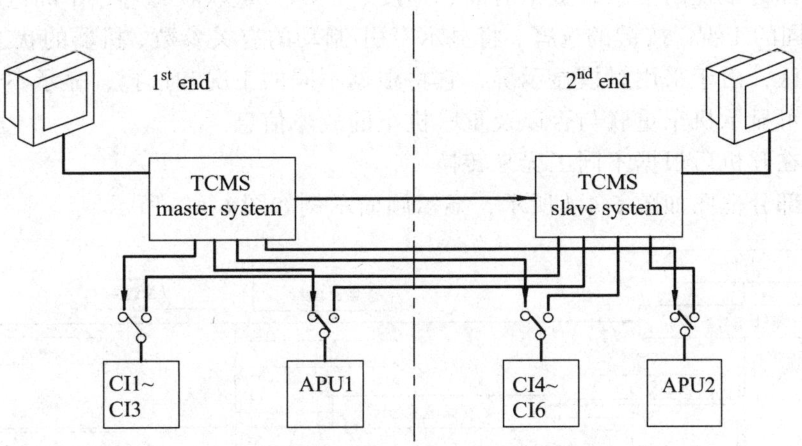

（a）微机系统双机热备形式示意图（正常时）

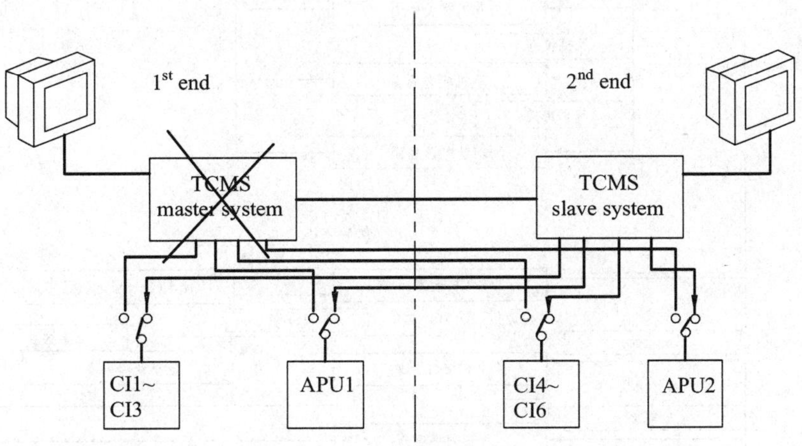

（b）微机系统双机热备形式示意图（Ⅰ端故障时）

图 6-4-3　微机系统双机热备形式示意图

3. **控制与保护功能**

TCMS将完成机车下列方面的控制和保护功能：

（1）主断路器（VCB）控制、机车控制系统的输入/输出、机车的逻辑控制、机车的牵引特性控制、机车的制动特性控制、定速控制、冗余控制、自动过分相控制、主变流器控制、重联控制。

（2）智能故障诊断及显示、机车保护控制。

4. **故障处理与记录**

TCMS 在机车出现故障时，以显示屏显示和报警灯指示的两种方式，通知操作人员，并自动完成相应的保护动作，记录发生故障时的相关信息，为后期诊断提供有用且必要的信息，而且还可以通过便携式计算机将故障履历下载进行分析和保存。

5. **信息显示**

显示部分设计的原则是显示简洁、明了醒目，但又兼顾现有的习惯。

画面的上部为常显的信息，显示时间、速度、工况、重联状态等；中间区域为主信息显示区，根据不同的工况、按键的选择，将显示牵引/制动的有关参数、机器的状态、开关信息；底部为功能键区，由于采用触摸显示屏，它将根据不同的工况和选择，显示不同的功能键。通过显示屏也可显示机车重联与否以及重联机车的故障信息。

显示模式在开机后根据不同工况来转换。

模式转换部分框图如图 6-4-4 所示，显示画面示例如图 6-4-5 所示。

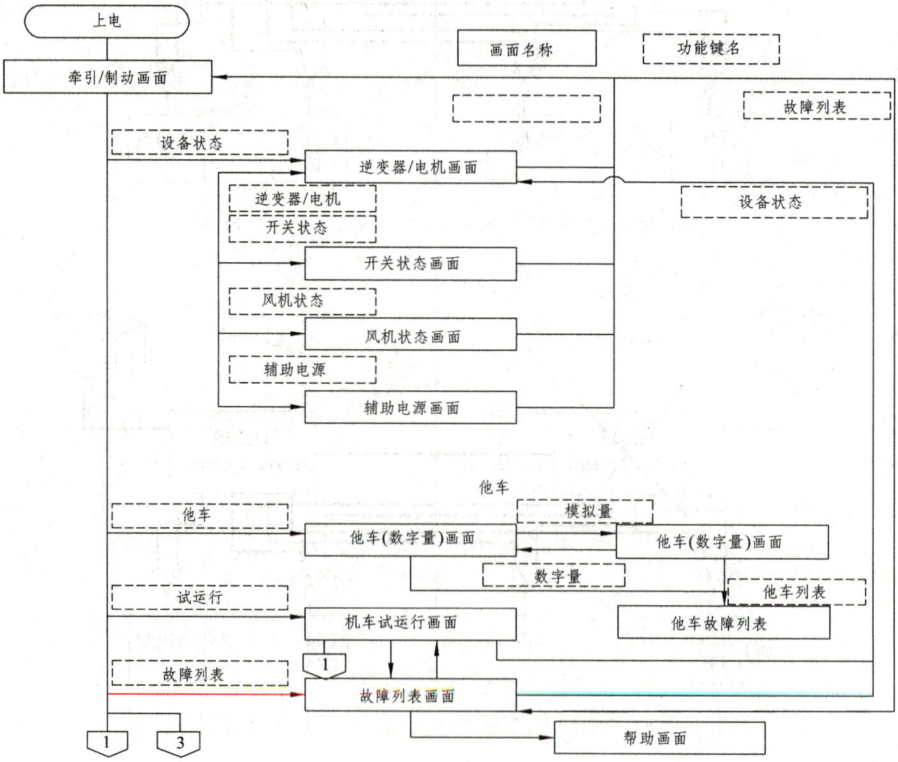

图 6-4-4 模式转换部分框图

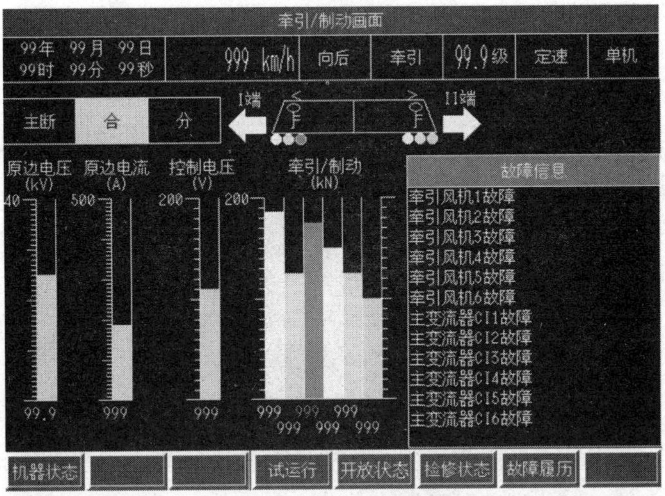

（a）牵引/制动主画面

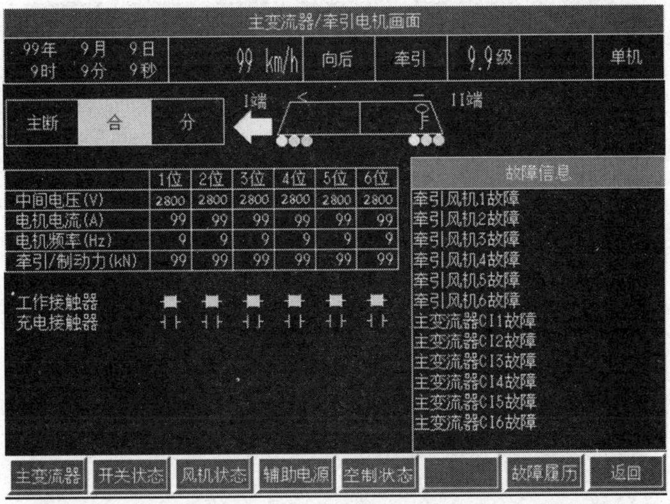

（b）变流器画面

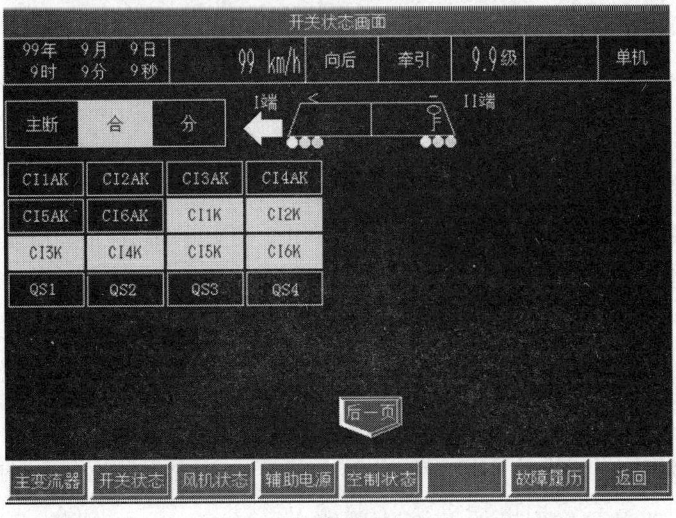

（c）开关状态画面

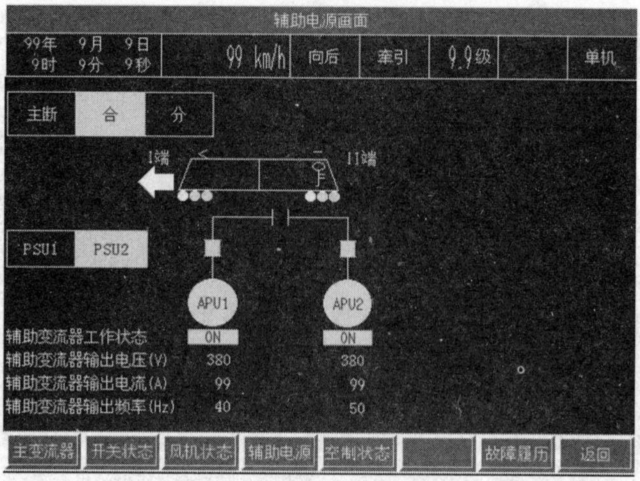

（d）辅助电源画面

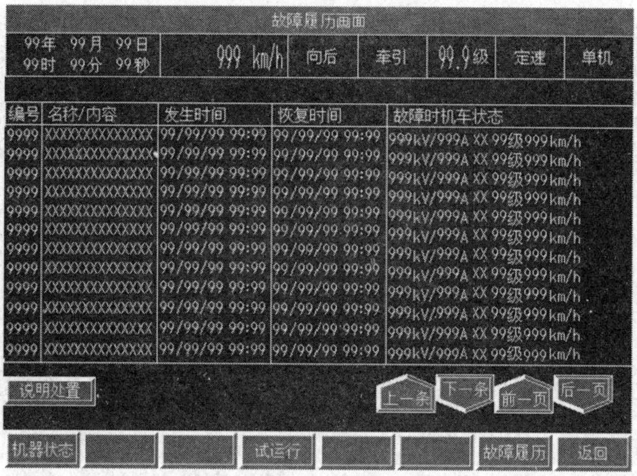

（e）故障履历画面

图 6-4-5　显示画面示例

三、微机显示屏显示和使用说明

交流传动货运电力机车采用集中式微机控制系统（TCMS），微机控制柜将机车主变流器、辅助变流器、控制电器柜、司机室控制开关等电器的信息汇总，通过分设在Ⅰ、Ⅱ端司机室的微机显示屏进行各种信息显示。司机应学会使用微机显示屏，了解机车各种设备的工作状态及各种指令的开断信息，迅速完成机车故障的查找，确保机车的可靠运行。

显示模式主要可以分为驱动模式和维护模式两大类。

1. 驱动模式（主显示画面）

主要显示机车运行工况：电钥匙位置、受电弓状态、主断路器状态、机车运行方向、牵引/制动工况、机车速度、司机控制器级位、是否定速、是否重联、接触网电压、主变压器原边电流、蓄电池电压、6 台牵引电动机牵引/制动力。

机车故障信息：主变压器 MT，6 组主变流器单元 CI1、CI2、CI3、CI4、CI5、CI6，2 组辅助变流器单元 UA11、UA12，6 台牵引通风机 MA11、MA12、MA13、MA14、MA15、MA16，2 台复合冷却器通风机 MA17、MA18，2 台空气压缩机 MA19、MA20，2 台变压器油泵 MA21、MA22，2 台辅助变流器通风机 MA27、MA28，2 台主变流器水泵 MA29、MA30。机车自身出现故障时，于故障信息区显示。机车自身无故障时，故障信息区无任何显示。故障信息灯由黑变红，蜂鸣器发出警报。

注：如他车出现故障，显示为红色；如他车未出现故障，无显示（非显示黑色）。如标准机车无他车，则一直无显示。

（1）主变流器状态画面。

主要显示 6 组主变流器单元 CI1、CI2、CI3、CI4、CI5、CI6 的充电接触器 AK 和工作接触器 K 的闭合状态，中间电压，对应的牵引电动机电流、转子频率，电机牵引/制动力。

（2）开关状态画面。

第 1 页，可以显示的开关有：主变流器各单元的充电接触器 CI1AK、CI2AK、CI3AK、CI4AK、CI5AK、CI6AK，工作接触器 CI1K、CI2K、CI3K、CI4K、CI5K、CI6K；受电弓高压隔离开关 QS1、QS2，主电路入库转换开关 QS3、QS4。

第 2 页，可以显示的开关有：辅助电路各辅助电动机自动开关 QA11、QA12、QA13、QA14、QA15、QA16，QA17、QA18、QA19、QA20、QA21、QA22、QA23、QA24，各输出接触器 KM11、KM12、KM13、KM14、KM20，辅助电路转换开关 QS11、QS12。

第 3 页，可以显示的开关有：控制电路各故障隔离转换开关 SA41、SA42、SA43、SA44、SA45、SA46、SA47、SA48、SA51、SA52、SA53、SA54、SA55、SA56、SA57、SA58、SA59、SA60，试验转换开关 SA75，各保护开关 KP51、KP52、KP53、KP54、KP55，原边过流继电器 KC1。

（3）风机状态画面。

可以显示的风机有：牵引电动机通风机 MA11、MA12、MA13、MA14、MA15、MA16，复合冷却器通风机 MA17、MA18，油泵 MA21、MA22，水泵 MA27、MA28。

（4）辅助电源画面。

可以显示辅助变流器的工作情况，2 套辅助变流器的输出电压、输出电流、输出频率。

（5）故障履历画面。

进入故障履历画面，可以查看机车近期发生的 100 个故障的情况，有故障编号、故障名称、故障发生时间、故障恢复时间、发生故障时的机车状态（有接触网电压、主变压器原边电流、机车牵引/制动、级位、机车速度），以及故障处理说明。

在故障履历画面上有一个“故障处理说明”触摸键，可以通过触摸进入故障处理画面，机车微机控制系统给出了针对该故障的几种故障处理建议。

2. 维护模式（辅助显示画面）

进入维护模式（辅助显示画面）必须由专门人员操作，因此设有密码。

（1）密码输入画面。

通过触摸屏，输入 3 位数的密码，按确定后可以进入维护模式。

（2）设定菜单画面。

可以进行时钟设定、距离设定、车轮直径设定和动作次数的设定。

① 时钟设定画面。

可以设定年、月、日、时、分。

② 距离设定画面。

可以设定累计行走距离。

③ 车轮直径设定画面。

可以设定车轮直径，设定值必须在 1 150 ~ 1 250 mm，否则，车轮直径默认为 1 250 mm。

④ 动作次数设定画面。

可以设定主断路器 QF1，受电弓 PA1、PA2、辅助变流器输出接触器 KM11、KM12、KM20，空气压缩机接触器 KM13、KM14，主变流器各单元的充电接触器 CI1AK、CI2AK、CI3AK、CI4AK、CI5AK、CI6AK，工作接触器 CI1K、CI2K、CI3K、CI4K、CI5K、CI6K 的动作次数。

（3）状态菜单画面。

可以用来查看机车累计行车距离、电器动作次数、传送信息和信号信息。

① 累计行车距离画面。

可以用来查看机车累计行车距离。

② 电器动作次数画面。

可以用来查看机车主断路器 QF1，受电弓 PA1、PA2、辅助变流器输出接触器 KM11、KM12、KM20，空气压缩机接触器 KM13、KM14，主变流器各单元的充电接触器 CI1AK、CI2AK、CI3AK、CI4AK、CI5AK、CI6AK，工作接触器 CI1K、CI2K、CI3K、CI4K、CI5K、CI6K 的动作次数。

③ 传送信息画面。

可以用来查看机车主变流器各单元 CI1、CI2、CI3、CI4、CI5、CI6 和辅助变流器 APU1、APU2 与微机控制系统（TCMS）之间通过通信发送和接收的信息。

查看信息，可以通过触摸显示屏上的 CI1、CI2、CI3、CI4、CI5、CI6、APU1、APU2 六个触摸键进行显示切换。

④ 信号信息画面。

可以用来查看机车各主要设备同微机控制系统（TCMS）之间通过硬导线的发出和接收的信息。

在显示屏上有 AUX1、AUX2、DI1、DI2 四个触摸键，查看时，可以进行显示切换。

触摸 AUX1，第 1 页中显示的是输出信息：操纵台辅助显示模块信号灯的输出线 471、472、473、474、475、476、477、478、479、480、481、482、483、484、485、486、487、489、490、491、494，撒沙阀控制信号 810、820，受电弓控制信号 451、452 的信息。第 2 页中显示的是输出信息：主变压器原边电流和控制电压。

触摸 AUX2，第 1 页中显示的是输出信息：制动控制单元 CCBII 的导线 870、871、872、873、856、844 的信息，行车安全综合信息系统的导线 962、963、964、965、966、967 的信息，辅助接触器控制信号 461、462、463、464、465 的信息。第 2 页中显示的是输入信息：主司机控制器的级位信息和机车速度传感器 BV47、BV48 的信息。

触摸 DI1，第 1 页中显示的是输出信息：主变流器 UM1 的信号线 577、578、579、580、581、582、583、584、585，主变流器 UM2 的信号线 677、678、679、680、681、682、683、684、685，辅助变流器 APU1 的信号线 590、591，辅助变流器 APU2 的信号线 690、691，机车行车安全综合信息系统的信号线 961，制动控制单元 CCBII 的信号线 812、833、874，各牵引通风机自动开关的信号线 401、402、403、404、405、406，空气压缩机 1 的信号线 417、419，空气压缩机 2 的信号线 418、420，受电弓隔离信号线 421、422 的信息。第 2 页中显示的是输入信息：复合冷却器通风机自动开关的信号线 407、408，蓄电池充电器的信号线 423、424，主变压器油泵自动开关的信号线 411、412，接地开关信号线 425，高压隔离开关的信号线 427、428，空气压缩机自动开关的信号线 409、410，空调机组自动开关的信号线 413、414，空气压缩机接触器的信号线 429、430，主断路器的信号线 431，辅助电路库内试验转换开关的信号线 432，主变流器试验开关的信号线 434、450，原边过流继电器的信号线 435，压力继电器 439、440 的信息。

触摸 DI2，第 1 页中显示的是输入信息：Ⅰ端司机室给定 501、502、503、504、506、507、508、514、515、516、517、518、519、520、523、524、804，警惕装置开关信号线 521，主变压器温度继电器信号线 438，Ⅱ端司机室给定 601、602、603、604、606、607、608 的信息。第 2 页中显示的是输入信息：Ⅱ端司机室给定 614、615、616、617、618、619、623、624 的信息。

（4）试验状态画面。

可以用来进行机车主司机控制器的试验、起动试验、零级位试验、辅助电源试验。首先进行试验选择，然后根据显示屏的提示，操作有关的开关进行试验，通过显示屏的提示确认机车有关控制、逻辑环节是否工作正常。该功能主要用于机车出车前或故障修复后的控制、逻辑试验检查。

① 主司机控制器的试验。

可以进行调速手柄零位确认、制动 1 级手柄确认试验。

② 起动试验。

可以进行主变流器各单元 CI1、CI2、CI3、CI4、CI5、CI6 的控制单元试验，检查其输出电流。

③ 零级位试验。

可以进行主变流器 CI1、CI2、CI3、CI4、CI5、CI6 的工作情况的试验检查。

④ 辅助电源试验。

可以进行试验，检查辅助变流器 1/2 的输出电流、输出电压、输出频率。

（5）记录状态画面。

可以用来检查故障记录、连续记录、检修记录。

复习思考题

1. 简述 CRH_1 列车控制管理系统（TCMS）的特点。
2. 简述 CRH_1 列车控制管理系统（TCMS）的体系结构。
3. 简述 CRH_1 列车控制管理系统（TCMS）内的基本单元组成。
4. 简述 CRH_5 动车组的列车控制管理系统的硬件构成。
5. 简述远程输入/输出模块的构成。
6. 监视器的类型有几种？
7. 简述 CRH_5 列车控制管理系统 TCMS 拓扑结构。
8. 简述地铁列车通信控制系统（TCC）的总体结构。
9. 简述列车通信控制系统的功能。
10. 列车通信控制系统部件有哪些？
11. 简述 HXD_3 机车控制系统（简称 TCMS）的核心任务。
12. 简述 HXD_3 机车控制系统（简称 TCMS）的构成。

参考文献

[1] 铁道部运输局. CRH2 型动车组司机手册[M]. 北京：中国铁道出版社，2006.

[2] 张曙光. CRH1 型动车组[M]. 北京：中国铁道出版社，2008.

[3] 张曙光. CRH2 型动车组[M]. 北京：中国铁道出版社，2008.

[4] 张曙光. CRH5 型动车组[M]. 北京：中国铁道出版社，2008.

[5] 宋雷鸣. 动车组传动与控制[M]. 北京：中国铁道出版社，2012.

[6] 张欣欣. 动车组运行控制系统[M]. 北京：北京交通大学出版社，2012.

[7] 曾清中，韩曾胜. 城市轨道交通车辆[M]. 成都：西南交通大学出版社，2006.